第3版

金融マンのための

実践ファイナンス講座

公認会計士
山下章太
Yamashita Shota

中央経済社

はじめに

本書はファイナンスに関する全般的な知識を解説するためのテキストとして，2009年８月に初版を上梓しました。2008年に発生したリーマン・ショックから10年以上が経過し，初版の発行当時と比べると，経済環境は大きく変化しました。特に国際化とIT環境の変化が大きく，日本においても伝統的な製造業よりも，デジタル関連企業の企業規模の増加が著しく，取引もグローバル化しています。企業規模を見ても，2009年当時では考えられなかったような巨大IT企業が登場し，市場シェアを大きくしています。

ファイナンス分野はというと，特段めざましい発展があるわけではないものの，経済活動の根幹を形成していることは間違いありません。確かに，新しい金融商品や技術は出てきましたが，伝統的なファイナンスの考え方から大きく外れるものが登場したわけではありません。

本書では主に伝統的なファイナンス知識を解説していますが，理由は，新しく登場したとされているファイナンス手法が，名前を変えただけで従来とほぼ同じであること，また一時的なトレンドとなるものの定着しないからです。

「ファイナンス」という言葉は，「金融，財源，融資，会計」などと訳されており，多種多様な要素から構成されています。本書は，これら多種多様な要素を網羅的に解説することを目的としています。「ファイナンス」という知識からビジネスを構築するためのポイントを発見してもらえればと思います。

一般に「ファイナンス」というと，銀行，証券会社，保険会社，リース会社などの金融業をイメージする人が多いと思いますが，実際には，ほぼすべてのビジネスに密接に関わっています。銀行から融資を受けている事業会社の担当者はファイナンスの当事者ですし，企業買収をする際の資金調達の担当者もファイナンスの当事者です。

さらに，リーマン・ショック後の各国の金融緩和政策により，市場金利は下落していき，マイナスという状態にまで低下しました。本書（第３版）の改定段階では，世界的なパンデミックにより，ますます金融緩和政策が拡大しています。経済環境が大きく変わったなかで，効率的に収益を確保するためには，より専門性が求められる状況になったと言えます。

日本での雇用体系は，かつてはゼネラリストを育成するものでしたが，徐々にスキルやノウハウが求められる雇用体系に変化しつつあります。このような環境下で，「新規事業を進めるように言われたけど，資金調達の方法がわからない」とか，「ノンコア事業の売却を進めるように言われたけど，いくらで売れば良いのかわからない」と言うのはなかなか勇気がいります。

また，配属先が異動になって「知識や経験がないからついていけない」という状況を避けるためにも，ある程度のファイナンス知識を有していたほうが良さそうです。

「金融マンのための…」と題していますが，筆者自身は金融マンというより，事業会社の中間管理職・役員クラスを大半の読者として想定しています。このような人たちは，自社のノウハウだけではなく，対外的に業界特有の知識や勘所を知っておかなければ，ビジネスを正しく組み立てることができないからです。

本書では，序章において本書で解説するファイナンスのイメージをつかむために，どのような取引が想定されるのかを例示します。第１部では，ファイナンス特有の考え方を整理するために，それぞれのケースに応じた解説をしています。第２部では，第１部で解説したファイナンス手法をどのように活用していくかについて解説し，第３部では，事後対応をどのように行っていくかについて解説を行います。

それでは，ファイナンスの世界に入っていきましょう。

2021年10月

著　者

CONTENTS

第1部 ファイナンスのための基礎知識

第7章 負債による資金調達（デット・ファイナンス）・107

第2部 ファイナンスの提案の仕方

序章

ファイナンスを イメージするために

この章では，資金調達を希望する会社と資金を出す会社の両面から捉えることによって，ファイナンスの仕組みや役割について，考えていきます。
細かな前提知識等の解説はなるべく省略し，第１部以降で解説を行っていますので，ストーリーや問題となる事項を，読み物として読んで下さい。第１部以降を理解した後，改めてこの章に戻ってくると，より理解が深まると思います。

ファイナンスのあり方は，経済環境の変化，金融緩和などにより，変化しています。ファイナンスに関わるプレイヤーの役割も変化しており，従来は純粋な資金提供を行っていた銀行も，コンサルティング機能が重視されています。すなわち，より広範囲な知識，問題解決機能が求められるようになってきました。

序章では，本書で解説するファイナンスの内容をイメージし，ファイナンス知識を利用してどのように問題解決を行っていくかについて，想定される事例をもとに解説を行います。なお，序章で使用している用語や概念については，第１部以降で説明していきます。もし，わからない用語が出てきた場合は，第１部以降を確認してください。もちろん，全体のイメージをつかむため，まずはそのまま読み進めても大丈夫です。

１．ファイナンスが必要になるケースとは

ファイナンスは，「金融，財源，融資，会計」などと訳されているくらい曖昧な概念です。資本主義社会を前提とした経済活動においては，さまざまな人がそれぞれの役割を果たしながら，利益追求を行います。会社の中でも，取締役，部長，課長などの役職（ポジション）とは別に，営業部，製造部，企画部，

財務部など，役割に応じた区分けがなされています。

金融機関では，フロント・オフィス（営業部門など），ミドル・オフィス（企画，審査部門など），バック・オフィス（経理，財務部門など）と呼びますが，一般事業会社でも，営業部や製造部などのフロント・オフィス（収益を稼ぐ部署）が活動するために，企画部，財務経理部などのミドル・バック・オフィスがサポートを行っています。

ファイナンスは，一般事業会社でのミドル・バック・オフィス機能であり，企業活動をサポートするための手段です。ファイナンスは，経営学でいう「ヒト」「モノ」「カネ」「情報」の資源のうち，いずれかと言えば「カネ」に当てはまりですが，正確には「ヒト・モノ・カネの流れを作っていく仕組み」と言えるでしょう。

ここでは，いくつかの事例を通して，ファイナンスがどのように利用されているかを考えてみましょう。

◉— 買収資金の提案

虎ノ門銀行の加藤さんは，半導体部品メーカーである目黒セラミックの志村社長を訪問しました。加藤さんは，虎ノ門銀行の品川支店に配属されてから約３年間，目黒セラミックの担当をしています。目黒セラミックは手許資金が厚いため，借入以外の相談があるのだと推測しています。

志村社長：実は，代々木証券から，電力量計製造の浜松町電子を買収しないかという話がきているんだけど，うちの会社の周辺業種だから，前向きに検討しようと思っていてね。
ただ，気になるのが，売却希望額が純資産なんだ。普通は“のれん（超過収益力）”が発生して，株式価値は純資産よりも高くなると思うんだけど，売主が相当急いで売却したいということかな？

加藤さん：浜松町電子の決算書はありますか？

志村社長：これ（**図表序－１～２**）だけど。

加藤さん：純資産が2,000百万円で，その大半が固定資産なんですね。営業

【図表序－１：浜松町電子の貸借対照表】

（単位：百万円）

現金預金	300	買掛金	200
売掛金	300	短期借入金	500
棚卸資産	400	長期借入金	300
建物	1,000	純資産	2,000
土地	500		
機械設備	500		

【図表序－２：浜松町電子の損益計算書】

（単位：百万円）

売上	2,000
売上原価	1,000
売上総利益	1,000
販管費	800
（うち減価償却費	200）
営業利益	200
支払利息	10
経常利益	190
法人税等	90
税引後利益	100

利益200百万円，減価償却費200百万円だから，EBITDAが400百万円。EBITDA倍率が５倍だとすると，EV（事業価値）は2,000百万円（400百万円×５倍），ネットデットが500百万円（短期借入金＋長期借入金―現金預金）なので，株式価値は1,500百万円です（計算過程は**図表序－３**参照）。

志村社長：それって，収益価値が純資産よりも低いってこと？

加藤さん：EBITDA倍率が５倍だと少し低いかもしれないので，必ずしもそうとは言えないんですが。仮にEBITDA倍率が７倍でも，株式価値は2,300百万円だから，株式売却金額として純資産額

2,000百万円と同じでも，それほど違和感はないですよ。売主サイドは，収益価値を純資産額と同じくらいと見積もってるんじゃないでしょうか。

志村社長：じゃあ，価格が明らかに安いとかということでもないんだ。適正価格であれば，検討しようかな。

加藤さん：相談に乗りますから，買収資金の融資は，虎ノ門銀行でお願いします。あと，買収した後のリファイナンスも出します。
買収資金2,000百万円＋リファイナンス資金800百万円で，2,800百万円か。戻ったら鈴木課長に相談して，行内稟議上げておこうかな？

志村社長：まだ，買収するとは言っていないのに……。

【図表序－3：浜松町電子の株式価値】

項目	（単位：百万円）	説明
EBITDA	400	A：営業利益＋減価償却費
EV/EBITDA倍率	5	B
EV（事業価値）	2,000	C：A×B
ネットデット	500	D：借入金－現金預金
株式価値	1,500	E：C-D

銀行の主な業務は貸出ですが，すべての企業が資金調達したいと思っているわけではありません。各国中央銀行の金融緩和政策の影響もあり，銀行の貸出金利は低下し，収益性が下がっています。たとえば，貸出金利が３％から１％に低下すれば，銀行の収益性は1/3になるわけです。また，企業全体としては資金が余っているため，純粋な貸出業務が行いにくくなっています。

今回，虎ノ門銀行の加藤さんは目黒セラミックの志村社長から浜松町電子の買収について相談を受けていて，買収資金の融資を行うことを計画しています。目黒セラミックには資金ニーズがないにもかかわらず，企業買収という切り口から会社への提案が開けました。

銀行も従来と同じ営業スタイルをとっていると，他行との金利引下げ競争に巻き込まれるだけで，収益性は下がっていく一方です。

何度も言うようですが，お金が必要ない会社に融資提案しても仕方がないので，金融機関には，より企業のニーズにマッチした提案を行う必要性があるのです。

なお，EV，EBITDA，ネットデットなどの用語の説明は後ほど出てくるので，ここでは省略します。

2．登場人物の種類を知っておく

企業が資金調達を行う場合，資金の出し手にはいくつかの種類が存在します。社債発行を行う場合，引受を行う証券会社や銀行の他に，投資家として保険会社がいます。ファイナンスを行う場合には，そのリスク・リターンの目線が資金の出し手ごとに異なるため，どのような目線なのかを知っておく（要は，好き嫌いを把握する）必要があります。

ファイナンスの代表的なプレイヤーと，それぞれの想定するリスク・リターンを大まかに表したのが**図表序－4**です。

図表序－4は，与信（クレジット・リスク）をどれくらいとるかという観点から筆者の主観で作成したものなので，投融資の内容によっては若干違いがあると思います。

簡単に説明すると，最もリスク・リターンが低いのが証券会社です。証券会社は欧米では投資銀行と呼ばれますが，基本的に投資を行うわけではなく，仲

【図表序－4：ファイナンスのプレイヤーのリスク・リターン】

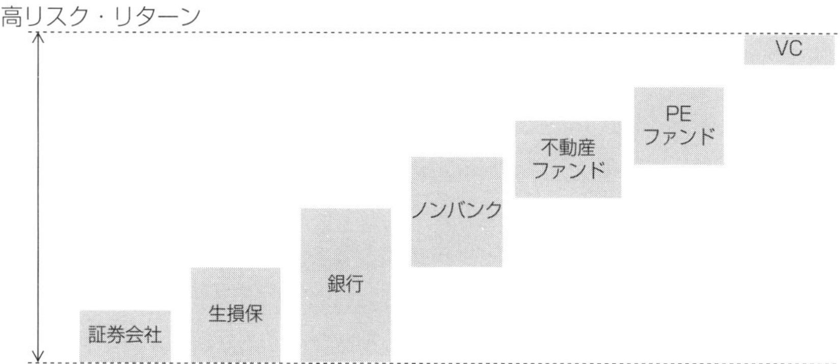

介（ブローカレッジ）業務を主業務にしています。確かに，自己勘定投資（プロップ）を行う部門もありますが，会社の中では特殊な位置付けです。証券会社は基本的にポジションを持たず，保有していたとしても，国債や高格付け社債を顧客への販売のために一時的に在庫としている場合がほとんどです。

次に，生損保は，顧客（保険者）から集めた資金を保険金支払までの期間，低リスク資産で長期間運用するというスタンスをとります。主な投資対象は，国債や高格付け社債などになるため，リスク・リターンは低いといえます。

銀行は，企業や住宅ローンなどを対象に融資を行い，余剰資金を国債や高格付け社債で運用します。貸出先の与信によってリスク・リターンは異なるため，ある程度幅が広くなります。

ノンバンクは，消費者金融やリース会社などが該当します。銀行に比べて調達コストが高いため，ターゲットのリスク・リターンは銀行よりも相対的に高くなります。

次に，ファンドとして「不動産ファンド」，「プライベートエクイティ（PE）ファンド」，「ベンチャーキャピタル（VC）」を挙げています。基本的にこれらのファンドは，エクイティを投資対象とするため，リスク・リターンは高くなります。不動産ファンドは不動産価格の変動がある程度予想できるため，３つの中ではリスク・リターンが最も低く，VCは業歴の短いベンチャー企業を対象にしているため，最もリスク・リターンは高くなります。

PEファンドは成熟した中小企業を対象にしているため，VCよりもリスク・リターンは高くありません。

それぞれのプレイヤーは，投融資を行う際に，どの部分に資金を出すかという観点からも分けることができます。**図表序－5**は，資金調達の内訳を示したもので，負債（デット）よりも資本（純資産，エクイティ）のほうが一般的にリスク・リターンは高くなります。

最も返済順位が高いのが「シニア」で，最も低いのが「エクイティ」です。「メザニン（Mezzanine）」は，『中二階』という意味で，シニアとエクイティの間への投資であることからこのように呼ばれています。なお，「ジュニア○○」，「サブ○○」という言い方がされる場合，ここでいうメザニンと同じ意味合いで使われています。

【図表序－5：企業の資金調達方法におけるリスク・リターンの関係】

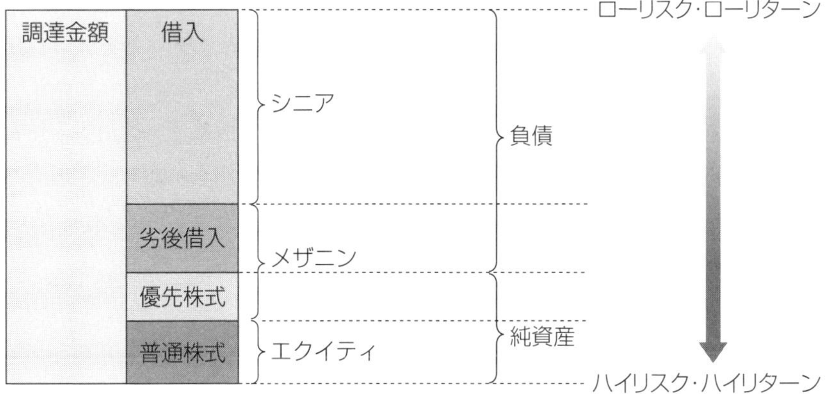

【図表序－6：不動産ファンドの資金調達方法によるリスク・リターンの関係】

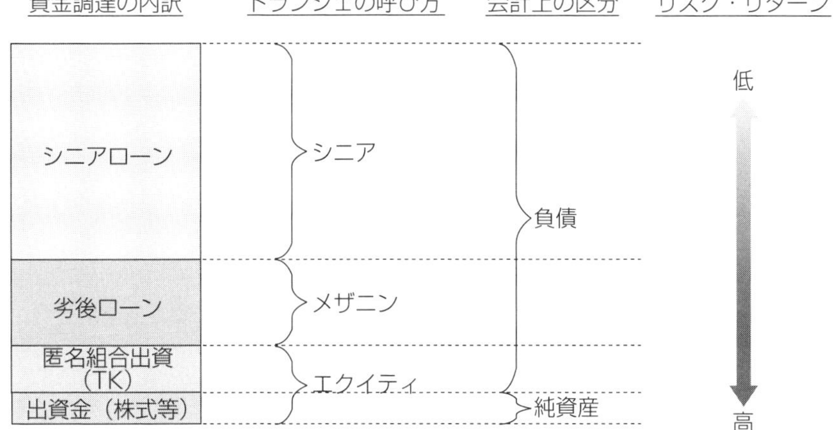

実際には異なるケースもありますが，図表序－5を基にすると，生損保，銀行はシニアに投資し，ノンバンクがメザニン，ファンド（不動産，PE，VC）はエクイティに投資しているとイメージすればいいでしょう。

ちなみに，不動産ファンドは**図表序－6**のような資金調達方法を利用します。不動産案件の場合は，エクイティ投資家は普通株式などを売却してEXIT（出口）するのではなく，SPC（特別目的会社）が不動産物件を売却して，投資家等にパススルー（構成員課税）して金銭を分配するという方法を採用します。このため，メザニンとして優先株式を利用するようなスキームは採用せず，匿名組合（TK）出資を利用してSPCに発生した損益をエクイティ投資家に直接分配するという方法をとります。

なお，ここでもSPC，パススルー（構成員課税），TK出資などの用語が出てきましたが，これらは後ほど出てくるので，ここでは説明を省略します。

3．EXIT（出口）をあらかじめ想定しておこう

EXIT（エグジット，イグジットと呼ばれており，本書ではアルファベット表記で統一しています）は，「金融緩和政策の出口戦略（EXIT）は？」などニュースメディアの見出しでも見るように，よく使われる用語です。

投融資を行う際には，EXITを同時に考えておく必要があります。

EXITの方法を示したものが**図表序－7**です。投資資金を回収する方法は，子会社株式などの例外を除けば，基本的には売却か満期償還しかありません。

株式や不動産への投資は，基本的に満期がないため，必ず売却によってEXITすることになります。債券（国債，地方債，社債）や貸付金は，満期があるため満期償還によって資金回収するか，満期前に売却して回収します。

【図表序－7：EXITの方法】

EXITの方法	内　容	投資資産の例
売　却	投資資金の回収を資産売却で行う	・株式（上場，非上場） ・不動産 ・国債，地方債，社債 ・貸付金
満期償還	満期時の償還によって投資資金の回収を行う	・国債，地方債，社債 ・貸付金 ・優先株式 ・匿名組合出資
継続保有	投資回収を想定しない	子会社株式

上場株式や国債は，市場流動性が非常に高いため，これらに投資する場合は，売却はそれほど問題になりません。一方，非上場株式，不動産，貸付金などは，流動性が低いため，売却に時間がかかります。この点から，流動性が高い資産ほど，EXITが容易に行えるといえます。

投資する際には，いつ，どのような方法でEXITするのかをあらかじめ想定しておく必要があります。ここでは，いくつかの具体例でEXITの方法を説明します。

◉── 上場株式の売買

代々木証券の伊藤さんは，渋谷不動産の長谷川部長から保有する上場株式の買取依頼を受けました。

長谷川部長：当社が保有するＡ社株式（上場株式）を10万株買い取ってもらいたいのですが，ディスカウント率はいくらになりますか？

伊藤さん：Ａ社株式は流動性が高いので，ディスカウント率は大きくないと思いますが，社内のトレーダーに確認してご連絡します。

代々木証券の伊藤さんは，すぐに社内のトレーディング部に電話しました。

伊藤さん：Ａ社株式10万株をブロックで引き取ってほしい顧客がいるんだけど，ディスカウントは何％であれば大丈夫かな？

トレーダー：Ａ社株式であれば，ディスカウント３％で買い取ってくれるファンドがあるから，４％以上で交渉してもらえますか。約定はいつでも大丈夫です。

伊藤さん：じゃあ，顧客にはディスカウント率５％で交渉して，4.5％までで何とか交渉してみるよ。

このケースは，証券会社の行う上場会社株式の典型的なブロック取引です。代々木証券は渋谷不動産からＡ社株式を５％ディスカウントして買い取りますが，買い取った直後にファンドに３％ディスカウントで売却してEXITします。この場合，取引開始時に明確にEXITが設定されています。

◉── 運転資金の融資

虎ノ門銀行の加藤さんは，八重洲トレーディングの山田部長を訪問しました。八重洲トレーディングは貿易商のような業態でしたが，ECサイトを運営していて，運転資金融資の相談があるようです。

山田部長：当社が扱っている商品で，爆発的に売れている商品があるのですが，すぐに在庫がなくなってしまうので，多めに仕入れておこうかと思っています。手許資金で全額支払うのは避けたいので，運転資金を５億円ほど融資してもらえないでしょうか。

加藤さん：当行で設定している枠内なので問題ないと思います。期間はどれくらい必要ですか？

山田部長：まとまった売掛金の入金が２カ月以内にあるので，２カ月であれば返済できると思います。

加藤さん：もう少し長く借りてもらったほうがありがたいんですが……。それでは，行内の決裁が完了したらご連絡します。

このケースは典型的な運転資金の融資です。運転資金は，商品の仕入れと販売・入金までのタイムラグを埋めるための資金です。詳しくは，「第１部第３章２．運転資金とは」で説明しているためここでは説明を省略します。

虎ノ門銀行は，八重洲トレーディングに融資した資金を，２カ月後に返済を受けることでEXITします。２カ月以内に発生する売掛金の入金が確実であれば，EXITの確度は高くなります。

◉── 不動産担保融資

渋谷不動産は，区分所有建物（マンション）を大量購入し，入居中は賃料収入を確保し，退去後に個人に販売しています。買取資金50億円のうち35億円（LTV＝70％）は虎ノ門銀行から１年間の短期借入で調達しましたが，物件の売却が完了しておらず返済期日にリファイナンス（借換え）を依頼しています。虎ノ門銀行からは，評価額が下がったためリファイナンスは30億円（LTV＝60％）までしかできないと回答がありました。渋谷不動産の長谷川部長は，リファイナンス時の不足金額を確保するために，港キャピタルの高木さんに相談しています。

高木さん：シニアが虎ノ門銀行の30億円，エクイティを御社が15億円拠出していて，差額の5億円を当社に依頼したいということですね。条件はどのようなイメージでしょうか？

長谷川部長：具体的な条件は，**図表序－8**を想定しています。区分の入居者からもそろそろ退去が出てくると思いますので，シニアローンも劣後ローン（メザニン）も5年フルアモチで返済できると思っています。物件は，毎年1/5売却していく予定です。物件のキャップレート（CR）が5％，物件売却時の利益率20％で計算すると，想定されるキャッシュ・フロー（CF）とローン返済は**図表序－9**です。

高木さん：この計画だと，ネット・キャッシュ・フロー（NCF）が5年間で2,920百万円ですから，エクイティの利回りが30％近く出そうですね。劣後ローンの金利をあと2％上げてもらえれば，前向きに検討できそうです。

長谷川部長：10％でも高いと思っていたんですが，12％ですか？

【図表序－8：資金調達の内訳】

調達方法	調達先	返済順位	金額	LTV	金利	返済期間
シニアローン	虎ノ門銀行	1	3,000百万円	60％	2％	5年フルアモチ
劣後ローン	港キャピタル	2	500百万円	70％	10％	5年フルアモチ
エクイティ	渋谷不動産	3	1,500百万円	100％	－	－

【図表序－9：想定キャッシュ・フローとローン返済】

（単位：百万円）

年数	2	3	3	4	5	計	
賃料収入（ネット）	250	200	150	100	50	750	A:X(前期)×CR
売却収入	1,200	1,200	1,200	1,200	1,200	6,000	B: 5年間で売却（利益率20%）
CF	1,450	1,400	1,350	1,300	1,250	6,750	C=A+B

シニア返済額	660	648	636	624	612	3,180	D:E+F
うち，利息返済	60	48	36	24	12	180	E:Y(前期)×2％
うち，元本返済	600	600	600	600	600	3,000	F: 5年間均等返済
メザニン返済額	150	140	130	120	110	650	G:H+I
うち，利息返済	50	40	30	20	10	150	H:Z(前期) ×10%
うち，元本返済	100	100	100	100	100	500	I: 5年間均等返済
元利金返済計	810	788	766	744	722	3,830	J:D+G

NCF	640	612	584	556	528	2,920	K:C−J

不動産簿価(売却後)	4,000	3,000	2,000	1,000	0	X

ローン返済後残高

シニア	2,400	1,800	1,200	600	0	Y
メザニン	400	300	200	100	0	Z

今回のケースでは，それぞれのプレイヤーがそれぞれのEXITを模索しています。渋谷不動産は，購入した区分所有建物を段階的に売却することによって，EXITしようとしています。虎ノ門銀行と港キャピタルは，5年間の元利金返済によってEXITしようとしています。

それぞれを比較すると，返済順位が1位の虎ノ門銀行は，購入した不動産が60%の価格以上で売却できれば資金回収可能なため，最もEXITの確度が高いといえます。エクイティの渋谷不動産は，不動産売却によりシニア・メザニンの元利金返済が完了した後でないと資金回収できないため，最もEXITの確度が低いといえます。

証券化による売却

丸の内銀行融資本部の岡本次長は，不動産担保ローンの残高が増加したことから，系列の丸の内証券でCMBS（Commercial Mortgage Backed Securities：商業不動産ローン担保証券）を組成し，不動産セクターへの融資残高を圧縮することを検討しています。丸の内証券の佐々木部長から，担保資産の内容について，岡本次長に問い合わせがありました。

佐々木部長：CMBSの原資産に組み込んでいる不動産担保ローンで，金利がステップアップするものが全体の５％くらい含まれているようです。万が一，投資家や格付機関に質問を受けたときは，どのように説明すればいいか教えてください。

岡本次長：よく気づいたね。実は，問題のあった支店担当者が不動産業者と結託して，不動産担保ローンを融資してたものなんだ。当初３年間は元本返済なし，TIBOR＋0.5%の金利に設定しておいて，４年目からは元本返済がスタートしてTIBOR＋３％にステップアップするようになっている。
要は，３年間は元利金支払を抑えてデフォルト（債務不履行）を起きにくくしているんだけど，その不動産業者が販売した物件のキャップレートが５％くらいだから，４年目からは元利金支払が滞る可能性が高いと思う。トラックレコードでは，延滞やデフォルトは発生していないから，販売時には気づかれないと思うけど。

佐々木部長：それって，昔問題になったサブプライム・ローンと同じですよね。

岡本次長：そうだけど，原資産の平均金利はTIBOR＋1.5%で，CMBSの発行予定額（**図表序－10**）から金利を加重平均するとTIBOR＋0.85%（(0.5%×700＋1%×100＋２％×200）÷1000）だから，５％くらいデフォルトしても，シリーズ１（格付けAAA）とシリーズ２（格付けA）は全く影響受けないと思うよ。影響のありそうなシリーズ３（格付けB）は，丸の内銀行が保有する予定だから，シリーズ１と２の販売には関係ないし。

【図表序－10：CMBSの発行予定額】

シリーズ	格付	金額	満期	金利
1	AAA	700億円	５年	TIBOR＋0.5%
2	A	100億円	５年	TIBOR＋1.0%
3	B	200億円	５年	TIBOR＋2.0%

丸の内銀行は商業不動産担保ローンを証券化により売却しようとしていますが，売却は立派なEXITです。直接的に売却する場合は，債権譲渡やローンパーティシペーションという方法もありますが，ある程度の規模があれば，RMBS（Residential Mortgage Backed Securities：住宅ローン担保証券）やCMBSのような方法で，機関投資家等に販売することが可能です。

CMBSの組成にあたって丸の内証券は格付けを取得する予定ですが，理由は，投資適格の格付け（一般的にBBB以上）でなければ機関投資家が購入しにくいからです。また，高格付けであれば金利を非常に低く抑えることができます。

４．決算書から会社の状況を読み解く

外部の人間が会社の状況を正確に理解することは，極めて困難です。銀行が融資を行っている際には，会社の状況がどうなっているかを把握する必要がありますが，外部者が参考にできるのは決算書，月次試算表などの財務情報が中心になってきます。すなわち，決算書などからどれだけ会社の状況を把握することができるかが重要になります。

虎ノ門銀行の加藤さんは，取引先の神谷町電子工業の決算書を入手しましたが，業績が年々悪化しているようで，上司の鈴木課長と方針を打ち合わせしています。

加藤さん：X3年の決算書を入手しましたが，X1年からX3年の３年間を比較した損益計算書（P/L）と貸借対照表（B/S）が，**図表序－11**と**図表序－12**です。

鈴木課長：なんとか黒字を維持しました，という感じだね。

【図表序－11：神谷町電子工業の損益計算書】

（単位：百万円）

	X1年	X2年	X3年	
売上高	2,000	1,800	1,600	A
売上原価	1,400	1,350	1,280	B
売上総利益	600	450	320	C＝A－B
販売費及び一般管理費	300	300	300	D
営業利益	300	150	20	E＝C－D
営業外損益	－10	－10	－10	F
経常利益	290	140	10	G＝E＋F
特別損益	0	0	0	H
税金等調整前当期純利益	290	140	10	I＝G＋H
法人税等	87	42	3	J
当期純利益	203	98	7	K＝I－J

【図表序－12：神谷町電子工業の貸借対照表】

（単位：百万円）

	X1年	X2年	X3年	
現金預金	200	243	193	L
売掛金	200	250	300	M
棚卸資産	200	250	300	N
土地	500	500	500	O
建物	1,000	950	900	P
資産計	2,100	2,193	2,193	Q=L～Pの合計

	X1年	X2年	X3年	
買掛金	140	135	128	R
短期借入金	200	200	200	S
長期借入金	500	500	500	T
負債計	840	835	828	U=R+S+T
純資産	1,260	1,358	1,365	V
負債・純資産計	2,100	2,193	2,193	W=U+V

加藤さん：そうなんです。売上高がX2年は前期比－10.0％（1,800÷2,000－1），X3年は前期比－11.1％（1,600÷1,800－1）の減少で，売上原価率が年々上昇し，粗利率（売上総利益率）が下がっています（**図表序－13**）。

鈴木課長：B/Sの資産負債はあまり変化なさそうだけど，回転率はどんな感じ？

【図表序－13：売上原価率と売上総利益率の推移】

	X1年	X2年	X3年	
売上原価率	70%	75%	80%	B÷A
売上総利益率	30%	25%	20%	C÷A

加藤さん：売掛金，棚卸資産，買掛金の回転期間は，**図表序－14**です。買掛金の回転期間は変化していないのですが，売掛金と棚卸資産の回転期間はX1年と比較してX3年では，２倍くらいになっています。売上が下がって不良在庫が滞留している可能性がありそうだし，それよりも，売掛金の回転期間が上がっているのが気になります。

鈴木課長：架空売上ということはないと思うけど，大口取引先の業績悪化とか何か原因があるはずだから，来週にでも先方にヒアリングしに行こう。

【図表序－14：売掛金，棚卸資産，買掛金の回転期間（月数表示）】

	X1年	X2年	X3年	
売掛金回転期間（月）	1.2	1.7	2.3	M÷A×12
在庫回転期間（月）	1.2	1.7	2.3	N÷A×12
買掛金回転期間（月）	1.2	1.2	1.2	R÷B×12

決算書を作成するタイミングは年１回なので，タイムリーに状況が把握できませんが，それでも，会社の置かれている状況がそれなりに把握できます。たとえば，何年かP/LとB/Sを比較すると，金額的に大きく動いている箇所，その動きに違和感がないかを把握できます。

加藤さんの説明もありましたが，売上が減少しているにもかかわらず，売掛金や在庫の回転期間が増えているということは，何らかの原因があると考えるのが普通です。

回転期間の増加と考えられる原因は，**図表序－15**のようなものがあります。会社にヒアリング等をするなどして，原因を正確に把握する必要があります。

【図表序－15：回転期間の増加と考えられる原因】

状　　況	考えられる原因
売掛金回転期間の増加	・大口取引先の信用悪化（倒産等） ・架空売上等の計上 ・取引先の決済サイクルの変更
在庫回転期間の増加	・滞留在庫の増加 ・商品の大口仕入
買掛金回転期間の増加	・会社の資金繰り悪化による支払遅延 ・会社の決済サイクルの変更

上記はあくまで例示ですが，投融資の意思決定を行う場合，投融資実行後のモニタリングなど，会社がどのような状況にあるかを判断するために決算書を利用します。

5．リスクとリターンが何なのかを理解する

◉── 想定リターンから許容リスクが決まる

リスクが高ければリターンが高い（ハイリスク・ハイリターン），リスクが低ければリターンが低い（ローリスク・ローリターン）と説明しましたが，これはある意味で正解であり，ある意味で間違っています。

投資選好のたとえで，「下記の２つのうち，どちらに投資したほうが得か？」という問題があります。

〈例題〉

①99%の確率で５%儲かる投資
②50%の確率で10%儲かる投資

リターンの期待値は，下記のように計算されます。

①のリターンの期待値＝リターン×発生確率＝５%×99%＝4.95%

②のリターンの期待値＝リターン×発生確率＝10%×50%＝5.00%

回答としては，②のほうが①よりも大きいため，②に投資したほうが得である，というのが正解です。

リスクとリターンの関係から分けると，①はローリスク・ローリターン，②はハイリスク・ハイリターンと言えます。これは，「危険な案件⇒ハイリスク」という意味ではなく，「儲け（リターン）の幅が広い⇒ハイリスク」だからです。デリバティブや株式取引におけるボラティリティ（収益率の標準偏差）が，典型的なリスク指標です。

リスクの高低に応じて，投資内容，利回りのイメージを示したものが，**図表序－16**です。低リスクの投資は，金利１％で貸付を行うことから，貸倒率は１％未満でないと貸付できません。利回りは，倒産時の０％から貸付金利１％までの間で発生するため，０～１％の幅で投資が行われます。このケースは倒産しない可能性が高いのでしょうから，リターンの期待値は１％に近い値になるでしょう。

一方，高リスクの投資である証券化エクイティは，シニア（低リスク），メザニンが完済したあと金銭分配が行われるため，利回り確保の確率は低リスク（シニア）よりも低くなるものの，EXITできたら高利回りが確保できます。この案件に投資した場合，利回りは０～30％の間の値です。

【図表序－16：リスクの例示】

リスク	投資の内容	EXITの確率	利回り（レンジ）	利回り（期待値）
低	金利１％で貸付	99.5％	0～１％	0.995％
中	利回り10％の不動産に投資	70％	0～10％	７％
高	利回り30％のエクイティに出資	50％	0～30％	15％

すなわち，リスクとは利回り（リターン）の振れ幅のことをいい，投資案件におけるリスクは，どれだけリターンの変動を許容できるかということを示しています。図表序－16のように，低リスクの投資（金利１％の貸付）はリターンの幅が小さく，高リスクの投資（利回り30％のエクイティ）はリターンの幅が大きくなります。

前述の「序章２．登場人物の種類を知っておく」でも説明しましたが，リスク選好は投資家の種類によって異なるため，低リスクを投資対象とする投資家（たとえば，生保など）と高リスクを投資対象とする投資家（たとえば，PEファンド）が存在します。このようなリスク選好の差は，投資家のコスト構造によります。**図表序－17**のように，投資家が要求するリターンは，調達コスト，信用コスト，その他のコストを上回るものでなければ，企業活動が成り立ちません。

預金利率がほぼゼロの預金で資金調達を行う銀行と，２％の借入で資金調達を行うノンバンクは，投資できる期待リターンがそもそも異なるので，投資対象のリスクの高低も異なってくるのです。

【図表序－17：コストと必要なリターン】

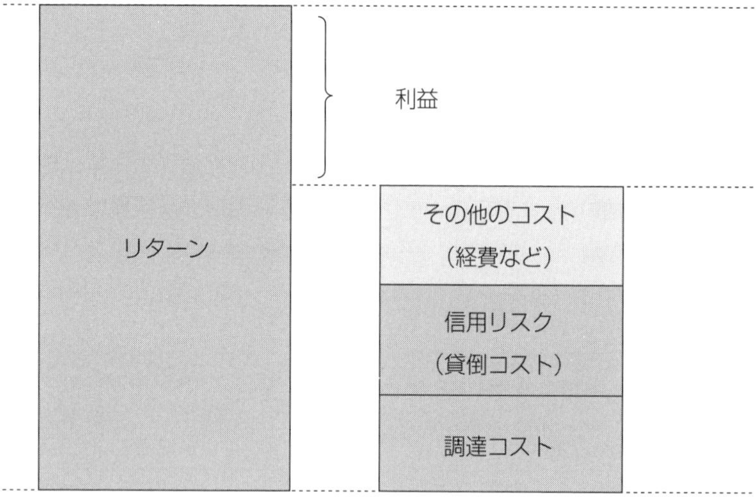

たとえば，企業に対して投融資を行う銀行，ノンバンク，PEファンドはコストが**図表序－18**のように異なります。調達コストを比較すると，銀行は基本的に預金で資金調達するため調達コストはほぼゼロです（実際には，エクイティとして調達する資金もあるため，調達コストが預金金利のみで構成される訳ではありません。ノンバンクも同様)。ノンバンクは資金を銀行融資等により調達するため，銀行からの借入利息が調達コストとなります。PEファンドは，LP投資家（Limited Partner，有限責任出資者）からエクイティとして資金

調達するため，ノンバンクの負債調達よりも調達コストが高くなります。

信用コストに関しても，銀行は優良先に融資するのに対して，ノンバンクは銀行よりも信用力の劣る先に融資を行うため貸倒率が高くなります。PEファンドは，エクイティ出資を行うため，負債として資金拠出する場合（貸付）よりも返済順位が劣後し，信用コストが高くなります。

図表序－18のケースでは，銀行は１％を超える投資リターンを確保すればよいのに対して，PEファンドは11％を超える投資リターンを確保する必要があります。

【図表序－18：投資家の種類によるコストの例示】

対象	調達コスト	信用コスト	その他コスト	合計
銀行	0％	0.5％	0.5％	1％
ノンバンク	2％	2％	1％	5％
PEファンド	5％	5％	1％	11％

※上記は説明のための数値であり，実際には個別事情により異なります。

投融資によって確保すべきリターンは，コストを上回るものでなければならないため，投資家によって許容しなければならないリスクがある程度決まってくるのです。

◉— リスクを正しく理解しよう

リスクを数値として表す指標として，デリバティブや株式取引におけるボラティリティ（収益率の標準偏差）があります。具体的なイメージをつかむため，ここでは上場株式の取引を例に説明します。

A社とB社の株価の週次推移（１年間，52週間）が**図表序－19**であったとします。A社株式の値動きは小さく，B社株式の値動きは大きくなっています。この値動きの大きさを示すものがボラティリティです。ボラティリティが大きいほど株価の値動きは（B社のように）大きく，小さいほど値動きは（A社のように）小さくなります。

なお，ボラティリティの計算方法などについては，後述しているため，ここでは説明を省略します。

【図表序－19：Ａ社とＢ社の１年間の株価推移】

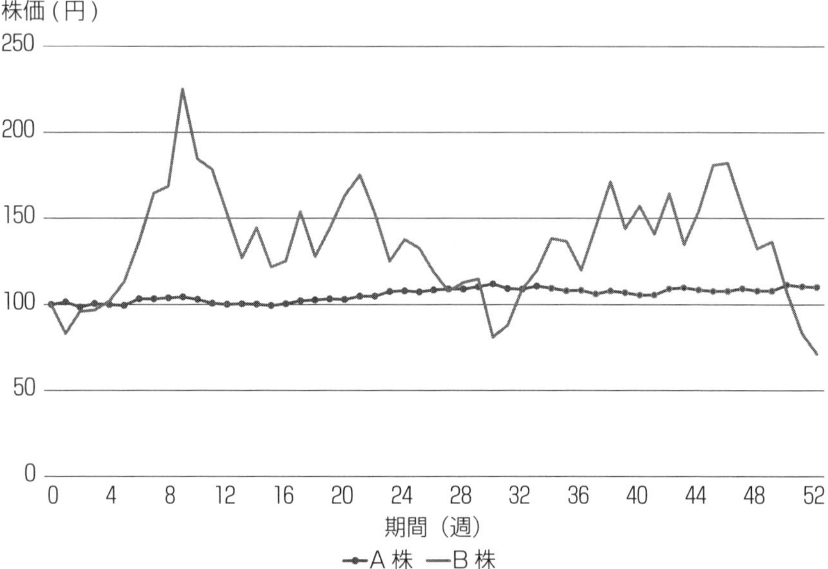

「リスクの大きさ＝ボラティリティ」と記載しましたが，この値動きが大きいほど（A株よりもB株のほうが）リスクが高い状態です。すなわち，リスクが大きいほうが，リターンも大きくプラスやマイナスになる可能性があります。

たとえば，**図表序－20**のようにB社株式に9週目に225円で投資し，13週目に127円で売却した場合，－43.6％（(127－225)÷225）の損失が発生します。

逆のケースで，**図表序－21**のようにB社株式に30週目に81円で投資し，38週目に171円で売却した場合，＋111.1％（(171－81)÷81）の利益が発生します。

すなわち，リスクが大きい（ボラティリティが大きい）と，利益も損失の金額も大きくなるのです。

【図表序－20：B社株式に損失が発生するケース】

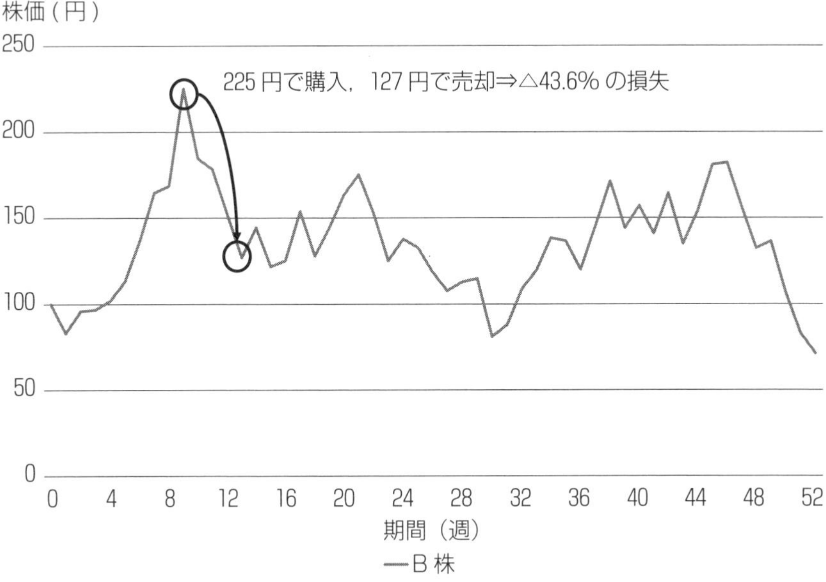

【図表序－21：B社株式に利益が発生するケース】

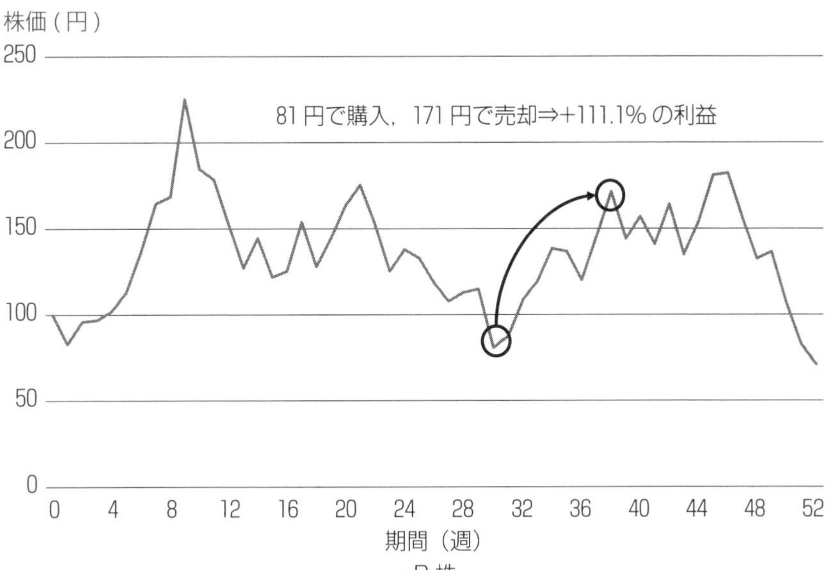

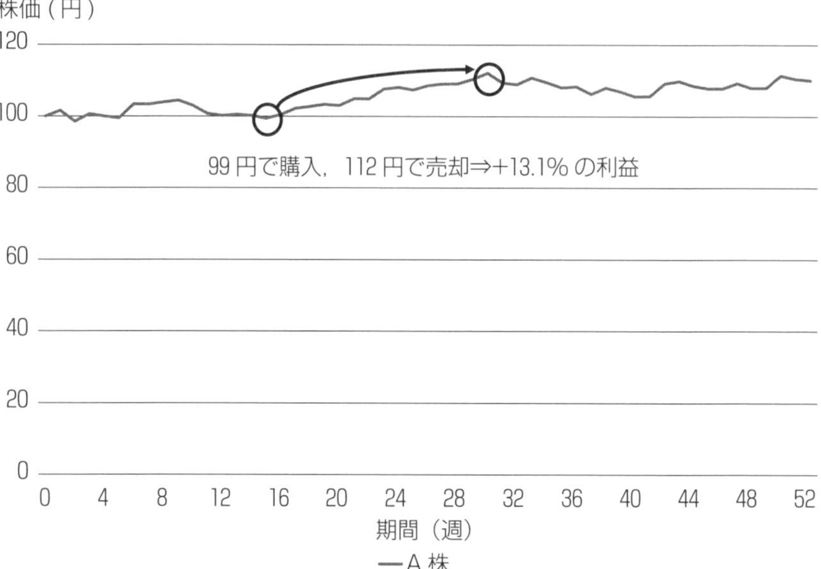

ボラティリティの小さい（リスクの小さい）A社のケースは，**図表序－22**のように，15週目に99円で投資し，30週目に112円で売却すると，＋13.1%((112－99)÷99）の利益が発生します。A社株式はボラティリティが小さいため，B社株式に比べて利益も損失の金額も小さくなります。

上場株式の例でリスクの大きさについて説明をしましたが，リスクが大きい(ボラティリティが大きい）ということは，単純に利益と損失が大きくなるという意味しかありません。ファイナンスにおいては，「リスクが大きい＝悪いこと」という概念はなく，「リスクが大きい＝大きく価格が変動する」という考え方をします。

特に，オプション取引（後述するデリバティブ取引の1つ）においてリスク指標であるボラティリティが価格を決定するように，ファイナンスにおいてリスクは大きな価格決定要因です。

ファイナンスのための基礎知識

the Fundamental Knowledge of Finance.

第1章

財務諸表を理解しよう

ファイナンスにおいて，投資や融資の対象（企業）を理解するために財務諸表を利用します。すなわち，財務諸表はファイナンスに関わる人には必須の知識です。ここでは，日本基準をベースとして最低限必要と思われる財務諸表に関する知識を学んでいきましょう。

1．貸借対照表とは

一般的な形式

貸借対照表の一般的な形式は**図表1－1**です。

【図表1－1：貸借対照表の形式】

（資産の部）	（負債の部）
Ⅰ　流動資産	Ⅰ　流動負債
Ⅱ　固定資産	Ⅱ　固定負債
1　有形固定資産	（純資産の部）
2　無形固定資産	Ⅰ　株主資本
3　投資その他の資産	Ⅱ　評価・換算差額等
Ⅲ　繰延資産	Ⅲ　新株予約権

まず，貸借対照表（B/S）には，「資産の部」，「負債の部」，「純資産の部」という区分があります。「資産の部」は保有している資産の残高，「負債の部」は借入金などの負債，「純資産の部」は，資産と負債の差額を表します。

「資産の部」は「流動資産」，「固定資産」，「繰延資産」の3つに分かれます。

「流動資産」は，**営業上の資産と1年内に回収可能な資産**です。このため，

2年後に入金のある未収入金は，営業活動から発生していない場合，「流動資産」には計上されません。

「固定資産」は，**営業上の資産ではなく，回収が1年超になる資産**です。そのうち，「有形固定資産」は土地や建物などの形のある固定資産，「無形固定資産」はソフトウェアや商標権といった形のない固定資産です。出資金など投資目的で保有している固定資産は，「投資その他の資産」に分類されます。

「繰延資産」は，旧商法上の区分がそのまま残っているために区分表示されているだけで会計上は固定資産と分ける意味はありません。

「負債の部」は，「流動負債」と「固定負債」の2つに分かれますが，この2つの違いは，「流動資産」と「固定資産」の違いとほとんど同じです。営業活動又は1年内返済の負債が「流動資産」，営業活動以外の1年超の返済の負債が「固定負債」です。

「純資産の部」は，「資本の部」から「負債の部」を差し引いた金額です。会計上は内訳が複雑ですが，投資や融資の判断においては，内訳にはあまり意味がありません。

◉── 事例による解説

図表1－2は，目黒セラミックのB/Sです。

「資産の部」について見ると，現金預金として2億円，売掛金と商品を4億円ずつ保有しています。

売掛金とは，商慣行上の「掛け」で販売した場合の未収入金です。ある会社に商品を販売して，入金のあるまでの間，「売掛金」として処理します。現金

【図表1－2：貸借対照表】

（資産の部）		（負債の部）	
現金預金	2億円	買掛金	2億円
売掛金	4億円	短期借入金	6億円
商品	4億円	長期借入金	10億円
機械設備	10億円	（純資産の部）	
土地	1億円	純資産	3億円

取引を行っている会社以外は，商品を仕入れてもその都度決済は行わず，一定期間の仕入代金をまとめて（たとえば，1カ月分の仕入金額を2カ月後に）支払います。

商品は，仕入れた在庫が計上されています。**機械設備**は，セラミックを加工するための機械などが計上されています。

次に，「負債の部」です。

買掛金は，売掛金の逆で，仕入れた後まだ支払が完了していない債務です。会計上は，「未払金」や「未収入金」というものもありますが，「売掛金」や「買掛金」は会社の本業の商品販売や仕入から発生した債権・債務であることに対して，「未払金」や「未収入金」は，本業以外から発生した債権・債務であるという違いがあります。目黒セラミックは仕入から生じた買掛金が2億円あり，また，短期借入（1年内）と長期借入（1年超）を足して16億円の借入を行っています。

「純資産の部」は，会社にいくらの余剰があるかということを示すものです。融資や投資の判断において，債務超過（純資産の部がマイナスの状態）の場合は，融資しても回収できないリスクが高いので，融資対象とはなりません。目黒セラミックは3億円のプラスなので債務超過ではありません。

2．損益計算書とは

◉― 一般的な形式

次に，損益計算書（P/L）は，会社の業績を示すものです。ここでは，P/Lの形式と各項目が何を示しているかを解説します。

「売上高（A）」から「売上原価（B）」を控除した「売上総利益（C）」は商品等を販売することによって得られる，**企業の「粗利」**です。

「販売費及び一般管理費（D）」は，従業員の給与や家賃など，商品の売上原価のように一対一で対応するものではありませんが，会社を運営するうえで必要となるコストです。略して，「販管費：ハンカンヒ」といいます。

「営業利益」は**営業面での会社の儲け**を示すものです。本業における収益と

【図表1－3：損益計算書の形式】

（項目）	（計算式）
Ⅰ　売上高	A
Ⅱ　売上原価	B
売上総利益	C＝A－B
Ⅲ　販売費及び一般管理費	D
営業利益	E＝C－D
Ⅳ　営業外収益	F
Ⅴ　営業外費用	G
経常利益	H＝E＋F－G
Ⅵ　特別利益	I
Ⅶ　特別損失	J
税引前当期純利益	K＝H＋I－J
法人税等	L
当期純利益	M＝K－L

理解して下さい。

「営業外収益」と「営業外費用」は，**会社の営業とは直接関係ないものの，経常的に発生する収益と費用**です。たとえば，支払利息などが含まれますが，経常的に発生する収益と費用までを含めて「経常利益」を算出します。

「特別利益」と「特別損失」は，経常的には発生することのない，特殊要因によって発生した利益と損失です。たとえば，固定資産の売却による利益・損失や過年度の損益修正などが，「特別利益」と「特別損失」に表示されます。

「法人税等」には，法人税・住民税・事業税が含まれます。

◉― 事例による解説

目黒セラミックのP/Lは下記の通りです。

【図表1－4：損益計算書】

売上	20億円	100%
売上原価	10億円	50%
売上総利益	10億円	50%
販管費（人件費）	5億円	25%
販管費（減価償却費）	2億円	10%
営業利益	3億円	15%
支払利息	1億円	5%
経常利益	2億円	10%
法人税等	1億円	5%
純利益	1億円	5%

目黒セラミックの売上総利益率は50%，販売費および一般管理費（販管費）が35%，営業利益率は15%です。この15%という営業利益率も，業種によって高い場合と低い場合があります。

目黒セラミックの場合，営業外費用として支払利息が計上されていますが，借入を行っている会社は，営業外費用としてこの場所に支払利息が計上されます。

法人税は，税引前利益の約50%が計上されていますが，実効税率（課税所得に対する税率）は30～35%になるので，目黒セラミックの法人税等は実効税率と比べると税率は少し高めです。その理由は，税金を計算する時の課税所得（利益のようなもの）と会計上の利益に差が生じているからです。これは個別要因によるものが大きいため，少しくらいズレが生じていても変ではありません。

実効税率は会社規模（大法人：資本金1億円超，中小法人：資本金1億円以下），超過税率の適用の有無により異なります。実効税率は，以下の計算式で計算します。

$$\text{実効税率}=\frac{\text{法人税率}\times(1+\text{地方法人税率}+\text{住民税率})+\text{事業税率}^{※}}{1+\text{事業税率}^{※}}$$

※事業税率には，地方法人特別税も含む。

法人の税務申告書を作成したことがない方のために説明すると，地方法人税率と住民税率（均等割を除く）は法人税額に対する税率（たとえば，地方法人税＝法人税×10.3％）のため，法人税率に乗じて計算します。

事業税は，少し特殊な税金で，納税額を支払った期の損金（税務上の費用）に算入することを認められています。たとえば，X1年度10の事業税が算定され（未払計上される），X2年度に未払事業税10を支払ったとすると，X2年度に納税額10が損金として算入できます。

このため，分母を（１＋事業税率）とすることで事業税の損金算入額を調整して実効税率を算定しているのです。

2021年度の東京都の大法人で超過税率が適用される場合は，法人税率23.2％，地方法人税率10.3％，住民税率10.4％，事業税率3.78％から，30.62％と計算されます。

$$\text{実効税率} = \frac{23.2\% \times (1 + 10.3\% + 10.4\%) + 3.78\%}{1 + 3.78\%} = 30.62\%$$

近年は頻繁に実効税率が変更されていますので，計算する時点の税率を確認のうえ，実効税率を計算してください。

３．キャッシュ・フロー計算書とは

◉― 一般的な形式

キャッシュ・フロー計算書（CF計算書）は，先に挙げたB/SやP/Lとは少し異なります。簡単にいうと，CF計算書は現金や預金などの動きをその発生した種類ごとに示すものであり，「お金のながれ＝キャッシュ・フロー」を示すものです。

CF計算書は，有価証券報告書（上場企業が作成する決算書類）には含まれますが，**上場企業以外は作成する必要がありません**。このため，上場企業以外の会社を分析する際には，CF計算書を自分で作成する必要があります。なぜCF計算書を作成するかというと，**P/Lはあくまで会計上の利益のみしか表示しないので，資金繰りがどうのようになっているのかはわからない**からです。

【図表1－5：キャッシュ・フロー計算書の形式】

項　目	影　響	算　式
Ⅰ　営業活動によるキャッシュ・フロー		
税引前当期利益		A
減価償却費	＋	B
売掛金の増加	－	C
商品の増加	－	D
買掛金の増加	＋	E
法人税等	－	F
合計		G＝A＋B－C－D＋E－F
Ⅱ　投資活動によるキャッシュ・フロー		
固定資産の増加	－	H
投資有価証券の増加	－	I
合計		J＝－H－I
Ⅲ　財務活動によるキャッシュ・フロー		
借入金の増加	＋	K
配当金の支払額	－	L
合計		M＝K－L
Ⅳ　現金および現金同等物の増加額		N＝G＋J＋M
Ⅴ　現金および現金同等物の期首残高	＋	O
Ⅵ　現金および現金同等物の期末残高		P＝N＋O

Ⅰ　営業活動によるキャッシュ・フロー

「営業活動によるキャッシュ・フロー（営業CF）」は，会社の営業によって獲得したキャッシュ・フローの金額です。

CF計算書は，税引**前**当期利益からスタートしますが，減価償却費が加算されています。減価償却費は会計上計算される，**現金の支出を伴わないコスト**です。P/Lでは，減価償却費を差し引いて税引前当期利益を算定しますが，実際には現金支出を伴わない費用です。キャッシュ・フローという観点からは，利益を算定する前に控除した減価償却費をプラスしなければなりません。

売掛金の増加は，キャッシュ・フローにはマイナスの影響を与えます。売掛金が増加するということは，会計上の利益よりも**回収額が少ない**ので，マイナスの影響があるわけです。

商品の増加についても，商品が減少しなければ，**商品が売れていない**ので，キャッシュ・フローにマイナスの影響を与えます。

買掛金が増えている場合は，支払を行っていない金額が増加しているので，**現金支出額が減少している**ことになり，キャッシュ・フローにプラスの影響を与えます。

営業CFは本業から入ってくるお金なので，**マイナスになっている場合**は注意が必要です。仮に利益が出ていても，お金が入ってこないからです。

Ⅱ　投資活動によるキャッシュ・フロー

「投資活動によるキャッシュ・フロー（投資CF）」は，会社の投資の状況を示すものです。工場を建設したり，製造設備を購入したり，別の会社に投資したりといった投資がここに計上されます。

基本的に「投資CF」はマイナスになります。企業のキャッシュ・フローを把握するうえでは，P/Lに計上されていない支出である資本的支出（CAPEX）が重要になり，投資CFは，まさにCAPEXです。後で説明するフリー・キャッシュ・フロー（FCF）を算定する際に控除しているCAPEXは，投資CFの金額です。

Ⅲ　財務活動によるキャッシュ・フロー

「財務活動によるキャッシュ・フロー（財務CF）」は，会社の資金調達の状況を示すものです。**借入**や，**増資**によって資金調達を行った場合にプラスになります。借入の返済は，キャッシュ・フローにはマイナスです。

Ⅳ　3つのキャッシュ・フローの特徴

3つのキャッシュフローのうち，最も重要なのが，「営業CF」です。

「営業CF」がプラスでなければ，本業でお金を稼いでいないので，営業を継続する意味がありません。「営業CF」と資金調達である「財務CF」のプラスの部分を利用して，将来における「投資CF」を賄うというのが一般的な資金の流れです。

営業CF，投資CF，財務CFのバランスは，企業のキャッシュ・フローの状況を把握するうえでは，重要です。

図表1－6のようなCFの状態にある3社があったとします。

【図表1－6：3社のCF計算書の比較】

	A社	B社	C社
営業CF	＋	＋	－
投資CF	－	－	＋
財務CF	＋	－	＋

A社は，営業から発生するプラスのキャッシュ・フローと資金調達でのプラスを使って，投資を行っているので，一般的な形です。

B社は，営業から発生するキャッシュ・フローを使って，投資と借入金等の返済を行っているので，金余りの状態にあります。

C社は営業CFがマイナスなので，本業で資金を稼ぐことができていません。このマイナスのキャッシュ・フローを埋めるために，有価証券の売却（投資CF）や資金調達（財務CF）を行っているので，資金繰りが悪化している状況にあります。

CF計算書は，あくまで1年間のキャッシュ・フローの状態を表示するものなので，企業の状態を完全に示しているとまではいえませんが，どのような資金繰りを行っているかという全体像は，CF計算書を分析すれば非常によくわかります。

CF計算書の作成は，基本的にB/Sの前期末と今期末の差額から作成します。なお，CF計算書の基本的な考え方ですが，**資産が増えた場合はキャッシュ・フローにはマイナス，負債が増えた場合はキャッシュ・フローにはプラス**と覚えておいて下さい。

◉── 事例による解説

目黒セラミックの過去２年分（X1年度，X2年度）の貸借対照表（B/S）と損益計算書（P/L）が**図表１－７～９**でした。

このB/SとP/Lを使ってCF計算書を作成したのが，**図表１－10**です。

【図表１－７：目黒セラミックの貸借対照表（X1年度）】

（資産の部）		（負債の部）	
現金預金	２億円	買掛金	１億円
売掛金	３億円	短期借入金	６億円
商品	３億円	長期借入金	５億円
機械設備	５億円	（純資産の部）	
土地	１億円	純資産	２億円

【図表１－８：目黒セラミックの貸借対照表（X2年度）】

（資産の部）		（負債の部）	
現金預金	２億円	買掛金	２億円
売掛金	４億円	短期借入金	６億円
商品	４億円	長期借入金	10億円
機械設備	10億円	（純資産の部）	
土地	１億円	純資産	３億円

【図表1－9：目黒セラミックの損益計算書（X2年度）】

売上	20億円
売上原価	10億円
売上総利益	10億円
販管費（人件費）	5億円
販管費（減価償却費）	2億円
営業利益	3億円
支払利息	1億円
経常利益	2億円
税引前当期利益	2億円
法人税等	1億円
純利益	1億円

売掛金と商品の増加によって，2億円のキャッシュ・フローのマイナスが発生していますが，税引前当期利益2億円，買掛金の増加によるプラスの影響額1億円，非現金支出費用である減価償却費2億円の影響により，「営業CF」は2億円のプラスです。

「営業CF」が＋2億円なので，目黒セラミックは，本業から2億円の現金預金を獲得したことを表しています。

次に，「投資CF」を見ると7億円のマイナスです。計算式において，X2年度の減価償却費を差し引いているのは，X2年度の固定資産が減価償却によって減額されているためです。「投資CF」から，目黒セラミックはX2年度に設備投資を7億円行っています。

「財務CF」から，借入による資金調達で現金預金が5億円増加しました。

全体を通して考えると，目黒セラミックはX2年度のスタート時点（X1年度末）において，2億円の現金預金がありました（図表1－10のV）。営業によって2億円の現金預金を獲得し，将来の事業拡大のために7億円の設備投資を行いましたが，不足する資金は5億円の借入によって賄ったことが，CF計算書から読み取れます。

【図表1－10：目黒セラミックのキャッシュ・フロー計算書（X2年度）】

項　目	金額（億円）	計算式
Ⅰ　営業活動によるキャッシュ・フロー		
税引前当期利益	2	P/Lの当期利益
減価償却費	＋2	P/L
売掛金の増加	－1	3億円（X1年度）－4億円（X2年度）
商品の増加	－1	3億円（X1年度）－4億円（X2年度）
買掛金の増加	＋1	2億円（X2年度）－1億円（X1年度）
法人税等	－1	P/L
合計	＋2	
Ⅱ　投資活動によるキャッシュ・フロー		
固定資産の増加	－7	5億円（X1年度）－10億円（X2年度）－2億円（X2年度減価償却費）
合計	－7	
Ⅲ　財務活動によるキャッシュ・フロー		
借入金の増加	＋5	16億円（X2年度）－11億円（X1年度）
合計	＋5	
Ⅳ　現金および現金同等物の増加額	0	Ⅰ＋Ⅱ＋Ⅲ
Ⅴ　現金および現金同等物の期首残高	2	X1年度現金預金
Ⅵ　現金および現金同等物の期末残高	2	X2年度現金預金

第2章

融資も投資もキャッシュ・フローがすべて

キャッシュ・フローは，投資や融資を行う際に最も重要な概念です。ここではキャッシュ・フローの計算方法について解説していきます。

1．キャッシュ・フローの意味（定義）を理解する

虎ノ門銀行の鈴木課長と加藤さんは，買収案件に対する融資のためにPEファンドで打ち合わせをしていました。帰り道に少し雑談をしています。

加藤さん：対象会社が不動産管理会社だったので，担当者がプロジェクション（事業計画）を説明していた時に言っているキャッシュ・フローが，何のキャッシュ・フローかわかりにくかったですね。

鈴木課長：確かに，資料でも記載を分けておいてほしかったよね。投資している不動産のキャッシュ・フロー，債務返済余力を計算する営業キャッシュ・フロー，株価評価に利用するフリー・キャッシュ・フローのどれについて言っているのか。本人はわかってるんだろうけど……。

キャッシュ・フローは，資金（キャッシュ）の増加または減少を表すもので，投資や融資を行う際には必ず登場します。

不動産収益物件を購入する場合，物件から発生するキャッシュ・フローをもとに不動産価格を評価します。銀行が貸付を行う場合，会社が生み出すキャッシュ・フローを返済原資として貸付金の返済を受けます。株式投資を行う場合，会社が生み出すキャッシュ・フローの現在価値から株式価値を計算します。

虎ノ門銀行の加藤さんが，キャッシュ・フローについて話をしていますが，実際に「キャッシュ・フロー」という言葉が意味するものはかなり曖昧です。「ファイナンス」という用語も曖昧ですが，キャッシュ・フローもそれに負けていません。業界によってキャッシュ・フローの定義が異なり，評価対象によっても定義が異なるのです。

第1章で，CF計算書においては，「営業活動によるキャッシュ・フロー（営業CF）」，「投資活動によるキャッシュ・フロー」，「財務活動によるキャッシュ・フロー」という3種類のキャッシュ・フローを計算することを説明しました。これは会計上のキャッシュ・フローの区分なので，投資や融資を行う際のキャッシュ・フローとは別物です。

虎ノ門銀行の加藤さんの話に出てきたそれぞれのキャッシュ・フローを例に，どのような違いがあるかを比較してみます。

◉― 不動産評価に利用するキャッシュ・フロー

不動産評価に用いるキャッシュ・フローは，NOI（物件純収益）からCAPEX（Capital Expenditure，設備投資，資本的支出，キャペックス）を控除して計算します。

物件キャッシュ・フロー（不動産CF）＝物件収益－物件費用－CAPEX

※厳密には預り金等の運用益を加算しますが，説明の都合上省略しています。

物件費用には，会計上のように減価償却費が含まれず，物件に直接関係のない費用（支払利息など）は除かれます。税引前なので，当然のことながら法人税等は控除しません。このキャッシュ・フローは，不動産価格を評価することを目的としたもので，物件以外の要因は除かれます。

◉― 債務償還に利用するキャッシュ・フロー

損益計算書をベースにすると，下記のように計算します。

営業キャッシュ・フロー（営業CF）＝営業利益＋減価償却費－法人税等

※キャッシュ・フロー計算書における営業CFは，通常，支払利息を控除しますが，ここでは控除していません。

営業CFは，会社の営業活動によって発生したキャッシュ・フローを示しています。銀行など債権者が債務償還の可能性を判断するために利用するキャッシュ・フローです。

◉── 株式評価に利用するキャッシュ・フロー

フリー・キャッシュ・フロー（FCF）＝営業CF－CAPEX

FCFは，会社の活動に必要な設備投資まで含めたキャッシュ・フローで，株主などの投資家が株式価値を評価する際に利用するキャッシュ・フローです。

上記３つを比較したのが**図表２－１**です。

【図表２－１：キャッシュ・フローの比較】

	不動産CF	営業CF	FCF
想定する利用者	不動産投資家	銀行	株主
減価償却費	控除しない	控除しない	控除しない
支払利息	控除しない	控除しない	控除しない
税金（法人税等）	控除しない	控除する	控除する
CAPEX	控除する	控除しない	控除する

まず，減価償却費については，会計上も非現金支出費用（お金を支払わないコスト）なので，キャッシュ・フローの計算において，控除しないのはすべて共通します。債権者や株主は，税金（国）よりも返済順位が落ちるため，営業CF，FCFとも税金を控除してキャッシュ・フローを計算します。

なお，資産価値（不動産や貸付金など）を算定する際のキャッシュ・フローは，対象資産の収益から課税される金額はその所有者によって異なるため，資産価値の算定において利用するキャッシュ・フローから税金（法人税等）は控除しません。

では，具体的に，キャッシュ・フローの数値がどのように異なるかを計算してみましょう。

〈事例2－1〉

A社は賃貸用不動産を保有するSPC（ペーパーカンパニー）です。営業利益300百万円，減価償却費200百万円，法人税等100百万円，CAPEX200百万円であったとすると，不動産CF，営業CF，FCFを計算しなさい。

条件を利用して計算した結果は，**図表2－2**の通りです。

【図表2－2：不動産CF，営業CF，FCFの計算（単位：百万円）】

項目	不動産CF	営業CF	FCF	
営業利益	300	300	300	A
減価償却費	200	200	200	B
法人税等	0	100	100	C
CAPEX	200	0	200	D
計算値	300	400	200	A＋B－C－D

キャッシュ・フローという言葉は同じでも状況によって意味が異なる可能性があるので，どのキャッシュ・フローを意味しているかを正確に理解する必要があります。

2．キャッシュ・フローの計算方法を理解する

先ほどキャッシュ・フローにはさまざまな定義があることを説明しましたが，改めて計算方法について整理を行います。まず，企業評価等において利用されているEBITDA，営業CF，FCFの関係を示すと下記のようになります。

EBITDA＝営業利益＋減価償却費

営業CF＝営業利益＋減価償却費－法人税等

＝EBITDA－法人税等

FCF＝営業利益＋減価償却費－法人税等－CAPEX

＝営業CF－CAPEX

ここで，EBITDA（「イービットディーエー」，「イービッダ」などと呼ばれます）はEarnings Before Interest Taxes Depreciation and Amortizationの略で，償却前利益です。企業評価やM&Aなど，利用するケースが非常に多い指標です。

NOPAT（Net Operating Profit After Taxes，税引後営業利益），NOPLAT（Net Operating Profit Less Adjusted Taxes，みなし税引後営業利益）という指標もファイナンスの解説にでてきますが，実務上であまり利用することはないでしょう。計算式は下記のようにほぼ同じで，みなし法人税等＝営業利益×実効税率として計算するのが特徴です。

NOPAT＝営業利益－法人税等
NOPLAT＝営業利益－みなし法人税等

それでは，事例を使って，計算をしてみましょう。

〈事例２－２〉

目黒セラミックの営業利益300百万円，減価償却費200百万円，法人税等100百万円，運転資金増加額100百万円，CAPEX200百万円でした。EBITDA，営業CF，FCFを計算しなさい。

上記の条件から，EBITDA，営業CF，FCFは以下のように計算します。

【図表２－３：目黒セラミックのEBITDA，営業CF，FCF】

	項目	金額（百万円）	計算式	
	営業利益	300	①	
＋	減価償却費	200	②	
	EBITDA	500	③＝①＋②	
－	法人税等	100	④	
－	運転資金増加額	100	⑤	
	営業C/F	300	⑥＝③－④－⑤	←債権者が注目するCF
－	CAPEX	200	⑦	
	FCF	100	⑧＝⑥－⑦	←株主が注目するCF

事例2－1では考慮していませんでしたが，実際に営業CFを算定する際には，運転資金増加額をマイナスします。

キャッシュ・フロー計算書を例にすると，債権者（銀行等）は，設備投資資金（CAPEX）を財務CFとして融資するため，FCFよりも返済原資となる営業CFを重視して，債務返済の可能性を判断します。

株主は，最終的に会社に残る資金（将来的な残余財産分配額）が株式価値を構成するため，社外流出となる設備投資資金（CAPEX）を控除したFCFを重視します。

3．減価償却費・CAPEXの調整が必要な理由

先ほどの解説で当然のように減価償却費とCAPEXを加減算していましたが，キャッシュ・フローを理解するためには重要な概念なのでここで改めて説明します。

減価償却費は現金の支出を伴わないコストなので，会計上の利益からキャッシュ・フローを作成する際には調整が必要です。逆に，資本的支出は固定資産の購入時の支出ですが，損益計算書（P/L）に費用計上されないので，会計上の利益からキャッシュ・フローを作成する際にはマイナスする必要があるからです。ここでは，減価償却費とCAPEXについて解説します。

◉―　減価償却費の調整

会社が生産設備を増強したり，建物を建設したりといった固定資産の購入に支出した場合，その固定資産は数年～数十年間にわたって利用されます。支出したお金が固定資産の購入に利用された場合，一度に費用化してしまうと，数十年にわたる利用に応じた費用化ができないだけでなく，その期の業績が大幅に悪くなってしまいます。このような理由から，固定資産の費用化について，会計上は減価償却費という概念を採り入れ，使用が長期にわたるような固定資産を一度に費用化せずに，価値の減少分を毎年少しずつ費用化して，固定資産の利用と費用化のタイミングを調整しています。

キャッシュ・フローを算定する際に，会計上の利益に減価償却費をプラスす

る理由は，実際の現金の支出は固定資産の購入時に行われているため，減価償却費によって現金の支出は発生しないからです。減価償却費のような現金を支払わないコストを「非現金支出費用（お金を支払わないコスト）」といいます。

◉— CAPEXの調整

損益計算書（P/L）から年間の大まかなキャッシュ・フローを把握することはできますが，資本的支出（CAPEX）はP/Lに表示されません。

CF計算書を作成していれば，「投資CF」に表示されているので比較的金額を把握しやすいのですが，作成していない場合は，

CAPEX＝固定資産（当期）－固定資産（前期）＋減価償却費

として算定します。

設備投資による支出は，会社にとって非常に大きなキャッシュ・アウトですが，今後どれだけのCAPEXが会社にとって必要になるのかを正確に把握しておかなければ，いくら資金があっても足りません。

「黒字倒産」という言葉がありますが，P/Lでは黒字にもかかわらず，多額のCAPEXが必要になると，資金繰りが悪化し，倒産することになります。

このように，CAPEXは会社のキャッシュ・フローを考えるうえでとても重要です。

第3章

資金使途とは

何のために資金が必要なのかという点を明確にすることは，資金の出し手からは，とても重要なことです。ここでは，資金使途（お金の使い道）について整理するとともに，正しい資金使途に関する感覚を身に付けていきましょう。

虎ノ門銀行の加藤さんは，融資の提案で，鈴木課長と相談しています。

加藤さん：融資残高を伸ばすように言われていますが，なかなか資金ニーズのある会社がありません。目黒セラミックは運転資金も枠いっぱい借りてもらっているし，設備投資も去年したばかりです。不動産でも紹介して借入してもらおうかと思っているんですが，何かいい収益物件ありませんか？

鈴木課長：本業じゃない資金を出すのはどうかと思うけど，仕方ないか。渋谷不動産が小ぶりのレジデンスを処分したがってたはずだから聞いてみたらどうかな？

加藤さん：ありがとうございます。資金使途は，投資用マンション購入資金ですね。

資金使途という言葉は，銀行以外では馴染みが薄いかもしれませんが，「何のためにお金を借りるのか？」を意味します。生産設備を増強するための資金（設備資金），仕入代金の不足額を補うための資金（運転資金）といったお金の使い道を決定して投資や融資を行わなければ，余計なことに資金を流用されてしまいます。

本章では，お金の使い道である資金使途について説明します。

１．資金使途の種類

資金使途とは，先ほど述べたように，お金の使い道のことですが，大きく以下の３つに分類されます。銀行では頻繁に利用される用語ですが，ベンチャー・キャピタルなどの株式投資を行う金融機関では，概念的には理解されていても社内であまり利用しないケースもあります。

①　**設備資金**（生産力増強資金，設備近代化・合理化資金等）
②　**運転資金**（経常運転資金，増加運転資金等）
③　**その他資金**（投融資資金，つなぎ資金，赤字資金等）

設備資金は，工場や設備等への支出のための資金なので，比較的分かりやすいと思います。運転資金は，後で説明しますが，売掛と買掛のサイト（決済までの期間）を埋めるための資金で，会社を運営するために必要です。

その他資金は，赤字を補填するため等，あまり前向きな資金ではないので，基本的に銀行は融資しません。融資しても貸し倒れる可能性が高いからです。

会社も銀行も，「赤字資金」として借入を依頼することも，融資をすることもできないので，よくわからない資金を「運転資金」として扱っているケースがあります。ただし，これは，資金使途としては誤った融資をしていることになります。

２．運転資金とは

まずは会社の営業で一番身近な「運転資金」について説明します。

一般的には，B/Sを元に算定します。

運転資金＝売掛金＋商品－買掛金

として算定される金額が運転資金です。

目黒セラミックのB/S（**図表３－１**）と売上20億円，売上原価10億円から，売上・仕入の回転期間（資金の回収や支払までの期間）は，以下のようになります。

売掛金の回転期間＝４億円÷20億円（年間売上）×12カ月＝2.4カ月
商品の回転期間＝２億円÷10億円（年間売上原価）×12カ月＝2.4カ月
買掛金の回転期間＝２億円÷10億円（年間売上原価）×12カ月＝2.4カ月

【図表３－１：目黒セラミックの貸借対照表】

現金預金	２億円	買掛金	２億円
売掛金	４億円	短期借入金	４億円
商品	２億円	長期借入金	10億円
機械設備	10億円	純資産	３億円
土地	１億円		

ある会社に商品を販売して，入金があるまでの間，「売掛金」としてB/Sに計上されています。「買掛金」は仕入れてまだ支払を行っていない未払金です。

目黒セラミックのケースは，買掛金のサイトが2.4カ月で，商品を仕入れてから，仕入先に2.4カ月後にお金を支払います。商品を在庫として保有してから販売までの期間が2.4カ月，販売してから入金までの期間が2.4カ月なので，商品を仕入れてから実際にお金が入ってくるまでに，合計4.8カ月かかります。

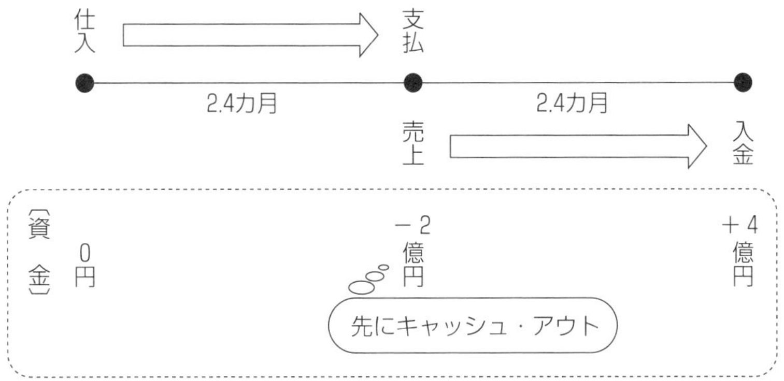

目黒セラミックの場合，仕入れた商品の代金を2.4カ月後に支払うので，運転資金（会社を営業するために必要な資金）を計算すると，

運転資金＝売掛金＋商品－買掛金＝４億円＋２億円－２億円＝４億円

となります。手許に資金がない場合は，銀行借入などによって資金を調達します。

たとえば，目黒セラミックの資金繰りは，支払利息を無視すると，**図表３－２**のようになっています。

【図表３－２：目黒セラミックの資金繰り】

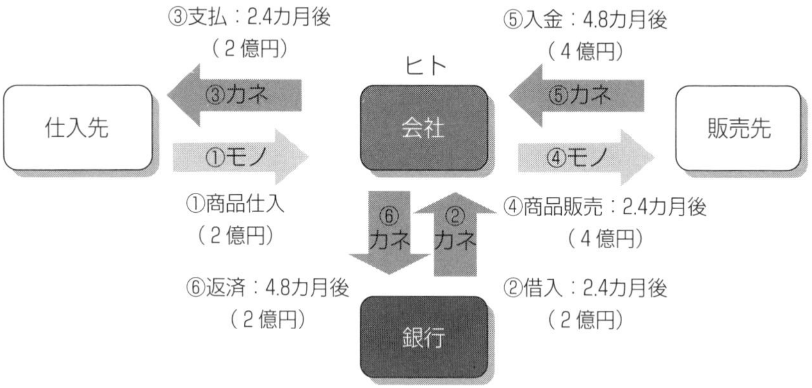

売上・仕入の流れを図表３－２を使って説明すると，①商品を２億円で仕入れましたが，仕入代金の支払時に手許資金がないため，②銀行から借り入れた２億円で，③仕入先に代金を支払います。その後，④販売先に商品を４億円で販売し，⑤売上代金の入金を待って，⑥借入の返済を行います。

目黒セラミックは，図表３－２の②では，銀行から仕入資金２億円のみを借り入れていますが，実際には，売掛金の回収までに家賃の支払，人件費の支払などが発生します。これらの資金は売掛金の入金から支払を行うのですが，給与支払や家賃支払のほうが先に発生すれば，これらの資金も借入によって賄う必要があります。仮に，売掛金の入金までに支払が必要な経費が２億円の場合は，図表３－２の②の借入２億円に加えて２億円の借入を行っているはずです。

このように，目黒セラミックの場合は，売掛金と買掛金の入出金のタイミングのずれから必要となる資金２億円とその他経費２億円の合計４億円が運転資金として必要になります。

売掛金の回収で4億円が入金される予定なので，銀行としては4億円までは正常な運転資金として，融資することができます。このような理由で融資される資金を運転資金融資といいます。

3．設備資金とは

設備資金とは，企業が建物や機械などの生産設備に投下する資金のことです。長期の資金なので長期借入金または株式の形で調達されるのが一般的です。

借入で調達した場合は，設備使用における期間で借入を返済するため，追加借入は前提としていません。運転資金とは異なり，**返済してしまうことが大前提**です。

第4章

リターンを正しく理解しよう

リターン（儲け）をどのように考えるのかを理解しておかなければ，適切に融資や投資を行うことができません。ここでは，「そもそもリターンとは何なのか」について，考えていきます。

無事に目黒セラミックへの融資が決まった加藤さん。志村社長に契約内容について説明に行きました。

志村社長：他の銀行から借りる時は，いつも固定金利なんだけど，今回は金利がTIBOR（変動金利）なんだね。どっちが得なの？

加藤さん：志村社長。銀行は預金や社債発行で資金調達していますから，融資するときは変動金利が基本になるんですが，どっちが得ということはありませんよ。
固定金利も変動金利を固定化して貸している訳ですから，今の変動金利よりも高く設定しているんです。
たとえば，3カ月の変動金利が0.5%だったとしても，3年間の固定金利にすると1%になるとかです。
もし，変動金利が今と同じままだとすると，変動金利のほうが得にはなります。ただ，3年間の間に変動金利が上がったら，固定金利のほうが得になる場合もあります。一種の保険みたいなものですね。

志村社長：じゃあ，固定金利を選んでもいいんだ。
固定金利のほうが安全そうだし，固定金利にしようかな？

加藤さん：もちろんできますよ。その場合は，金利スワップを組み合わせて，金利を固定化することになるんですが，表面上の金利は変動金利よりも高くなります。固定金利にしますか？

1．リターンの内訳

序章で説明したように，リターンがリスクに見合っていなければ投資する意味はありません。

ファイナンスの世界では，リスクがない状態のリターンをリスクフリーレートと呼びます。投融資の対象は程度の差はあれリスクを有しているため，リターンはリスクフリーレート以上でなければなりません。一般的には「スプレッド」と呼ばれる追加のリターンを加算した利回りが，ファイナンスにおいて用いられるリターンとなります。

すなわち，リターンは，以下のように整理できます。

リターン＝リスクフリーレート＋スプレッド

リターンは，リスクフリーレートとスプレッドで構成されていますが，投資において重要なのはスプレッドです。リスクフリーレートは，その時点の相場環境によって決定されるため，自分で何とかできるようなものではありません。

たとえば，投資リスクに見合ったスプレッドが１％の投資対象に投資する際，リスクフリーレートが２％の時のリターン３％と，リスクフリーレートが１％の時のリターン２％は，要求リターンの水準として等しいのです（**図表４－１**）。

【図表４－１：リスクフリーレートの変動によるリターンの影響】

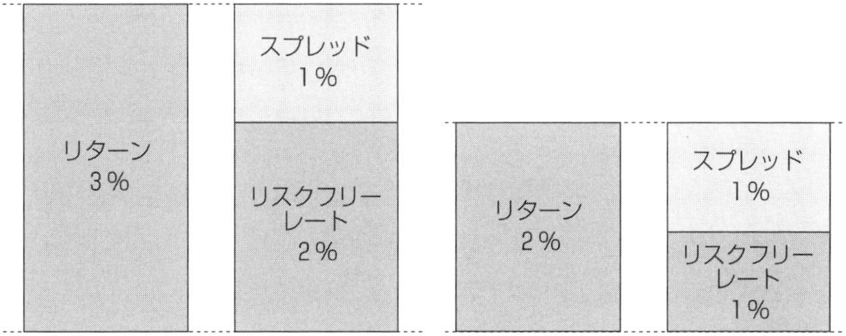

リスクフリーレートの水準は，投資時期，通貨，投資期間などの要因によって変動します。リスクフリーレート（たとえば，10年国債）の利回りが２％の時期もあれば，利回りが０％の時期もあります。

通貨によってもリスクフリーレートの水準は異なります。日本は他の先進国通貨と比較しても低い水準にあり，日本のリスクフリーレートよりも他通貨（米ドルやユーロ）のリスクフリーレートの方が高くなります。

投資期間についても，一般的な金利の期間構造（タームストラクチャー）は順イールド（期間が長くなるほど金利が高くなる）なので，投資期間１年よりも投資期間10年のほうがリスクフリーレートは高くなります。

具体的なリスクフリーレートやスプレッドの特徴については，以降で解説します。

２．リスクフリーレートとは

リスクフリーレートは，「リスクのない資産から受け取ることができる金利」を意味しますが，そのような資産はこの世には存在しません。実際には，リスクの少なそうな資産をリスクフリーレートと呼んでおり，「基準金利（ベースレート）」とも言われています。

一般的にリスクフリーレート（または基準金利）とされているものは，国債と金利指標（TIBORなど）です。

日本において国債は発行される種類が多く，発行された国債の残存年数もバラバラなので，期間構造（タームストラクチャー）を作成するのに手間がかかります。一方，金利指標は残存年数ごとにレートが開示されているため，リスクフリーレートとして利用しやすいのが特徴です。

◉── 国　債

国債は，各国が発行する債券（政府債務）で，投資した国債は，満期時に国が償還します。「国債を購入する＝国にお金を貸している」といえるため，どの国の国債を保有するか？（どの国にお金を貸すか？）によって，信用力は違います。

図表4－2は2021年2月末時点のスタンダード&プアーズ（S&P）が公表するソブリン（国債）格付けを抜粋したもので，信用力が最も高いAAAから投資適格の最低ランクBBB－までの対象国を示しています。日本の自国通貨長期信用格付けはA＋で，米国，英国，ドイツなどと比較すると低い格付けです。アジア圏では，シンガポール，香港，韓国，台湾などより低格付けで，中国と同じ格付けです。A＋という格付けは，企業でも多数取得しており，特段高い格付けではありません。理由は国債発行残高のGDP比が諸外国と比べても著しく高く，債務返済の目途が立たないためです。

なお，一般的に信用力が高いほど金利は低いのですが，通貨の異なる国債ではこの関係は成立しません。各国が独自に政策金利を決定していて，国債のレートは信用力とは関係なく決定されるためです。

このような信用状況にある日本国債ですが，日本においてはリスクフリーレートとして扱われています。

国債にはさまざまな種類があり，発行される期間（年限）によって，以下のように分類されます。

【図表4－2：ソブリン格付け（自国通貨長期信用格付け）】

信用力	格付け	対象国
高	AAA	オーストラリア，カナダ，ドイツ，スイス，シンガポール
↑	AA＋	米国，香港，オーストリア
	AA	英国，フランス，韓国
	AA－	台湾，チリ，クウェート，アイルランド，イスラエル
	A＋	日本，中国，スロバキア
	A	マレーシア，ポーランド，スペイン，アイスランド
	A－	サウジアラビア，タイ，ペルー
	BBB＋	フィリピン，メキシコ
↓	BBB	ロシア，イタリア，インドネシア
低	BBB—	インド，ルーマニア，モロッコ，クロアチア

出所：S&Pグローバル・レーティング・ジャパン（2021年2月28日時点）から抜粋。

- **超長期国債**（15年・20年・30年・40年）
- **長期国債**（10年）
- **中期国債**（２年・３年・４年・５年・６年）
- **短期国債**（６カ月・１年）

また，利払いの種類によって，以下のように分類されます。

- **固定利付債**：半年ごとに一定の利子が支払われ，償還時に額面金額が支払われる国債。
- **変動利付債**（FRN）：半年ごとに支払われる利子の額が市場金利によって毎回見直され，償還時に額面金額が支払われる国債。
- **物価連動債**（TIPS）：元本と利息が消費者物価指数に連動して増減する。
- **割引債**：途中での利払いはないが，額面を下回る額で発行され，償還時に額面金額が支払われる。

一般的な指標として利用されるものは，10年固定利付国債です。それは10年固定利付国債が，最も発行量が多く，取引が活発に行われていることから，価格が最も安定しているためです。

◉— TIBORなどの金利指標

日本における金利指標として代表的なものは，TIBOR（タイボー）とTONA（トナー）です。

TIBOR（タイボー）は，「Tokyo Inter-Bank Offered Rate」の略で，東京の銀行間取引金利を意味します。一般社団法人全銀協TIBOR運営機関が算出・公表しているもので，「全銀行TIBOR」とも呼ばれます。

TONAは無担保コールオーバーナイト物レートのことで，銀行の信用リスクをほとんど反映しない金利です。TIBORは銀行の信用リスクを反映しているのに対して，TONAはほとんど反映しないため，リスクフリーレートに近い金利指標といえます。TONAは，オーバーナイト金利であるため，期間ごとに集計したターム物リスクフリーレートが利用されます。

なお，TIBORは，最大１年までの金利が公表されており，１年以上のレートは，TIBORと交換する固定金利であるスワップレートが利用されます。

スワップとはデリバティブ取引における「交換取引」を指し，ここでのスワップレートは変動金利を交換する固定金利をいいます。

変動金利（たとえば，TIBOR）は銀行間の取引金利なので，経済環境に応じて常に変化します。会社が常に変化している変動金利で資金調達していて変動金利を利息として支払う場合，急激な金利上昇を回避するために，金利を固定化したいというニーズが生じます。この場合は，変動金利を受け取り，固定金利を支払うスワップ取引を行います。

たとえば，目黒セラミックが虎ノ門銀行から変動金利で融資を受けており（**図表４－３**の①実行前），目黒セラミックは金利を固定化したいと考えているとします。金利を固定化するために目黒セラミックが固定金利を支払い，虎ノ門銀行が変動金利を支払う金利スワップ取引を締結します（図表４－３の②金利スワップ取引）。①変動金利の支払と②金利スワップ取引を合わせると，目黒セラミックは，虎ノ門銀行から受け取る変動金利で借入金利息（変動金利）を支払えばよいため，実質的に固定金利の支払のみが発生します（図表４－３の③実行後）。

スワップレートとは，変動金利（たとえば，TIBOR）と一定の期間（たとえば，２年間）交換する固定金利のことで，金利スワップ取引に使用されます。

２年スワップレートが１％（年率）の場合，**図表４－４**のように６カ月TIBORを２年間支払う取引と固定金利１％を２年間支払う取引が等しいことを表しています。

TIBORなどの金利指標は，年限ごとのレートが日々公表されていて利用しやすいことから，リスクフリーレート（基準金利）として利用されているのです。

繰り返しになりますが，TIBORは銀行の信用力をもとにしているため，無リスクとはいえませんが，少なくとも一般的な企業よりはリスクは低いレートです。

【図表4－3：スワップ取引による金利の固定化】

① 実行前：変動金利の支払

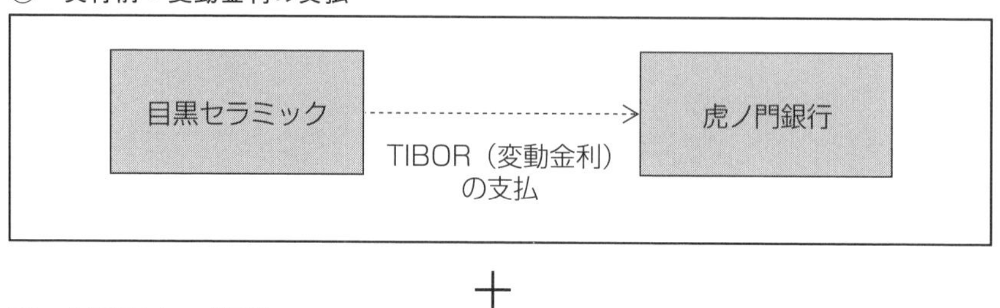

＋

② 金利スワップ取引

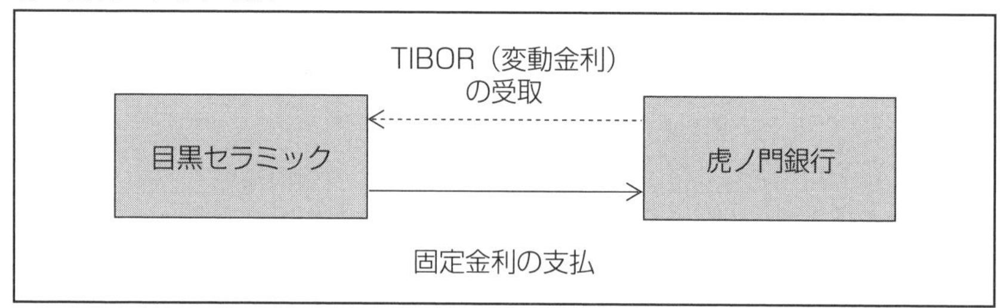

↓

③ 実行後：固定金利の支払

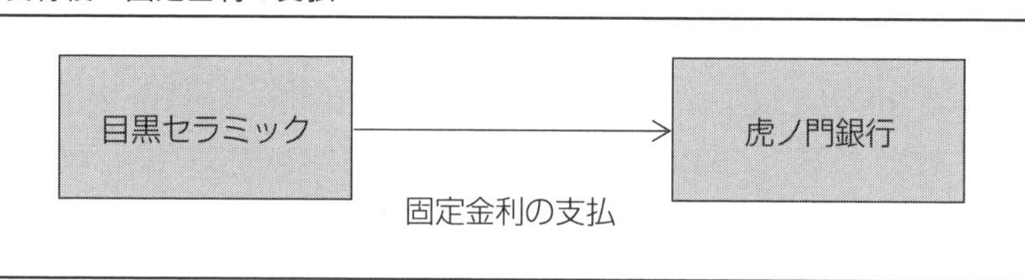

【図表4－4：スワップレートの意味】

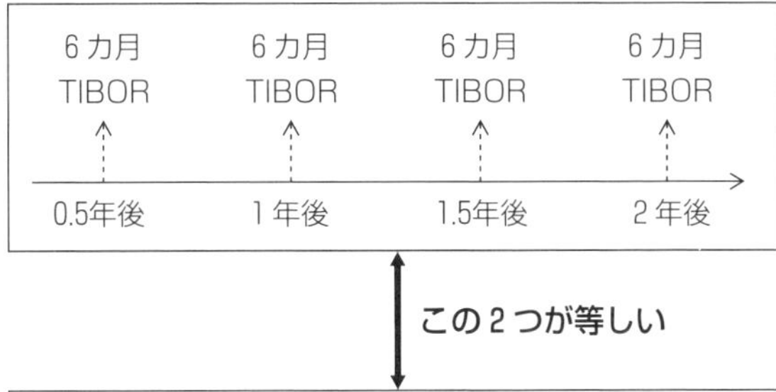

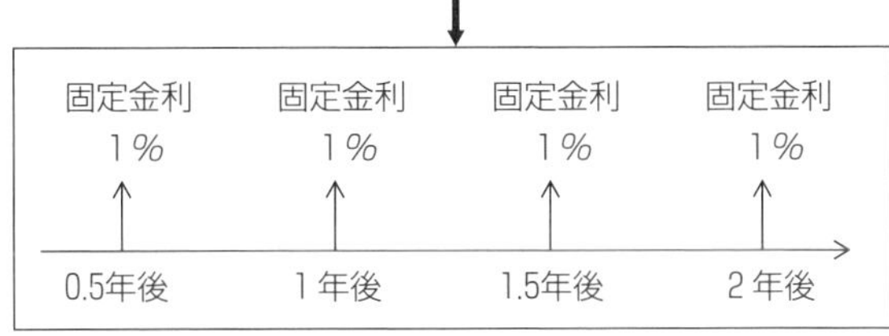

◉── 期間・通貨による水準の違い

ここでは，説明の都合上，少し古いデータを使ってここでは解説します。

図表4－5が通貨ごとのLIBOR（London Inter-Bank Offered Rate；当時国際的に利用されていた金利指標）とスワップレートから作成した2014年9月30日時点の利回り曲線（イールドカーブ）です。

通常，イールドカーブは期間が長いほど，金利が高くなります。図表4－5においては，横軸に期間，縦軸に金利（％）で表示しています。通貨ごとに差はあるものの，期間が長くなるに従って，金利が高くなっていることがわかります。

また，図表4－5から，通貨によってリスクフリーレートの水準感が大きく違うことがわかると思います。

日本の金利は，ここ数十年間どの国よりも低金利です。図表4－5から，日本の10年金利は約0.6％，アメリカの金利は約2.5％と，国（通貨）によって金利水準が大きく異なります。

日本円で貸付を行うのとドルで貸付を行う場合は，同じ先に貸したとしてもドル金利のほうが高くなります。単純に金利だけで判断すると，ドル貸付のほ

【図表4－5：各通貨の利回り】

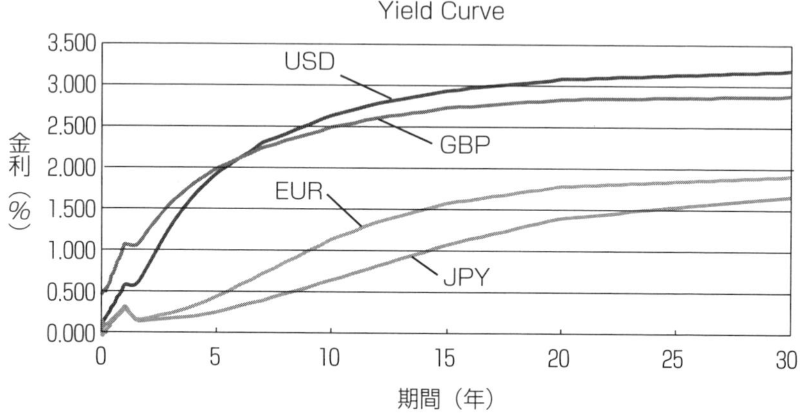

出所：Bloombergのデータを基に作成。

うが有利になるように思えますが，**通貨によってそもそものリスクフリーレートが違う**だけで有利とか不利とかの問題にはなりません。

3．スプレッドとは

投資のリターン＝リスクフリーレート＋スプレッド

ですが，リスクフリーレートは誰でも稼ぐことができる利回りなので，スプレッドが投資によって獲得した個別の儲け（リターン）となります。

日本の銀行の場合は，TIBORを基準に融資を行います。TIBORと貸出金利との差をスプレッドといいますが，銀行の融資の場合は，貸出金利自体よりも，**スプレッドがいくらに設定されているかがリターンの判断基準**となっています。

投資の場合も同様です。いくらのリターンを確保するかということは，リスクフリーレートが1％の時と，10％の時では違ってきます。

リスクフリーレートが1％の時に10％を稼ぐと英雄のように扱われるかもしれませんが，リスクフリーレートが10％の時に10％のリターンしか上げられないと，運用のパフォーマンスが悪いと言われてしまいます。

コラム　銀行によるスプレッドの差

今までは，リスクフリーレートとスプレッドの合計がリターンと単純に説明してきましたが，実際は，期待リターンの水準は投資家によって違います。

たとえば，Ａ銀行の調達コストが１％で，Ｂ銀行は，調達コストが1.5％だとします。同じ会社に，Ａ銀行とＢ銀行が融資の提案をしても，かかる事務コストや利益部分が同じだと，Ｂ銀行の金利のほうが高くなります。これは，金融機関自身の調達コストが異なるためです。

金融機関を比較しても，メガバンクよりも地銀のほうが調達コストが高くなり，ノンバンクのほうがより高くなります。

金融機関が要求するリターンは，調達コストが安い金融機関ほど低く，調達コストが高い金融機関は自然と高くなるので，同じ調達先（会社）であっても，金融機関が提案する金利が変わってくるのです。

【図表４－６：金融機関のリターンの比較】

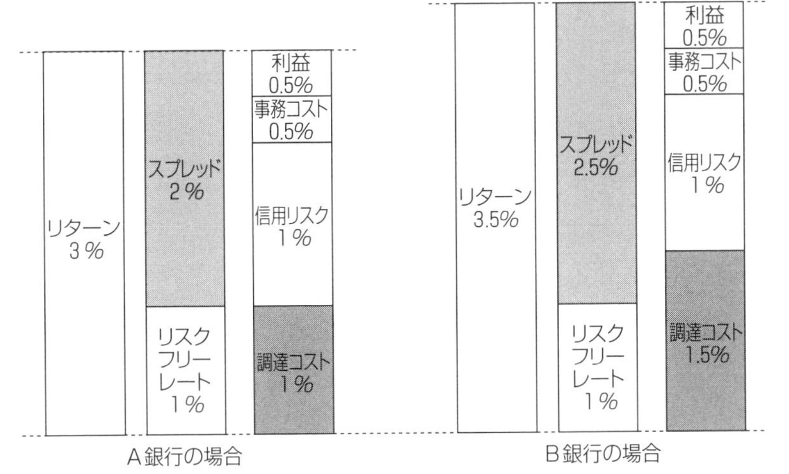

4．リターンの計算方法

利回り（リターン）を計算する方法は複数存在しています。

たとえば，投資額が100で，2年後に120になる場合であっても，利回りの計算方法によって数値が違ってきます。

それぞれの計算方法が意味していることをよく理解しておかなければ，正しく投資判断を行うことはできません。

◉― 単　利

投資額が100で2年後に120になると投資額の20%が2年間で増えているので，「単利」で計算する場合，

利回り＝(回収額－投資額)÷投資額÷年数
＝(120－100)÷100÷2年＝10%

となります。

単利は，元本だけに利子がつくと考える計算方法です。この計算方法は後で説明する複利と異なり，1年目と2年目に発生するキャッシュ・フローの価値が等しいと考えます。よって，単利で計算すると，下記の**図表4－7**と**4－8**は同じ10%のリターンです。

すなわち，**時間的な価値を一切加味しないのが，「単利」**です。

単利は，計算方法が簡単でわかりやすいのですが，時間的価値を加味しないため，投資判断にはあまり利用されません。

【図表4－7：単利10%の投資1】

	1年目	2年目	合　計
利息	10	10	20
元本	0	100	100
キャッシュ・フロー	10	110	120

【図表4－8：単利10%の投資2】

	1年目	2年目	合　計
利息	0	20	20
元本	0	100	100
キャッシュ・フロー	0	120	120

◉── 複利（時間的価値を理解する）

次に，複利という計算方法を簡単に説明します。

たとえば，年率10％の投資があったとします。

元本100を１年間投資した後の金額は，**100×(1＋10％)＝110**です。

複利とは，元本と利子をあわせた金額に対して利子がつく計算方法なので，出た利益をそのまま再投資したとして計算します。

複利10％で元本100を２年間投資した場合，**100×(1＋10％)×(1＋10％)＝121**です。

単利は，元本（100）に対してしか利息が付かないと考えるので２年後は**100×(1＋10％×2)＝120**です。複利の場合は１年後の110に対して10％の利息が付くので，２年後は**110×(1＋10％)＝121**となります。

複利で計算する場合は，**図表４－９と４－10**は同じ10％です。

【図表４－９：複利10％の投資１】

	１年目	２年目	合　計
利息	10	11	21
元本	0	100	100
キャッシュ・フロー	10	111	121

【図表４－10：複利10％の投資２】

	１年目	２年目	合　計
利息	0	21	21
元本	0	100	100
キャッシュ・フロー	0	121	121

投資額が100で，２年後に120になる場合は，複利で計算すると，単利と異なり利回りは10％にはなりません。

複利＝$\sqrt{120 \div 100} - 1 = 9.54\%$

◉── IRR（内部利益率法）

次に，複利の計算方法として最も利用頻度が高い，**内部収益率法**（IRR：Internal Rate of Return）について説明します。IRRは，「アイアールアール」と読みます。

先ほどまで説明した単利や複利は利回りの概念ですが，IRRは複利を実際に計算する方法です。

IRRの計算式は，以下のような関係を満たすRを算定することによって計算します。方程式を解かなければならないので，手で計算するのは大変です。

ただし，一般的な表計算ソフトや金融電卓などには計算機能が付いていて，実務上はあまり面倒ではありません。

$$CF_0 = \frac{CF_1}{1+R} + \frac{CF_2}{(1+R)^2} + \frac{CF_3}{(1+R)^3} + \cdot\cdot\cdot\cdot + \frac{CF_t}{(1+R)^t}$$

CF_0：投資額

CF_i：時点iのキャッシュ・フロー

R：リターン（IRR）

計算例を以下で簡単に説明します。

仮に，**図表4－11**のようなキャッシュ・フローが発生する投資を行ったとします。

【図表4－11：ある投資から発生するキャッシュ・フロー】

日付	2020年1月	2020年12月	2021年12月	2022年12月	2023年12月	2024年12月	合計
収入A		10	20	30	30	80	170
支出B	100						100
純額A－B	－100	10	20	30	30	80	70

この場合の計算式は以下のようになります。

$$100 = \frac{10}{1+R} + \frac{20}{(1+R)^2} + \frac{30}{(1+R)^3} + \frac{30}{(1+R)^4} + \frac{80}{(1+R)^5}$$

R：リターン（IRR）

この条件に合致するRをエクセルのXIRR関数で計算すると，**図表4－12**から約15%と計算されました。

【図表4－12：IRRのエクセルでの計算】

B6　=XIRR(B4:G4,B1:G1)

	A	B	C	D	E	F	G	H	I
1	日付	2020/1/1	2020/12/31	2021/12/31	2022/12/31	2023/12/31	2024/12/31	合計	
2	収入		10	20	30	30	80	170	A
3	支出	100						100	B
4	純額	-100	10	20	30	30	80	70	A-B
5									
6	IRR	15.14%							
7									

5．ベンチマークとは

ベンチマーク（BM）とは，投資によって得られたリターンが良いのか悪いのかを判断するため，比較として用いられる対象です。比較対象をベンチマークといい，ベンチマークのリターンをベンチマーク・リターンといいます。

たとえば，日本株のアクティブ運用を行っているファンドがあり，ベンチマークとしてTOPIX株価指数を用いて，そのファンドの運用リターン（収益率）が優れているかどうかを判断します。

ベンチマークは，銀行，VC，不動産ファンドではあまり利用しませんが，投資運用業者やファンドでは一般的に利用されているもので，投資家（たとえば，年金基金）は運用成績をベンチマークと比較することで評価します。

リスクフリーレートは，無リスク資産運用から生じるリターンなので，運用成績がリスクフリーレートを超えていて当然です。ベンチマーク・リターンは，平均的なリターンなので，上回っていると運用成績が優れていると判断されます。

なお，上記で説明したことは，主にアクティブ（積極）運用をベンチマークと比較して評価する場合の扱いで，パッシブ運用（インデックス運用）の場合は評価方法が異なります。パッシブ運用（インデックス運用）は，投資家（年金基金など）が株価指数（TOPIXなど）に連動させて資産運用しようとしてファンドに運用を依頼するようなケースです。株価指数（TOPIXなど）はあくまで株価の指数なので，株価指数に投資することはできません。パッシブ運用を委託されたファンドは，株価指数のリターンに近づけるように構成銘柄の比率を調整して運用します。パッシブ運用においては，株価指数のリターンに近ければ近いほど運用が優れていることになり，パフォーマンスが良かったか悪かったかは問題にはなりません。

このように，投資リターンはベンチマークとの比較で評価しますが，通常の運用（アクティブ運用など）は，ベンチマークの超過リターン（投資リターン－BMリターン）で運用成績を評価し，パッシブ（インデックス）運用では，トラッキング・エラー（T.E.：（投資リターン－BMリターン）の分散）によってベンチマークのリターンにどれだけ近づけることができたかを評価します。

【図表４－13：運用スタイルと評価方法】

運用スタイル	評価方法	判断指標
通常（アクティブ運用など）	ベンチマークよりも運用成績が良いか？	超過リターン（投資リターン－BMリターン）
パッシブ（インデックス）運用	ベンチマークにどれだけ近づけて運用できたか？	トラッキング・エラー（（投資リターン－BMリターン）の分散）

第5章

デリバティブに関する基礎知識

デリバティブ取引は，ファイナンスとセットで提供される場合が多く，ある程度のデリバティブ知識があれば，会社へ提案できる幅が広がります。ここでは，デリバティブの基本的な知識を学んでいきます。

1．金融派生商品（デリバティブ）とは

目黒セラミックの志村社長が，虎ノ門銀行の加藤さんに相談しています。

志村社長：最近の円安で，輸入している商品の仕入価格が高くなって，収益確保が難しくなってきたんだ。同業者の社長に聞いたら，為替予約で円安の影響を回避しているって聞いたんだけど，どういう仕組みか教えてくれないかな？

加藤さん：為替予約というのは，あらかじめ決められた為替レートで将来決済することを契約するものです。

１米ドル=100円の時に，円安によって３カ月後の仕入価格が上昇するのを避けようと思ったら，３カ月後に１米ドル=100円で米ドルを購入する契約をしておくんです。

そうすれば，３カ月後に１米ドル=110円になっても，１米ドル=100円で米ドルを購入できるから，仕入価格は上がりません。

志村社長：なるほど，そうすれば，円安になるリスクも回避できるね。ただ，円高になったら，損するよね。

加藤さん：仕入価格の為替レートを１米ドル=100円で固定しただけなので，損するとか得するとかではないんですよ……。

デリバティブは，日本語で「金融派生商品」といい，金融商品から派生した商品ということで，この名称が付けられています。デリバティブには，「先物」，「オプション」，「スワップ」と大きく３つの種類があります。実際にはこの３つの区分けはあいまいで，すべてオプションの合成取引とみなせるのですが，少し細かくなるので本書では割愛します。

また，デリバティブを利用する目的は，大きく「ヘッジ目的」，「投機目的」の２つです。すなわち，何かから守る（ヘッジ目的）か，利益を追求する（投機目的）かです。

会社が変動金利で資金調達していて，将来の金利上昇に備えて金利スワップ取引を行うのは，ヘッジ目的です。将来の為替が円安になった場合の利益を狙って先物取引を行う場合は，利益目的（投機目的）です。

「先物」，「オプション」，「スワップ」の特徴を比較すると**図表５－１**のようになります。

先物とスワップは，契約時点で取引を確定するため，相場が読み通りにいかない場合は，**キャンセルすることができず，損失が発生**します。正確には，損失額を支払うことによって解約（キャンセル）することができますが，損失が発生することに違いがありません。

これに対して，オプション（ロングの場合）は，**損失が出る場合は権利行使**

【図表５－１：デリバティブの比較】

	取引の特徴	読みが外れた場合
先物/先渡取引	**将来の売買を契約時点で決定する取引** 例：１年後に１米ドルを100円で購入する	**キャンセルできない**ため，損失が発生する。
オプション取引	権利の売買 例：１年後に１米ドルを100円で購入する**権利**を購入する	権利を放棄すれば，**損失を負う必要はない**（ロングの場合）。
スワップ取引	何かと何かを**交換する** 例：今後３年間，固定金利と変動金利を交換する。	**キャンセルできない**ため，損失が発生する。

しなければよいので，取引開始時に支払ったオプション料以上の損失は負いません。

それでは，「先物/先渡」，「オプション」，「スワップ」について，個別に見ていきましょう。

2．スワップとは

◉── 概　要

スワップとは「交換」という意味で，「何か」と「何か」を交換することです。**図表５－２**のように「米ドルと日本円を交換する」場合は，スワップ取引と言えます。

最も典型的なスワップ取引は，「金利スワップ」のうち，「変動金利と固定金利の交換」取引です。

変動金利とは，第４章２「リスクフリーレートとは」で説明したTIBORなどの３カ月ごとや半年ごとに見直すタイプの金利です。変動金利は市場実勢に合わせて常に変動していきますので，変動金利は上昇・下落を繰り返します。

【図表５－２：スワップ取引のイメージ】

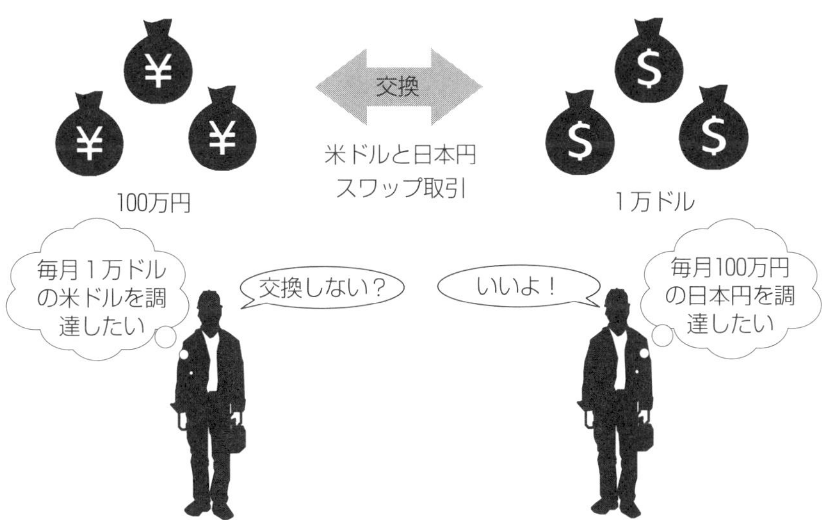

金利スワップは**常に変動する金利と，常に変わらない固定金利とを交換する取引**です。

◉── 事例による解説

たとえば，目黒セラミックが以下のような変動金利を支払う長期借入を虎ノ門銀行と行っていたとします。

【図表5－3：目黒セラミックの借入条件】

金　額	10億円
期　間	3年
金　利	TIBOR＋2.00%
利　払	年2回（6カ月ごと）

現在の6カ月TIBORが1％で，3年間TIBORが変動しなかったとすると，**図表5－4**のように毎回15百万円の支払で，合計で15百万円×6回＝90百万円の金利支払が発生します。

仮に，将来金利が上昇して，TIBORが3％に上昇すると，**図表5－5**のように，毎回の支払金利は25百万円で，合計で25百万円×6回＝150百万円の金利支払が発生します。TIBORが1％から3％に変動したことによって，金利の支払が合計で60百万円（150百万円－90百万円）増加しています。

このように，変動金利で資金調達を行う場合，目黒セラミックは**変動金利が上昇するリスク**を抱えています。このような場合，金利スワップを使って将来の

【図表5－4：TIBORが変動しない場合の支払利息（百万円）】

年数	0.5	1	1.5	2	2.5	3
元本	1,000	1,000	1,000	1,000	1,000	1,000
TIBOR	1％	1％	1％	1％	1％	1％
スプレッド	2％	2％	2％	2％	2％	2％
金利：TIBOR＋スプレッド	3％	3％	3％	3％	3％	3％

支払金利：元本×金利×0.5年	15	15	15	15	15	15

【図表５－５：TIBORが上昇した場合の支払利息（百万円）】

年数	0.5	1	1.5	2	2.5	3
元本	1,000	1,000	1,000	1,000	1,000	1,000
TIBOR	3％	3％	3％	3％	3％	3％
スプレッド	2％	2％	2％	2％	2％	2％
金利：TIBOR＋スプレッド	5％	5％	5％	5％	5％	5％
支払金利：元本×金利×0.5年	25	25	25	25	25	25

支払金利を固定化して，**金利上昇リスクをヘッジ**します。

３年間TIBORと交換する固定金利が２％であったとすると，目黒セラミックは支払金利を毎回20百万円に固定して，TIBORが３％に上昇するリスクを回避します（**図表５－６**）。

【図表５－６：金利スワップで固定化した場合の支払利息（百万円）】

年数	0.5	1	1.5	2	2.5	3
元本	1,000	1,000	1,000	1,000	1,000	1,000
TIBOR	2％	2％	2％	2％	2％	2％
スプレッド	2％	2％	2％	2％	2％	2％
金利：TIBOR＋スプレッド	4％	4％	4％	4％	4％	4％
支払金利：元本×金利×0.5年	20	20	20	20	20	20

目黒セラミックは，虎ノ門銀行への変動金利の支払に備えて，丸の内銀行と**図表５－７**の金利スワップ契約を締結しました。

【図表５－７：スワップ取引の概要】

想定元本	10億円
受取金利	TIBOR
支払金利	２％
期間	３年間
交換サイクル	年２回（６カ月ごと）

ここで，「想定元本」というデリバティブ特有の言葉が登場しています。金利スワップは元本の借入や返済は発生しないため，**利息を計算するための想定上の元本**として想定元本を設定します。

一連の取引の流れを図にしたのが，**図表5－8**です。

目黒セラミックは，毎回固定金利2％×想定元本を丸の内銀行に支払う代わりにTIBOR×想定元本を受け取ります。丸の内銀行から受け取ったTIBORに2％を加えて，虎ノ門銀行に支払利息を支払います。

金利スワップによって，目黒セラミックは，支払金利を固定化することができました。

支払金利＝固定金利（2％）＋スプレッド（2％）＝4％

【図表5－8：金利スワップの取引イメージ】

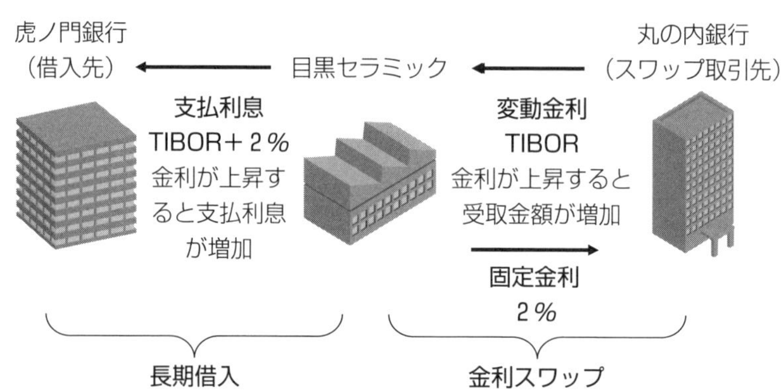

一方，異なる通貨間で将来のお金のやり取りを交換するものを「通貨スワップ」といいます。**各通貨の変動金利同士を交換**するのが基本で，市場参加者の間ではベーシス・スワップと呼ばれます。

ただし，現在は交換対象が金利ではなく，米ドルと日本円を交換するなど，通貨交換取引を通貨スワップという名称で行っている金融機関もありますので，「金利スワップ」や「通貨スワップ」という名称だけでどのような取引を指しているかということが，わかりにくくなっています。

３．先物/先渡取引とは

◉— 概　要

先物取引と先渡取引は，将来のある時点における取引条件を，あらかじめ決定しておく取引です。**売買の予約**だと思えば，理解しやすいと思います。

たとえば，虎ノ門銀行の加藤さんが１年後の海外旅行を計画していて，今は，１米ドル＝100円だけど，１年後は１米ドル＝120円になると予想しています。

この場合，１年後に１米ドル＝100円で円とドルを交換できる予約（先物/先渡取引）をすれば１米ドル＝120円になるのを回避できます。加藤さんは，１年後に必ずドルを購入しなければなりませんが，１米ドル＝100円で購入するので，１米ドル＝120円になった場合は，かなり得をします。

さて，先物取引と先渡取引を一括りに説明していますが，これらは本質的には同じです。違いは**上場しているかどうか**だけです。

「先渡取引」では，当事者同士が合意すればどのような取引でも可能です。「先物取引」は，取引所での取引となるため，このような柔軟な取引はできません。

【図表５－９：先物取引と先渡取引の違い】

	先物取引	先渡取引
英　語	Futures（フューチャー）	Forwards（フォワード）
取引形態	上場	店頭（相対）
取引対象	標準化されたもの	原則，金融商品全般
取引相手	清算機関	金融機関など
取引相手の倒産リスク	原則，考慮不要	原則，考慮不要

◉— 事例による解説

ECサイトを運営している八重洲トレーディングでは，海外で越境ECを行っています。

１米ドル＝100円のときに５百万米ドル（約５億円）の商品を海外で販売しましたが，売掛金の決済は６カ月後で，管理部長の山田さんは円高になる（たとえば１米ドル＝80円になる）リスクを懸念しています。

八重洲トレーディングは５百万米ドルの売掛金を保有しており，６カ月後の為替レートの変動による受取額（**図表５－10**のＡ）によって利益または損失が発生します。

１米ドル＝120円の円安になれば，当初よりも受取額が１億円増加し，逆に１米ドル＝80円の円高になれば，当初よりも受取額が１億円減少します。

【図表５－10：６カ月後の為替変動による売掛金の回収額（百万円）】

科　目	金額（百万米ドル）	為替レート		
		80	100	120
時価（受取額）：Ａ	5	400	500	600
簿価（当初）：Ｂ	5	500	500	500
損益：Ｃ＝Ａ－Ｂ	0	－100	0	100

【図表５－11：為替予約による損益の変動（百万円）】

科　目	金額（百万ドル）	為替レート		
		80	100	120
為替予約（受取額）：Ａ	5	500	500	500
時価：Ｂ	5	400	500	600
損益：Ｃ＝Ａ－Ｂ	0	100	0	－100

不確定な為替リスクは会社の事業運営上も極力排除する必要があり，このような場合に為替予約が活躍します。

為替予約を１米ドル＝100円で契約すると，６カ月後の売掛金の回収額は，５百万円×100円＝５億円に固定されます。

為替予約の損益は，（予約レート－時価）×元本となるため，売掛金と正反対の損益が発生します。

売掛金決済（図表５－10）に為替予約（**図表５－11**）を加えると，為替レートがいくら変動しても１米ドル＝100円で売掛金を決済できます。為替予約を行うことによって，為替リスクがヘッジできました。

４．オプション取引とは

◉― 概　要

オプション取引は，先ほどまで説明してきたスワップや先物/先渡とは少し違います。何が違うかというと，スワップや先物/先渡は決められた条件で必ず取引をしなくはいけませんが，オプション取引は**決められた条件で取引をしなくても問題ありません**。

たとえば，虎ノ門銀行の加藤さんが，支店長からスキー場の年間パスポートを，本来であれば10万円のところ５万円で購入できる割引券を貰ったとします。スキー好きの加藤さんは，雪が降ったら５万円得するので，割引券を使って年間パスポートを購入します。ただし，雪が降らなかったら，５万円が無駄になってしまうので，年間パスポートは購入しません。加藤さんは割引券を使っても，使わなくてもいいのです。

オプション取引は，この場合の**割引券と同じ**です。あくまで権利なので，義務ではありません。**雪が降らなかったら買う必要はない**のです。

仮に，先渡取引だったら割引券のような使い方はできません。先渡取引では，５万円で年間パスポートを購入することは決定しています。お金の支払を雪が降った時（または，降らなかった時）にするだけです。すでに買うことは決定していて，**買わないという選択肢は存在しない**のです。

◉― オプション取引の意味

オプション取引とは，「①将来のある時点において，②特定の資産等を，③契約に定められた価格で，④購入（売却）する，⑤権利の売買」です。

①の将来時点の決定の仕方によって，以下の２パターンに分かれます。

- **ヨーロピアン・オプション**
  ：満期時にしか権利行使をすることができないオプション取引
- **アメリカン・オプション**

：いつでも権利行使することができるオプション取引

②の対象資産を「**原資産**」といい，金利，為替，株式など何でも構いません。

③の価格を**行使価格**（ストライク・プライス）といい，これが変動するものを「**ムービング・ストライク（MS）**」と呼びます。

④売買によって，オプションの呼び方が変わります。

- **コール・オプション**：購入できる権利
- **プット・オプション**：売却できる権利

⑤売買の別によって呼び方が異なります。

- **ロング・ポジション**：買い
- **ショート・ポジション**：売り

◉── 事例による解説

ここでは行使価格が100円の株式オプション（コール・オプションのロング）を例に説明します。

オプションを行使して株式売却した際に発生する損益は，その時の株価によって変動します。株価変動によってオプションから発生する損益は，**図表5－12**です。

本事例の株式オプションは，株式を100円で取得できる権利なので，株価が100円未満で取得すると損するため権利行使しません。

【図表5－12：株価とオプションから発生する損益】

株価	50	80	100	120	150
行使価格	100	100	100	100	100
行使した場合の損益	−50	−20	0	20	50

↓

権利行使	しない	しない	しない	する	する

↓

オプションから発生する損益	0	0	0	20	50

すなわち，権利行使によって損失が発生する場合は行使しないので，株価が行使価格を下回っている場合の損益はゼロです。

逆に，株価が100円を超えて上昇していく場合には，オプションの権利行使による利益は株価と連動して増加していきます。

オプション取引を買う（ロング）場合は，オプションの権利の対価として契約時にオプション料（プレミアム）を支払います。

整理すると，オプション取引（ロング）とは，**損失はオプション料が上限で，利益は無限大**になる可能性の取引といえます。

このように，オプションは，儲かるときだけ利用（権利行使）すればよいという，非常に使い勝手の良いものです。

ただし，1点だけ注意が必要です。今まで説明していたものは，オプションの買い（ロング・ポジション）についてです。

オプションの売り（ショート・ポジション）であった場合は，相手方からの権利行使を拒否できないので，損益は逆になります。

ショート・ポジションは，**利益はオプション料が上限で，損失は無限大**になる可能性のある取引といえます。

【図表5－13：株価とオプション価格の関係（ロング・ポジション）】

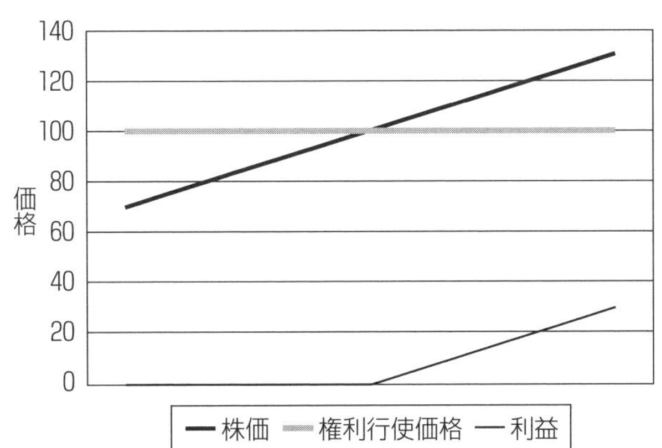

※実際にはオプション料の支払により利益がマイナスされる。

【図表５－14：株価とオプション価格の関係（ショート・ポジション）】

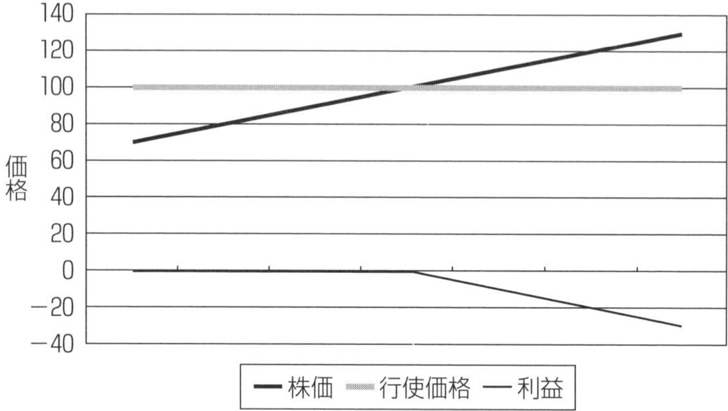

※実際にはオプション料の受取りにより利益がプラスされる。

５．先物/先渡，オプション，スワップの違い

ここまで，先物/先渡，オプション，スワップがどのような取引かを説明してきましたが，具体的に何が違うのでしょうか？　結論から言うと，「呼び方が違うだけ」です。事例を通して説明してみましょう。

〈事例〉

現在の為替レートは１米ドル＝100円です。八重洲トレーディングは米国子会社に１百万米ドルの貸付を行っていて，返済期日は１年後です。
為替レートが円高になるリスクがあるため，１年後の入金額を１米ドル＝100円に固定したいと思っています。

デリバティブ取引を利用して為替リスクをヘッジする方法は，**図表５－15**に記載した３種類です。

【図表5－15：デリバティブ契約の例】

契約形態	契約内容
為替予約	1年後の1米ドル＝100円を予約（米ドル売り，日本円買い）する
通貨スワップ取引	1年後に1米ドル＝100円で日本円（受取）と米ドル（支払）を交換する
通貨オプション取引	以下の2つを同時に契約する ・1年後に1米ドル＝100円で売る権利（ロング） ・1年後に1米ドル＝100円で買う権利（ショート）

◉─ 先物/先渡取引を利用する場合

為替予約（先物/先渡取引）を利用して貸付金の為替リスクをヘッジするためには，1年後に1米ドル＝100円で米ドル売り，日本円買いの為替予約を行います。

まず，貸付金の時価および評価損益は，為替レートの変動（1米ドル＝80～120円）に応じて，**図表5－16**のように変化します。

【図表5－16：為替レートの変動による貸付金の時価の変動（単位：百万円)】

	為替レート		
	80	100	120
時価（受取額）：A	80	100	120
簿価：B	100	100	100
損益：C＝A－B	－20	0	20

為替レートの変動によって，1米ドル＝100円の為替予約（米ドル売り，日本円買い）は**図表5－17**のように変動します。

【図表5－17：為替レートの変動による為替予約の損益の変化（単位：百万円）】

	為替レート		
	80	100	120
為替予約（受取額）：D	100	100	100
時価　：E	80	100	120
損益　：F＝D－E	20	0	－20

為替レートの変動による，貸付金と為替予約の損益の変動を合計したのが，**図表5－18**です。為替レートが1米ドル＝80～120円まで変化していますが，為替予約を行うことによって貸付金が有する為替リスクがゼロになりました。

【図表5－18：為替レートの変動による貸付金・為替予約の損益の変化（単位：百万円）】

	為替レート		
	80	100	120
貸付金の損益　：C	－20	0	20
為替予約の損益　：F	20	0	－20
合計　：C＋F	0	0	0

◉― スワップを利用する場合

次に，通貨スワップを利用して貸付金の為替リスクをヘッジするために，1年後に1米ドル＝100円で米ドルを支払い，日本円を受け取るスワップ契約を締結します。

まず，貸付金の時価および評価損益は，為替レートの変動に応じて，「先物/先渡取引を利用する場合」で掲載した図表5－16のように変化します。

為替レートの変動によって，1米ドル＝100円の通貨スワップ（米ドル支払，日本円受取）の円換算価額は**図表5－19**のように変動します。

【図表5－19：為替レートの変動による通貨スワップの損益の変化（単位：百万円)】

	為替レート		
	80	100	120
日本円（受取）：D	100	100	100
米ドル（支払）：E	80	100	120
損益：F=D−E	20	0	−20

為替レートの変動による，貸付金と通貨スワップの損益の変動を合計したのが，**図表5－20**です。為替レートが1米ドル＝80〜120円まで変化していますが，通貨スワップを行うことによって貸付金が有する為替リスクがゼロになりました。

【図表5－20：為替レートの変動による貸付金・通貨スワップの損益の変化(単位：百万円)】

	為替レート		
	80	100	120
貸付金の損益：C	−20	0	20
通貨スワップの損益：F	20	0	−20
合計：C+F	0	0	0

◉― オプション取引を利用する場合

最後に，通貨オプションを利用して貸付金の為替リスクをヘッジするために，以下の2つを同時に契約します。

・1年後に1米ドル＝100円で売る権利（ロング）

・1年後に1米ドル＝100円で買う権利（ショート）

まず，貸付金の時価および評価損益は，為替レートの変動に応じて，前掲の図表5－16のように変化します。

通貨オプションのうち，「1米ドル＝100円で売る権利（ロング)」については，為替レートが1米ドル＝100円よりも円高（為替レートが下がる）の場合に権利行使して，利益を確保します。1米ドル＝100円の場合や1米ドル＝120

円の場合は，権利行使しないため，損益はゼロです。為替レートの変動による通貨オプションの損益は，**図表５－21**のように表せます。

【図表５－21：為替レートの変動による通貨オプションの損益の変化（単位：百万円）】

	為替レート		
	80	100	120
日本円（受取）：D	100	行使なし	行使なし
米ドル（支払）：E	80	行使なし	行使なし
損益　：F＝D－E	20	0	0

通貨オプションのうち，「１米ドル＝100円で買う権利（ショート）」については，権利を売却しているため，立場は権利行使される側です。為替レートが１米ドル＝100円よりも円安（為替レートが上がる）の場合は，権利行使すると相手方に利益が出ます（自分は損失が発生）。１米ドル＝100円の場合や１米ドル＝80円の場合は，権利行使しないため，損益はゼロです。為替レートの変動による通貨オプションの損益は，**図表５－22**のように表せます。

【図表５－22：為替レートの変動による通貨オプションの損益の変化（単位：百万円）】

	為替レート		
	80	100	120
日本円（受取）：G	行使なし	行使なし	100
米ドル（支払）：H	行使なし	行使なし	120
損益　：I＝G－H	0	0	－20

為替レートの変動による，貸付金と通貨オプションの損益の変動を合計したのが，**図表５－23**です。為替レートが１米ドル＝80～120円まで変化していますが，通貨オプションを行うことによって貸付金が有する為替リスクがゼロになりました。

【図表5－23：為替レートの変動による貸付金・通貨オプションの損益の変化（単位：百万円）】

	為替レート		
	80	100	120
貸付金の損益 ：C	−20	0	20
通貨オプションの損益（ロング）：F	20	0	0
通貨オプションの損益（ショート）：I	0	0	−20
合計 ：C+F+I	0	0	0

ここでは，先物/先渡取引，オプション取引，スワップを比較しましたが，契約の方法が若干異なるだけで，経済効果としては同じであることがわかります。

決済回数が複数である「3年間の間，半年ごとに変動金利と固定金利を交換する」という金利スワップも，「満期が0.5年，1年，1.5年，2年，2.5年，3年の先物/先渡取引」，「満期が0.5年，1年，1.5年，2年，2.5年，3年のオプション取引」と同じ効果です。

このように，先物/先渡取引，オプション取引，スワップは呼び方が違うだけで，デリバティブの効果として特に違いはありません。

第6章

業種ごとに財務内容のパターンを理解する

融資の対象となる会社は，業種特有の財務面での特徴を有しています。ここでは，業種に応じた財務内容の特色を理解し，業種によってどのような違いがあるのかを整理します。

虎ノ門銀行の加藤さんは，自己査定の準備のため，貸出先の財務内容について，鈴木課長と相談しています。

加藤さん：飲食チェーンの品川食堂ですが，最近は賃貸物件を保有するようになってきて，債務償還年数が上がっています。このままだと，債務者区分が要注意先になってもおかしくなさそうです。

鈴木課長：自己査定基準で飲食業だと正常先の目安が10年だけど，品川食堂の債務償還年数は何年になりそう？

加藤さん：計算したら10.5年でした。品川食堂も不動産賃貸業といえなくもない業態なので，この際，不動産賃貸業ということにしていいですか？　不動産賃貸業だと20年まで正常先みたいなんで。

鈴木課長：業種を変更するにしても，収益構成比を基準に申請しないといけないから，難しいんじゃないかな。

会社の財務内容は業種によって異なる構造をしています。ここでは特徴的な業種の財務内容の特徴について整理していきます。

1．製造業の財務内容

製造業が他の業種と最も大きく異なる点は，自社で生産した製品を販売している点です。小売の場合は商品を仕入れて販売するだけで，自社で生産しません。

製造業は，製品の原材料を仕入れて，工場で従業員が生産・加工を行って製品を完成させます。

製造業には，原価計算という製造業特有の会計処理方法が存在しています。製造業の決算書には，「製造原価報告書」という原価計算によって作成した，１年間の製造原価を示す報告書があります。

通常，製品を製造する際には以下の３つの要因に分けて集計します。

- 材料費
- 労務費
- 経費

さらに，製品の製造に直接関係するか否かによって，労務費と経費は直接費・間接費の２つに分かれます。

材料費は製品の材料のコストで，労務費は人件費を指します。

労務費を例にとると，**製品の製造に直接関わっている人（作業工）の人件費**は，「直接労務費」です。工場で働いている管理部門（経理部門，総務部門など）を間接部門といいますが，製品の製造に直接関わっていなくても，製品を製造する工場のコストなので，製品の製造に広い意味では関係します。このような**工場の間接部門の人件費**についても，製造原価なので，「間接労務費」として労務費に該当します。

経費も同様に，製品の製造に直接関係する経費（電気代，水道代など）は直接経費です。工場の家賃など工場全体として掛かってくるコストも製品の製造には必要なコストなので，間接経費として経費に該当します。なお，**製品を作っている機械などの減価償却費も製造原価の経費**に該当するため，キャッシュ・フローの計算においては留意が必要です。

さて，製造業の場合は，決算書上で製品の製造に関係する部門（工場など）と製品の販売を行う部門や本社機能のコストを分けて管理します。

目黒セラミックの例で見てみましょう。目黒セラミックの事業所は，東京都目黒にある本社と栃木県の工場の２カ所です。各事業所の，役割分担は，**図表６－１**のようになっています。

【図表6－1：目黒セラミックの事務所】

事業所	業務内容	コストが計上される決算書
目黒本社	商品の販売 財務・総務・人事	損益計算書
栃木工場	半導体・液晶製造装置関連の製造	製造原価報告書

目黒セラミックの場合は，栃木工場ですべての製品の製造を行い，製品の販売と本社機能を目黒本社が行っています。組織図は**図表6－2**ですが，発生する場所（部門）によって費用を計上する決算書が異なります。

【図表6－2：目黒セラミックの組織図】

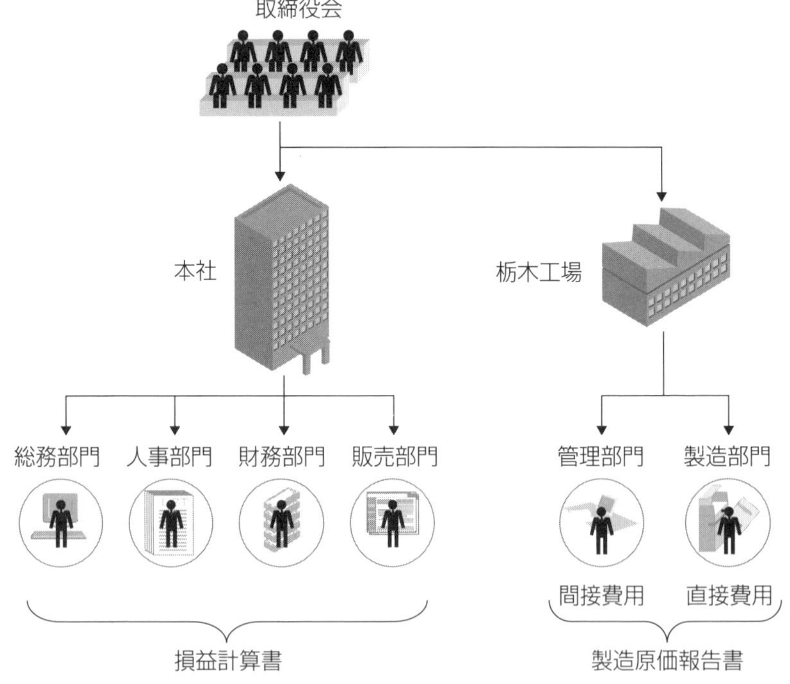

製造業の製造から販売までの流れは**図表6－3**ですが，製造に時間がかかるので，**図表6－4**の小売業と比べると，仕入れから販売までの期間が長くなり

【図表6－3：製造業（目黒セラミック）の営業フロー】

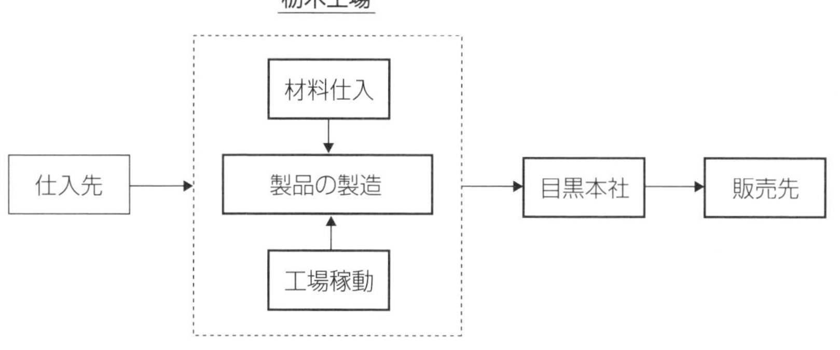

【図表6－4：小売業の営業フロー】

【図表6－5：製造業の資金サイクル】

業　　務	必要期間
仕入（発注～納品）	1カ月
工場での製造(商品企画～製造)	1カ月
販売（営業～商品配送）	2カ月
売掛金回収	2カ月
合計	6カ月

【図表6－6：小売業の資金サイクル】

業　　務	必要期間
仕入（発注～納品）	1カ月
販売（営業～商品配送）	2カ月
売掛金回収	2カ月
合計	5カ月

ます。

図表6－5～6は，製造業と小売業の発注から資金回収までの期間を比較したものです。製造業は製品製造期間が1カ月かかっているので，小売業よりも資金サイクルが長くなります。

すなわち，製造業は小売業よりも長い期間運転資金の確保が必要となります。

また，製造業は，受注生産（先に商品を販売し，販売した製品のみを製造する方法）かそうでないかによって，必要となる運転資金は変わってきます。

次に，製造業の製造・販売において利用される勘定科目は，以下のようなものがあります。

- **商品**：販売先に販売する商品
- **製品**：工場で生産が完了した製品
- **仕掛品**：工場で生産中の製品
- **作業くず・副産物**：生産過程で出来た売却可能なもの
- **原材料**：生産に使用する材料

これを作業工程に合わせて表示したのが**図表6－7**です。

作業屑と副産物は製品の製造過程のなかでできるものですが，通常はあまり重要性はありません。また，製造業の場合，製品と商品の区別はほとんど意味がありません。実際の決算書では「商品及び製品」，「仕掛品」，「原材料及び貯蔵品」などに集約して表示されるため，ここまで細かく内訳が開示されません。

【図表6－7：作業工程と勘定科目】

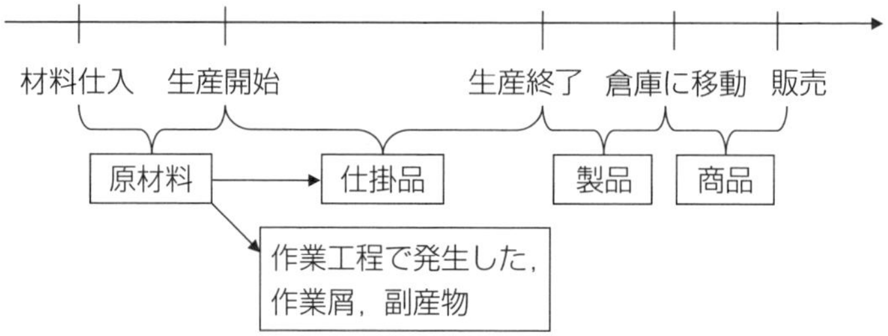

製造業の財務内容をどのように判断していくかについて，事例を使って説明をします。

〈事例6－1〉

目黒セラミックは浜松町電子の買収を検討しています。先月実施した，財務デューデリジェンス（以下，「財務DD」）の結果について，目黒セラミックの志村社長は，虎ノ門銀行の加藤さんに相談をしています。

志村社長：財務DDの結果を見ていると，在庫回転期間が年々増加しているようなんだ。

まず，在庫回転期間について，X1年度からX3年度まで比較した結果は，**図表６－８**の通りでした。在庫回転期間は年々増加しており，原因を調べる必要があります。

【図表６－８：浜松町電子と同業他社平均の在庫回転期間の比較】

勘定科目	X1年	X2年	X3年
原材料	1.0カ月	1.5カ月	2.0カ月
仕掛品	1.0カ月	1.0カ月	2.0カ月
製品・商品	2.0カ月	2.5カ月	3.0カ月
合計	4.0カ月	5.0カ月	6.0カ月

加藤さん：財務DDでは原因まで調査が行われていないようですが，考えられる原因は何かあるんですか？
志村社長：可能性があるとすると……。

回転率は，一時的な要因によって変動する可能性がありますが，長期化しているということは何らかの原因があるはずです。在庫回転率が増加する原因はさまざまですが，たとえば，**図表６－９**のようなものがあります。

【図表６－９：在庫回転期間が増加する要因】

科目	推測される増加要因
原材料	・製品変更などにより使用しない在庫が滞留している ・過剰仕入により在庫が増加している
仕掛品	・製品変更などにより製品化していない仕掛品が滞留している ・製造ラインのうち，生産能力が低い工程で滞留している ・製造原価の上昇（粗利益が低下）
製品・商品	・販売量の低下により商品在庫が滞留している ・製造原価の上昇（粗利益が低下）

加藤さん：原因がわかれば改善策を立てられますから，追加調査を依頼してみたらどうですか？
志村社長：追加でコストがかかるけど，依頼してみるか。

ある程度推測できれば，調査によって原因を究明することができます。調査の結果，浜松町電子の在庫回転期間増加の原因と改善策は，**図表6－10**であることがわかりました。

【図表6－10：在庫回転期間増加の原因と改善策】

科目	原因	改善策
原材料	製品ごとに異なる原材料を使用しているため，仕入単位（ロット）と使用する数量に差が生じる	なるべく利用する原材料を共通化し，同じ原材料で生産できる製品を増やす
仕掛品	最終工程の生産能力が低く，最終工程前に仕掛品が滞留している	最終工程の生産能力を上げるために，設備投資を行う
製品・商品	顧客ニーズの変化によって，商品在庫が滞留している	売れる商品の製造を増加させ，滞留在庫は処分する

加藤さん：改善策がわかれば，買収後の懸念事項が減りますね。当行も前向きに買収資金の融資を検討できそうです。

この事例では，財務DDの結果から製造業特有の問題点が発見され，その改善策を見つけることができました。実際の実務でもこのようなケースは多く，異常がないかを常に検討していく必要があります。

製造業の特徴を列挙すれば以下のように整理できます。

○製造業の特徴

- 小売業と比較すると商品販売サイクルが長いため，運転資金は大きくなる
- 棚卸資産（商品，製品，仕掛品，原材料）の回転期間が資金繰りに大きな影響を与える
- 原価計算システムを精緻化することで，収益性を向上させることができる

さて，会計的な観点に話を移すと，在庫のうちある一定期間を超えて保有しているものは，不良在庫として評価損の対象になります。すなわち，作ったものの，売れない在庫をB/S上に計上することは，会計上は望ましいことではなく，実際に売れる金額で評価をし直さなければなりません。

また，運転資金という観点からは，過剰在庫を製造するために必要となる資金は，正常な運転資金（「正常運転資金」といいます）ではないため，銀行の融資対象とはなりません。

必要となる資金を最小化し，また，貸倒れが発生しないように融資を行うためにも，会社の運転資金を分析することがとても重要です。

2．不動産賃貸業の財務内容

不動産賃貸業は，オフィスビル（事務所），レジデンス（居住用不動産），ホテル，物流施設（倉庫）などを貸し出して，事業を行っている業態です。

不動産の物件利回りをキャップレート（CR）といい，CR＝NOI（物件純収益）÷投資金額で計算します。CRの水準は，経済環境によって変動しますが，都市部の不動産物件であれば，CRが10％を超えるようなケースはほとんどありません。

たとえば，保有する不動産物件のCRが５％である場合，不動産物件の帳簿価額はNOIの20倍あり，投資回収は少なくとも20年はかかります。都心の一等地であればCRが３％ということも珍しくはありません。

このように，不動産賃貸業のB/Sに計上される不動産物件（有形固定資産）の金額は，売上の数倍〜数十倍になることもあり，他の業種と比べても投下資本利益率（ROIC＝営業利益×（１－実効税率）÷（有利子負債＋株主資本））などが低くなる傾向があります。

また，基本的に長期間にわたって賃料を受け取ることで不動産への投資金額を回収する事業構造で，製造業や小売業のように，仕入・販売のタイムラグによる運転資金は必要ありません。すなわち，不動産賃貸業においては，基本的に運転資金融資を銀行が行うということはありません。

一般的な業種の場合は運転資金融資が必要となるため，**図表６－11**のように仕入代金（買掛金）支払のタイミングで借入を行い，売上代金（売掛金）回収のタイミングで借入金を返済します。このような借入・返済が年間何度も繰り返し行われ，借入期間も長くありません。

【図表６－11：一般的な業種の運転資金融資のイメージ】

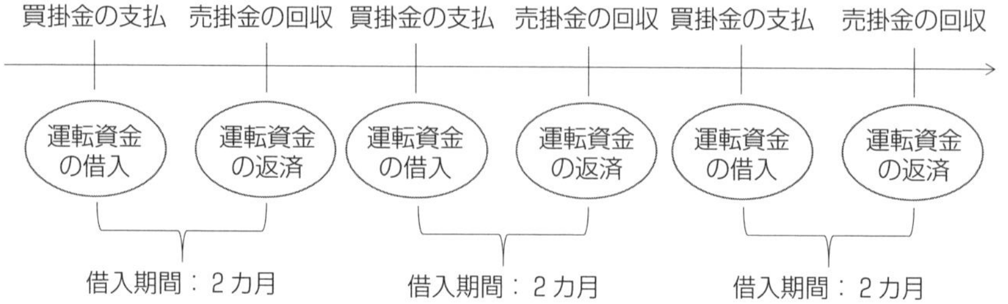

それに対して，不動産賃貸業は不動産物件購入時に借入を行い，賃料収入を原資に借入金を長期間返済します。すなわち，不動産賃貸業は他の業種と比較して，借入金の返済期間が長期になるという特徴があります（**図表６－12**）。

【図表６－12：不動産購入資金融資のイメージ】

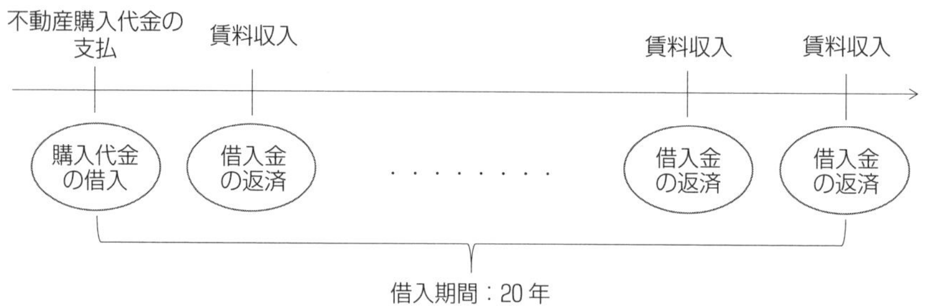

なお，不動産賃貸業は物件取得において，購入代金の一部または全部を借入で資金調達しますが，物件取得代金が不足して借入を行うというよりも，投資利回り（ROE＝当期利益÷株主資本）を向上させるために，レバレッジ（テコ）を掛けていることが理由です。レバレッジについては，「第７章１．レバレッジについて」で説明していますが，ここでも簡単に説明します。

〈事例６－２〉

不動産賃貸業の渋谷不動産は，手許資金として10億円を保有しています。不動産購入代金は１件10億円で，全額手許資金（フルエクイティ）で購入する場合と，購入代金の一部を借入で賄って購入する場合の投資利回りを計算しなさい。
なお，物件利回り（CR）５％，借入金利率１％，LTV50％とします。

まず，手許資金10億円で不動産を購入する場合，渋谷不動産の物件のみで作成したB/Sと投資利回り（年率）の計算を示したのが**図表6－13**です。CRが5％なので，当然ながら投資利回りは5％です。

【図表6－13：全額手許資金で不動産物件を取得した場合】

渋谷不動産のB/S

不動産 1,000百万円	株主資本 1,000百万円

項目	金額	計算式
物件純利益（NOI）	50百万円	A＝1,000百万円×5％
純利益	50百万円	B＝A
投資利回り	5％	C＝50百万円÷1,000百万円

次に，LTV50％で借入金を調達して不動産物件を取得した場合，渋谷不動産の物件のみで作成したB/Sと投資利回り（年率）の計算を示したのが**図表6－14**です。

ここで，LTV（Loan To Value）とは借入金の不動産価格に占める割合（借入金残高÷不動産価格）で，不動産物件購入額のうち，どれだけ借入金で賄ったかを示す指標です。

LTV50％なので，手許資金10億円と借入金10億円を合わせて20億円の不動産を取得します。投資金額が全額手許資金で購入した場合の2倍になっているので，NOIは2倍です。借入金の支払利息を差し引いた純利益（図表6－14のFの箇所）が投資資金10億円に対する純収益となり，投資利回りは9％に増加します。

【図表6－14：一部借入金で不動産物件を取得した場合】

渋谷不動産のB/S

不動産 2,000百万円	借入金 1,000百万円
	株主資本 1,000百万円

項目	金額	計算式
物件純収益(NOI)	100百万円	D＝2,000百万円×5％
支払利息	10百万円	E＝1,000百万円×1％
純利益	90百万円	F＝D－E
投資利回り	9％	G＝90百万円(F)÷1,000百万円

このように，不動産賃貸業は，借入金でレバレッジを掛けることで，取得資産総額を増やし，投資利回り（ROE）を増加させるために借入金の資金調達をします。

なお，不動産賃貸業は，不動産物件収益をもとに借入金返済やCAPEX（大規模修繕や設備投資）を行っていくため，営業活動によるキャッシュ・フロー（営業CF）は常にプラスでなければいけません。

不動産賃貸業のCF計算書は，**図表６－15**のように，営業CFがプラス，投資活動によるキャッシュ・フロー（投資CF）と財務活動によるキャッシュ・フロー（財務CF）がマイナスとなっているのが正常な状態です。

【図表６－15：不動産賃貸業のCF計算書】

項目	金額	内容
営業CF	60百万円	当期純利益＋減価償却－法人税等
投資CF	－10百万円	CAPEX（大規模修繕，設備投資）
財務CF	－30百万円	借入金の元利金返済額
現預金増減	20百万円	
現預金の期首残高	50百万円	
現預金の期末残高	70百万円	

また，第６章冒頭の虎ノ門銀行の加藤さんと鈴木課長との会話にも出てきましたが，不動産賃貸業は，銀行の自己査定基準での償還見込年数も扱いが異なるケースが存在します。たとえば，虎ノ門銀行の自己査定基準が**図表６－16**だとします。

【図表６－16：虎ノ門銀行の自己査定基準】

信用力	債務者区分	償還見込年数（要償還債務/営業CF）	
		一般業	不動産賃貸業
良い	正常先	10年未満	20年未満
↑	要注意先	20年未満	40年未満
↓	破綻懸念先	30年以上	40年以上
悪い	実質破綻先・破綻先	営業CFマイナス	営業CFマイナス

※銀行により，債務者区分の判定基準は異なります。

図表6－15，16から渋谷不動産の要償還債務は長期借入金10億円で，営業CFが0.6億円として償還見込年数を算出すると，

償還見込年数＝10億円÷0.6億円＝16.7年

となり，一般業の債務者区分では，要注意先に該当します。ただし，不動産賃貸業は，不動産購入資金として多額の借入を抱えるため，債務償還に問題がなくても，償還見込年数が10年を超えるケースもあります。このような特徴から，銀行の自己査定基準や融資時の審査においても，一般業と比較すると償還見込年数が長めに設定されています。

なお，不動産賃貸業の償還見込年数が長いと言っても，物件の残存年数までには借入金返済をしてもらわないと困るので，償還見込年数は保有している物件の残存年数以下でなければなりません。

不動産賃貸業の特徴を列挙すれば以下のように整理できます。

○不動産賃貸業の特徴

- 売上高と比較してB/Sの資産・負債の額が大きい
- 借入金の返済期間が他の業種と比べて長期間になる
- 商取引を行わないため運転資金が必要ない
- 返済原資が不動産物件収益しかないため，常に営業キャッシュ・フローはプラスでなければならない

3．飲食業の財務内容

飲食業は，どの町でもある極めて一般的な業種です。

外食で特に多いのが，フランチャイズ（FC）店舗で，これはフランチャイズ（Franchise）契約によって，他の成功している店舗の商号・業態・ノウハウを提供してもらい，外食事業を行う場合をいいます。

FCでは，フランチャイズ契約の大元をフランチャイザー（本部）といい，受ける側をフランチャイジー（加盟店）といいます。FC契約を締結して外食

事業を始めるメリットとしては，ノウハウを持っていなくてもある程度の営業ができるように本部がサポートしてくれる点です。

外食に限らず，コンビニ，フィットネスクラブや学習塾などFC展開しているビジネスはさまざまです。また，飲食業は設備投資先行型のビジネスモデルである点も特徴といえます。

飲食業を行っている㈱品川食堂が，東京の品川駅前ビルに20坪の飲食店舗（居酒屋）の出店を検討しているとします。出店における初期投資と費用の見通しは**図表6－17，6－18**のようになっていました。

【図表6－17：品川食堂の品川駅前店舗のコスト内訳】

項　目	費　目	算定式	金　額
経常支出	賃料	坪40,000円×20坪	800,000円/月
	水道光熱費	200,000円/月	200,000円/月
	材料費	想定数値	売上高×33%
	人件費	想定数値	売上高×22%
	ロイヤルティ	FC契約書に記載	売上高×５%

【図表6－18：品川食堂の品川駅前店舗の開店コスト内訳】

項　目	費　目	算定式	金　額
初期費用	店舗保証金	賃料12カ月分：80万円×12カ月	9,600,000円
	内装費用	坪800,000円×20坪	16,000,000円
	厨房機器	見積り金額	8,000,000円
	合計		33,600,000円

それなりの飲食ビルに入居する場合は，保証金が賃料の１年分以上はかかります。また，内装費用や厨房機器の費用もかなりの金額になります。

品川食堂の品川駅前店舗の場合は，33.6百万円の初期費用が発生しており，数年分の店舗利益で回収していくことになります。

さて，この品川駅前店舗が月別にどのような損益になっていたかということを表したのが，**図表6－19**です。

【図表６－19：品川食堂の月別損益】

（単位：千円）

	２月～10月（９カ月間）	11月～１月（３カ月間）	年間	２月～10月（月平均）	11月～１月（月平均）
売上高	22,500	30,000	52,500	2,500	10,000
売上原価（材料費）	7,425	9,900	17,325	825	3,300
売上総利益	15,075	20,100	35,175	1,675	6,700
販管費	15,075	11,100	26,175	1,675	3,700
人件費	4,950	6,600	11,550	550	2,200
水道光熱費	1,800	600	2,400	200	200
家賃	7,200	2,400	9,600	800	800
ロイヤルティ	1,125	1,500	2,625	125	500
営業利益	0	9,000	9,000	0	3,000

図表６－19から，品川食堂の居酒屋店舗は年間の売上の半分以上を11月～１月（繁忙期）で稼いでいます。特に居酒屋業態では珍しくない季節変動で，忘年会や新年会シーズンには連日の満席で繁盛するのに対し，それ以外のシーズンは損益がマイナスだったりします。

上記のように品川食堂は家賃の支払，借入金の返済，リース支払などが毎月のように発生しているにもかかわらず，年間のキャッシュ・フローを年末年始の３カ月で確保しなければなりません。

もし繁忙期に来客数が減少する事象（事故や外出自粛）があると，必要なキャッシュ・フローを確保できず，場合によっては倒産に追い込まれてしまいます。

また，店舗の立地（駅前立地，オフィス街，郊外型ショッピングセンター）によって売上が発生するタイミングが異なります。

典型的に違うのが，オフィス街の飲食店舗と郊外型ショッピングセンターの店舗です。オフィス街は，平日には人がたくさんいますが，休日は全く人がいません。逆に，ショッピングセンターでは，平日は全く人がいないのに休日には大勢の人が訪れます。

このような違いから，オフィス街の店舗は平日５日間の営業で利益を確保しないといけないのに対して，郊外ショッピングセンターの店舗は休日の2日間の営業で利益を確保しなければなりません。

飲食業の店舗出店時の初期費用（設備投資等）を開店後のキャッシュ・フローから回収していくため，設備投資型の事業構造となっています。投資回収の期間は不動産賃貸業ほど長期にはならないものの，数年（3～5年程度）はかかるため，投資回収までの間に事業継続が困難な事象が発生すれば，一気に倒産・閉店に追い込まれます。初期費用は少ないほど回収可能性が高くなることは言うまでもありません。

飲食業の特徴を列挙すれば以下のように整理できます。

○飲食業の特徴

- 立地によって，売上の季節変動，平日，休日の差が大きくなる
- 開店時の初期費用（設備投資）を数年間（3～5年程度）かけて回収するという設備投資先行型の事業構造を有している
- 初期費用は少なければ少ないほど，投資額の回収可能性が高くなる

4．輸出・輸入業の財務内容

次に，輸出・輸入業について，海外から商品を仕入れて日本国内で販売している会社をサンプルに見ていきましょう。

輸入業（ECサイト運営）の八重洲トレーディングのB/S，P/Lは**図表6－20，6－21**のようになっていました。

【図表6－20：八重洲トレーディングの貸借対照表】

現金預金	2億円	買掛金	5億円
売掛金	5億円	借入金	5億円
商品	5億円		
		純資産	2億円

【図表6－21：八重洲トレーディングの損益計算書】

売上	30億円
売上原価	20億円
売上総利益	10億円
販管費	8億円
営業利益	2億円
営業外費用（為替差損）	1億円
経常利益	1億円
法人税等	0.5億円
純利益	0.5億円

輸入を行っている会社といっても，商品を仕入れて販売するだけで，基本的には小売業です。八重洲トレーディングのB/Sを見てもそれほど特異な勘定科目は存在しません。

ただ，P/Lには見慣れない勘定科目が登場しています。「為替差損」です。

輸入業は，商品を海外から仕入れますが，代金の支払は現地通貨建てになるので，為替レートの変動の影響を受けます。

図表6－22は，1999年12月末から2020年12月末までの米ドル・日本円の為替レートの月末時点の変動を示しています。最大134円/ドル，最低76円/ドルとかなり動きがあることがわかります。

八重洲トレーディングのB/Sに計上されている買掛金5億円が，すべて米ドル建てだったとします。

1ドル＝100円の時に仕入を行い，代金決済時に，1ドル＝110円に変動したとします。そうすると，5億円の買掛金が為替レートの変動で5億5千万円に増えてしまうのです。

為替差損は，為替レートの変動によって被った損失の金額をP/Lに表示するもので，1ドル＝100円から1ドル＝110円の円安によって5千万円の為替差損が発生します。

仕入れた時は5億円でも，為替レートは変動するので，実際に決済が完了するまでいくらの仕入資金が必要なのかわかりません。

【図表6－22：米ドル・日本円の為替レートの推移】

出所：Bloombergを基に作成。

仮に，八重洲トレーディングがアメリカから仕入れた商品をヨーロッパに販売していたとすると，売掛金も為替リスクを有しています。

1ユーロ＝150円の時に商品を販売した売掛金が，販売時の為替レートでは5億円だったとします。その後，回収時に円高になって，1ユーロ＝100円になると，回収できる資金は円建てで3億3千万円です。

このように，海外への債権債務は，決済時まで円建てでの受取金額・支払金額が確定せず，為替リスクをどのようにコントロールするかが重要となります。

輸出・輸入業の特徴を列挙すれば以下のように整理できます。

○輸出・輸入業の特徴

- 基本的な事業構造は小売業と同じ
- 仕入・売上が他国通貨で行われる場合，為替リスクを有する
- 為替リスクをどのようにコントロールするかが，事業の安定性を左右する

5．製薬業の財務内容

製薬業はプレイヤーによって評価が分かれる業種の典型です。製薬業は，研究開発した薬が承認され，その薬を販売することによって事業を継続しています。すでに多数の承認された薬のライセンスを有している大手製薬会社であれば，収益的に安定していますが，純粋な創薬企業は赤字を継続しながら新薬の開発を行っています。

製薬会社は，医薬品製造において多額の研究開発費が必要となるため，企業規模が大きくなければ，安定的な収益基盤を構築しにくく，大規模なM&Aが起こりやすいのも特徴です。世界の医薬品企業では，ファイザー（米），グラクソスミスクライン（英），ノバルティス（スイス）などが大規模なM&Aを繰り返し，企業規模を拡大しています。日本でも，武田薬品工業，アステラス製薬，第一三共，田辺三菱製薬など，M&Aを利用して企業規模を拡大しています。

一般的な新薬の研究開発のプロセスを示したのが**図表６－23**です。基礎研究，前臨床試験，臨床試験などのプロセスが必要になり，実際に新薬の開発が始まってから販売に至るまでに10年くらいはかかります。医薬品の研究開発には，上市（じょうし）（発売）までには数百億円の資金が必要で，製薬（創薬）企業は，各プロセスに必要な資金を調達する必要があります。

【図表６－23：新薬研究開発のプロセス】

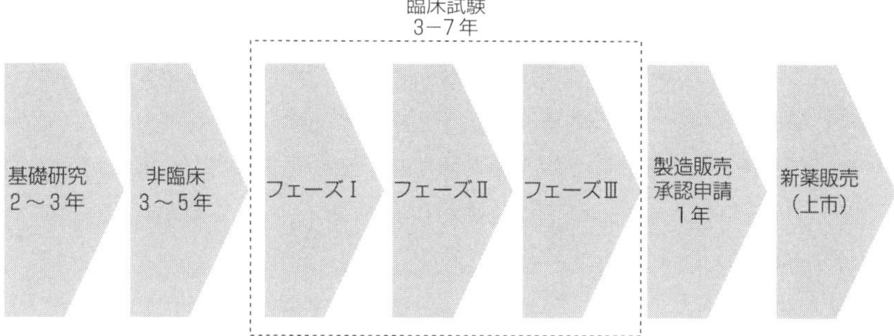

バイオベンチャー（創薬ベンチャー）企業をイメージするとわかりやすいと

思いますが，慢性的に赤字なので銀行が融資するのは困難で，公的な助成金やエクイティ投資家により資金調達を行います。日本のエクイティマーケットにおいては，臨床試験前後で上市の可能性があればVCなどが出資し，フェーズⅡ（臨床試験）以降で株式上場するのが，バイオベンチャーの資金調達イメージです。

バイオベンチャーの数，時価総額が日本よりも圧倒的に多い米国では非臨床でも株式上場しており，上場後の資金調達も活発に行われています。

すなわち，製薬会社は，新薬が上市して収益が安定するまではエクイティファイナンスによる調達に依存しており，借入（デットファイナンス）が行われません。

バイオベンチャーは，上市前の開発の途中で，製薬会社とライセンス契約を締結し（ライセンスアウト），契約一時金（アップフロント），開発の進行具合によって支払われるマイルストーンを製薬会社から受け取ることで研究開発費の一部を捻出する場合もあります。ただし，マイルストーンを受け取っても研究開発費のすべてを賄うことはできず，赤字は継続して発生します。上市まで売上がほぼゼロの赤字先行型のビジネスモデルなので，株式上場しても赤字が何年も続きます。

図表６－24は，2004年７月に上場したバイオベンチャー企業，そーせいグループ株式会社の2005年３月期から2020年12月期の業績（売上高，営業利益）と時価総額（期末日時点）の推移を示したものです。そーせいグループは上場後，９事業年度において営業赤字が継続し，その後，新薬が収益貢献していくことで黒字化しています。ただし，そーせいグループは複数のパイプラインを有していて，多額の研究開発費を支出していることから，一度黒字化した後も業績は安定していません。継続的に赤字を計上しつづけるバイオベンチャー企業は，銀行からすれば融資を行う対象にはなりません。ただし，時価総額の推移からも明らかなように，売上や利益が計上されなくても，時価総額は大きいことが特徴です。

上場後の2005年３月期は，売上高2.3億円，営業利益－17.5億円にもかかわらず，時価総額342億円で，時価総額が売上の140倍もあります。2005年３月期から2020年12月期までの株価売上高倍率（時価総額÷売上高）の推移を示したの

【図表6－24：上場バイオベンチャー企業の業績，時価総額の推移】

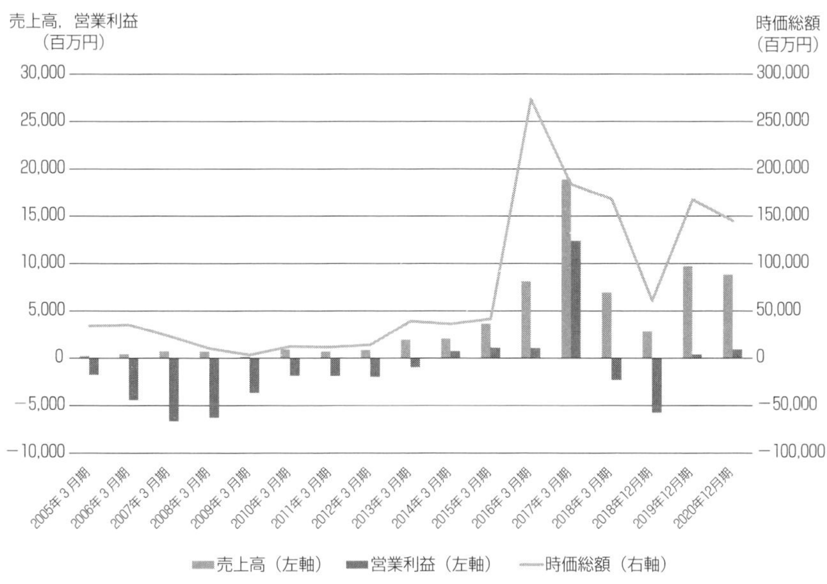

※時価総額は期末日時点の株価（終値），発行済株式総数から算定。

【図表6－25：株価売上高倍率の推移】

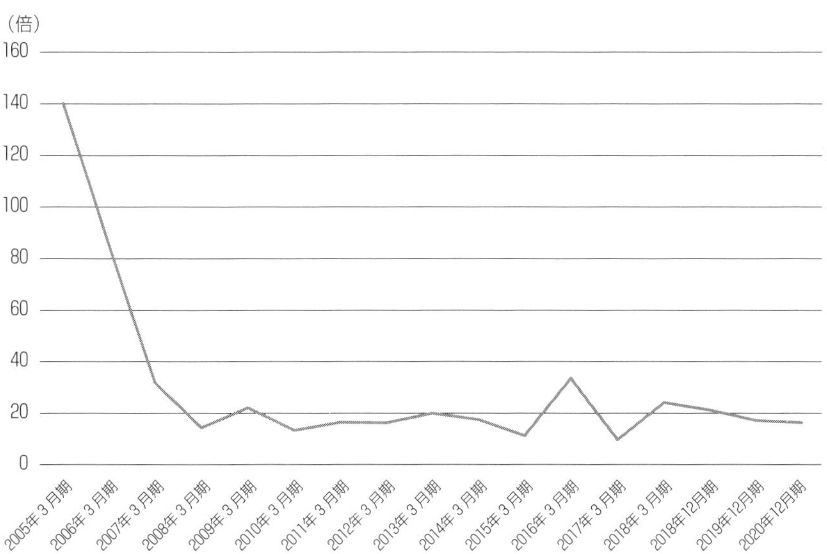

が**図表6－25**ですが，ほとんど利益も計上していないにもかかわらず，時価総額が高いことがわかると思います。

これは，将来性を見越してエクイティ投資家が投資するため，業績と株価が連動しないことが原因です。その後，業績が安定するに従って，株価は一般的な業種と同様の倍率に近づいていきます。

このように，製薬業はプレイヤーによって評価が分かれる業種の典型と言えます。

製薬業の特徴を列挙すれば以下のように整理できます。

○製薬業の特徴

- 赤字先行型のビジネスモデルのため，黒字化するまでに長期間を有する
- 業績が安定しないため，銀行の融資対象にはなりにくい
- 将来性を見越してエクイティ投資家が投資するため，業績と株価が連動しない

6．貸付や出資以外に提案方法はないか？

銀行員が融資を行うのはもちろんですが，その他にもいろんな業務を行っています。預金を集めるのも，デリバティブを提案するのも銀行員の仕事です。

貿易会社である八重洲トレーディングは，為替変動のリスクを心配していました。

ある時点の，八重洲トレーディングの外貨建債権債務（この場合は，売掛金と買掛金）が，以下のようになっていたとします。

【図表6－26：外貨建債権債務の例】

勘定科目	通　貨	外貨額	円貨額
売掛金	米ドル	5百万ドル	500百万円
買掛金	米ドル	3百万ドル	300百万円

八重洲トレーディングは５百万ドルの外貨建債権と３百万ドルの外貨建債務を有しています。

１米ドル＝100円の場合，外貨建債権は500百万円，外貨建債務は300百万円ですが，この金額は為替レートとともに変動していきます。

八重洲トレーディングは，５百万ドルを受け取る代わりに，３百万ドルの支払を行わなければなりません。この支払額の３百万ドルは受取額の一部から支払えば良いため，実際のところ，為替リスクはありません。

外貨建債権債務の差額を「エクスポージャー」といいますが，為替リスクにさらされている金額という意味です。

八重洲トレーディングの場合は，**図表６－27**のように，外貨建債権債務に関するエクスポージャーを有しています。

【図表６－27：八重洲トレーディングのエクスポージャー】

勘定科目	通　貨	外貨額
売掛金	米ドル	５百万ドル
買掛金	米ドル	－３百万ドル
エクスポージャー	米ドル	２百万ドル

これを為替レートの変動に応じて記載すると，**図表６－28**のようになります。

【図表６－28：為替レートによる純受取額の変動】

（単位：百万円）

科　目	金額（百万ドル）	為替レート（円/ドル）		
		80	100	120
売掛金（受取額）	5	400	500	600
買掛金（支払額）	3	240	300	360
差額（純受取額）	2	160	200	240

為替レートが100円の場合，受取額は500百万円，支払額は300百万円なので，差額（純受取額）は200百万円です。

これが，為替レートが80円に変化した場合，受取額は400百万円，支払額は

240百万円で，差額（純受取額）は160百万円です。

為替レートが100円から80円に変化した場合の，八重洲トレーディングの受取額の変動は，マイナス40百万円（200百万円－160百万円）ですが，この金額は，債権債務の米ドル建差額（エクスポージャー）と為替レート変化から算定した金額，２百万ドル（米ドル建債権債務の差額）×20円（為替レート）＝40百万円と同じです。

外貨建ての債権債務を管理する時は，各債権債務ごとにネット（純額）で考えていきます。いくらの債権債務が為替リスクを有しているかを計算して，その金額に対して対応策を考えていく必要があります。

為替リスクのヘッジ手段（リスクを回避する方法）の代表的な手法は，先ほども説明した為替予約（先渡取引）です。

為替予約は，将来の為替レートを予約する取引です。

１ドル＝100円の外貨建債権を純額で２百万ドル保有している場合，為替レートの変動によって**図表６－29**のような損益（プラスが利益，マイナスが損失）が発生します。

【図表６－29：為替予約がない場合の為替差損益】

（単位：百万円）

内　訳	金額（百万ドル）	為替レート（円/ドル）		
		80	100	120
外貨建債権（ネット）	2	－40	0	40

２百万円の為替予約（米ドル売り）を100円/ドルで契約したとすると，為替レートの変動によって発生する損益は**図表６－30**です。

【図表6－30：外貨建債権と為替予約】

（単位：百万円）

内　訳	金額（百万ドル）	為替レート（円/ドル）		
		80	100	120
外貨建債権（ネット）	2	−40	0	40
為替予約	−2	40	0	−40
差額	0	0	0	0

為替予約は，1ドル＝80円に下がった場合も1ドル＝100円でドルを売却することができるので，2百万ドル×20円（100円－80円）＝40百万円の利益が発生します。

外貨建債権は，為替レートの損失が40百万円発生していますが，その損失を為替予約による40百万円の利益でカバーできるので，八重洲トレーディングの為替リスクはゼロです。

為替レートの変動は，会社にとってプラス方向にもマイナス方向にも働きますが，会社を経営するうえで一番重要なことは，将来発生するキャッシュ・フローを確定することです。

八重洲トレーディングは，営業利益が2億円しかないにもかかわらず，為替損失が1億円発生していたので，為替リスクについて対策を行わないといけないことは十分認識していることでしょう。

追加資金の借入の必要はないかもしれませんが，為替リスクをヘッジするための取引を提案してみれば，かなりの確率で契約してもらえるはずです。

融資を行うという単純な提案以外にも，会社のニーズにあった提案方法はたくさんあるので，会社の状況を調べてみれば自ずと分かってきます。

また，為替予約と同じ効果は，外貨建資産や負債を使用しても実現できます。

八重洲トレーディングのB/Sは，**図表6－31**のようになっています。

【図表6－31：八重洲トレーディングの貸借対照表】

現金預金	2億円	買掛金	5億円
売掛金	5億円	借入金	5億円
商品	5億円		
		純資産	2億円

外貨建債権債務を比較すると，債権の外貨建残高が2百万ドル多くなっていましたので（図表6－27参照），1ドル＝100円のとき外貨建債務を2億円増やすと為替リスクをヘッジすることができます。

借入金が5億円ありますが，このうち2百万ドルを外貨建てで調達すると，外貨建債権と債務の金額は5百万ドルで同じになります。

【図表6－32：為替レートによる純受取額の変動】

（単位：百万円）

科　目	金額（百万ドル）	為替レート（円/ドル）		
		80	100	120
売掛金（受取額）A	5	400	500	600
買掛金（支払額）B	3	240	300	360
借入金（支払額）C	2	160	200	240
差額（純受取額）A－B－C	0	0	0	0

図表6－32は，2百万ドルを外貨建借入金に振り替えたケースですが，受取額も支払額もすべてドル建てなので，為替リスクはゼロになります。

逆に，外貨建債務が大きい場合は，外貨建資産（たとえば外貨預金）を増やせばよいので，外貨建預金を増やせば，為替リスクをヘッジできます。

第7章

負債による資金調達（デット・ファイナンス）

負債で資金調達を行うことを，デット・ファイナンスといいますが，デット・ファイナンスを提案するためには，専門的な考え方を理解しておかなければなりません。ここでは，デット・ファイナンスを考えるうえで，特徴的な事項を中心に解説していきます。

会社の資金調達をB/Sから考えた場合，資金調達方法は主に3つです。

- 会社のB/Sの右側（負債）を増やす　⇒　**デット・ファイナンス**
- 会社のB/Sの右側（純資産）を増やす　⇒　**エクイティ・ファイナンス**
- 会社のB/Sの左側（資産）を減らす　⇒　売却≒**流動化・証券化**

【図表7－1：ファイナンスの分類】

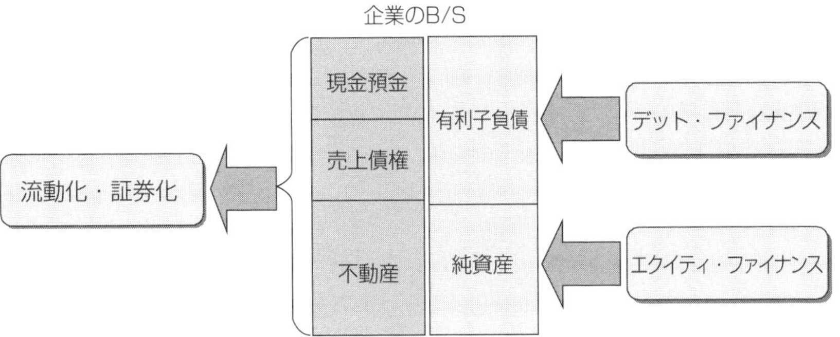

それぞれ会社に適した資金調達方法はありますが，B/Sの右側を増やす方法としては，負債による調達（デット・ファイナンス）と純資産による調達（エクイティ・ファイナンス）に大きく分かれます。

まずは，デット・ファイナンスからみていきましょう。

１．デット・ファイナンスの特徴

会社が資金調達を行う方法はいくつかありますが，借入金や社債などの負債によって調達することをデット・ファイナンスといいます。

B/Sの負債（デット）で資金を調達するためです。

【図表７－２：デット・ファイナンスの資金調達】

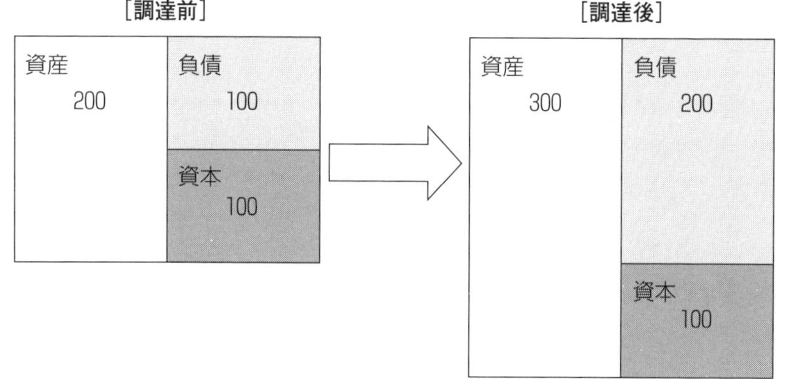

ここでは，デット・ファイナンスの特徴について述べるとともに，実際に実務で行う際に重要な事項を解説していきます。

◉― レバレッジについて

志村社長：今度，横須賀の工場に５億円の設備投資をしようと思っているんだけど，購入資金は手許にあるから，わざわざ借入をしなくてもいいかな？

加藤さん：資金効率を考えると，借入も考えたほうがいいと思います。自己資金だけで投資を行うと５億円の支出ですが，半分を借入で賄うと，2.5億円ですみます。
半分借入で調達すると，同じ設備を10億円分購入できるので，利益率は上がります。

　　　　　これを「レバレッジ効果」というんですが，手許資金に余裕があっても借入するのは，このためです。

志村社長：株主にROEが低いと言われているし，借入も検討してみるか。

負債調達（デット・ファイナンス）の目的の１つは，「レバレッジ」です。「レバレッジ」は，投資額のリターンを上げるために，借入比率を高めることですが，この場合の投資リターンは，株主からみた投資リターンです。

レバレッジについて，簡単な数値例を使って説明します。

資金調達の100％を株式発行によって調達している会社があるとします（**図表７－３**の左側の状態）。この会社の総資産利益率（ROA）は10％です。負債調達を行っていないので株式利回り（ROE）は10％です。

この会社が，追加資金100が必要となり，全額増資によって賄ったとします。（**図表７－３**の右側）この場合，総資産は200に増加し，ROAが同じだとすると，利益が20に増加しますが，出資金額が200になっているため，株式利回りは10％（20÷200）と変わらないのです。

【図表７－３：全額増資のケース】

現在

項目	計算式	数値
利益		10
総資産利益率	10/100	10.0%
負債利息		0
負債利率		0％
株式利回り	10/100	10.0%

増資時

項目	計算式	数値
利益		20
総資産利益率	20/200	10.0%
負債利息		0
負債利率		0％
株式利回り	20/200	10.0%

株主から見た場合，追加資金を出したとしても，同じ利回りしか確保できないのであれば，メリットはありません。

この会社が必要資金100を増資ではなく，借入（金利３％）で調達したとすると（**図表７－４**の右側），総資産は200に増加し，ROAが同じだとすると，利益が20に増加します。

株主から見た場合，借入金利はコストなので，支払金利３を差し引いた，17が株主の利益です。

株主は100の投資に対して，17の利益を得ることができたので，利回りは17％（17÷100）になりました。

借入を行ったことにより，株主のリターンが７％増えましたが，この効果を「レバレッジ効果」といい，借入を「レバレッジ（直訳すれば「梃子（てこ）」）」として使っています。

営業に利用できる資金が大きければ大きいほど，会社が獲得できる利益は大きくなるのですが，株主からすれば，出資金額はできるだけ少なくして，利回

【図表７－４：レバレッジの例】

項目	計算式	数値
利益		10
総資産利益率	10/100	10.0%
負債利息		0
負債利率		0％
株式利回り	10/100	10.0%

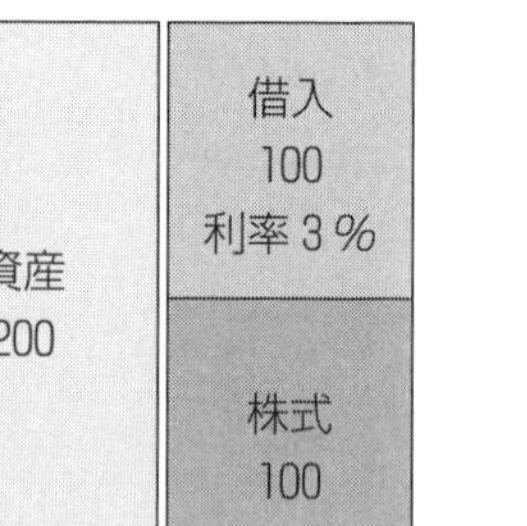

項目	計算式	数値
利益		20
総資産利益率	20/200	10.0%
負債利息	100×３％	3
負債利率	３/200	1.5%
株式利回り	(20－３)/100	17.0%

りを確保したいというニーズがあります。すなわち，株主は，借入で調達できる状態であれば，増資で資金調達してほしくないわけです。

このように，少ない元手で大きなリターンを得るために，会社は負債によるレバレッジを利用し，株式利回りを最大化しようとします。

◉― 担保・保証について

目黒セラミックを訪れた加藤さんは，志村社長から質問を受けました。

志村社長：銀行から借入をする時は，まず「担保にできる不動産がありますか？」って必ず聞かれるんだ。
他に担保にできそうなものもあると思うんだけど，なぜ不動産なんだろう？

加藤さん：銀行にしてみれば，担保設定を一度すればいいだけなので，楽なんですよ。
有価証券を担保にすると，時価の変動で毎回担保価値が変動して，管理が大変なんです。
不動産だと，それほど大きく担保価値が動くということもないので，評価額までは保全できて，いつでも融資に応じることができます。

志村社長：でもさ，不動産はすぐに換金できるわけじゃないから，有価証券のほうがいいんじゃないの？

加藤さん：短期間だとそうなんですが，何年間も融資するのに利用するのにはあまり向きませんね。銀行からすると，不動産のほうがありがたいです。

デット・ファイナンスを考えるうえで，担保・保証は，重要な概念です。

融資を行った先が倒産した場合，不動産を担保にしていれば，不動産の売却によって融資を回収することができますが，担保がなければ回収できません。同じように，融資を行った際に，代表者や親会社の連帯保証を取っていれば，会社が倒産しても代表者や親会社に取立てをすることができます。

担保設定の方法には，抵当権，質権，譲渡担保の３パターンがありますが，担保設定する資産に応じて使い分けます。

(1) 第三者対抗要件って何？

担保を考えるうえで，重要な概念は，「第三者対抗要件」です。

対抗要件（たいこうようけん）とは，すでに当事者間で成立した法律関係・権利関係（特に権利の変動）を相手方の当事者または第三者に対して対抗（主張）するための法律要件をいいますが，当事者は契約等で担保提供しているわけですから，それほど問題になりません。

なぜ，「第三者対抗要件」が重要かというと，担保契約の当事者でない者（第三者）は知らない可能性があるからです。

たとえば，虎ノ門銀行が目黒セラミックの保有するA社の株券を担保に設定していたとします。その後，目黒セラミックは丸の内銀行からの借入について，**同じA社の株券を担保に設定すると，二重担保**になります。ただし，虎ノ門銀行も丸の内銀行も他の銀行の担保契約を知らないので，お互いにA社株式は自分の担保だと思っています（**図表7－5**）。

丸の内銀行は融資を行う時点で，**すでに株券を虎ノ門銀行が担保としていることを知らなかった**ため，二重担保という問題が発生しました。

この場合は，目黒セラミックが全面的に悪いのですが，金貸しを商売にしている銀行にとってみれば，あってはならないことです。

さて，この場合の虎ノ門銀行と丸の内銀行が，担保設定に関しては第三者で

【図表7－5：二重担保設定】

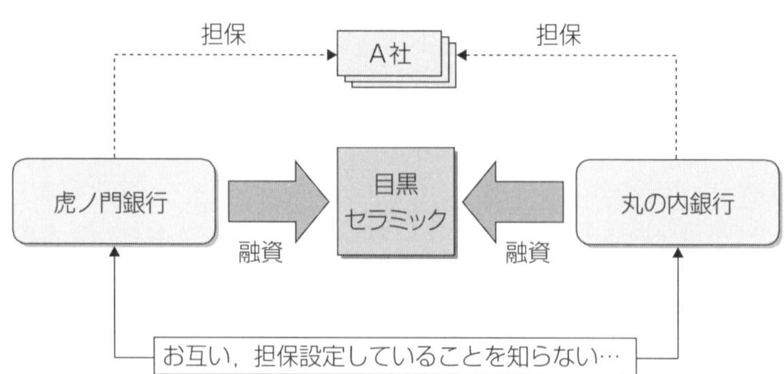

す。第三者対抗要件とは，本件の虎ノ門銀行と丸の内銀行のどちらが本当の権利者なのかをはっきりさせることです（**図表７－６**）。

【図表７－６：第三者対抗要件】

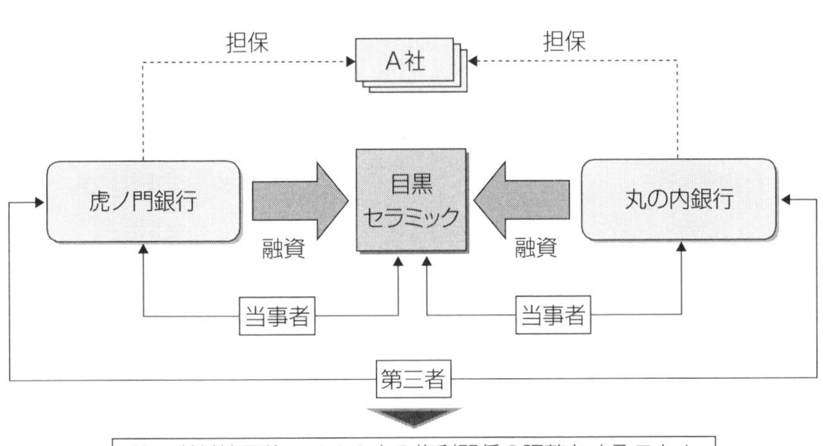

逆にいうと，第三者対抗要件が具備(ぐび)されていなければ，別の人に担保に取られてしまっても文句はいえません。

デット・ファイナンスを行う際に，担保の種類ごとにどのように第三者対抗要件を具備するかについて，いくつか説明します。

⑵　預金担保

預金担保は，不動産や株式などの他の担保と異なり，価格変動が発生しない最も確実な担保です。

預金を担保とする場合には，**質権**が設定されることが多いのですが，一般に預金債権の譲渡・質入等の処分は禁止されているため，自行の預金について質権設定して担保とします。

定期預金のように一定期間，残高の変動がないものについては，質権を有効に設定できることにつき争いは少ないので，口座開設銀行から確定日付（公証人役場等で契約が行われたことを証明してもらう制度）を付した承諾を取得することによって対抗要件を具備します。

普通預金のように残高が日々変動するものに対する質権設定の効力は，議論がありますが，担保となる金額が確定しないため，担保設定するケースは多くありません。

なお，貸付を行っている銀行に預金が存在していれば，質権設定が仮に無効であったとしても相殺による回収が可能なため，わざわざ普通預金に質権設定する必要性は低いでしょう。

(3)　不動産担保

不動産は融資の担保に用いられる代表的な資産です。不動産担保融資は，土地・建物などの不動産に担保設定して融資を行うもので，不動産の売却による処分価値を，会社の信用力の補完として利用します。

預金担保を除くすべての担保は，価格が変動するため評価額の100%を担保価値とすることはありません。不動産担保を設定する場合は，不動産価値を算定し，70%程度の「掛け目」を掛けた価格を担保価値とします。

企業が保有する不動産の金額は大きく，「日本の金融＝不動産金融」と言ってしまってもいいくらい，日本企業が借入の担保として用いる不動産の割合は大きいのです。

売掛債権や在庫等の流動資産は，短期間で資金化されてしまうため，担保債権の資金回収と借入返済のタイミング等を細かに調整する必要があり手間がかかります。不動産は長期間保有が前提なので，担保設定は一度だけで済み，担保設定が楽です。

不動産の担保設定の方法には，①質権，②譲渡担保，③抵当権がありますが，ほとんどが③抵当権を利用します。

①　不動産の質権

不動産を目的物とする質権は，**質権者が使用**することとなるため，質権者は自ら不動産を使用するか，誰かに賃貸することをしなければなりません。銀行が不動産を管理するのは大変煩雑な事務手続が必要となりますので，通常は用いられません。

②　不動産の譲渡担保

譲渡担保については，第三者対抗要件を満たすために必要な所有権移転登記に**登録免許税（固定資産税評価額の２％）がかかるほか，不動産取得税や固定資産税がかかる**ため，銀行が利用するケースはほとんどありません。ただし，不動産担保融資を専門に行っているノンバンクの場合，担保処分が抵当権よりも楽なので譲渡担保を利用するケースがあります。

③　**抵当権**

抵当権は，不動産を担保としていることを，**不動産登記簿謄本の乙区に記載**して，第三者対抗要件を具備します。不動産の抵当権設定登記には，債権額又は極度額の0.4%の登録免許税が必要です。

抵当権には，「普通抵当権」と「根抵当権」があります。

「普通抵当権」は，**特定の債権の担保**として用いられる担保設定方式であり，たとえば，『XX年Ｘ月Ｘ日付金銭消費貸借契約に基づく担保』というように，個別債権と紐付けが行われるタイプです。個別の貸付契約に紐付けになった担保権なので，**担保設定の対象となった貸付以外の担保とはできません。**

「根抵当権」は，『極度額XX円までの銀行取引，手形債権，小切手債権に基づく担保』というような設定の仕方になります。個別の貸付契約に紐付けになっていない担保権なので，**担保設定した際に存在しない貸付金でも回収可能となります。**

このように，「根抵当権」であれば，担保不動産と個別貸付金の関係をいちいち気にしなくてもいいのですが，「普通抵当権」の場合は，個別の貸付金と担保不動産の関係を気にしながら融資を行う必要があるので，注意が必要です。

(4)　株式担保

株式も処分が容易であることから，担保として多く用いられています。株式設定方法は，①質権，②譲渡担保です。

①　**質　権**

質権を設定するためには，**質権設定契約と株券の占有**（上場会社の場合は，質権としての登録）が必要になります。ここで，株券の第三者対抗要件は，株券の継続占有です。

質権には，以下の２つの方法があり，目的によって使い分けます。

登録質…質権者であることが株主名簿に記載される質権で，配当などを質権者は直接受領する。

略式質…質権者であることが株主名簿に記載されない質権で，質権の効力は株券から発生する配当等の金銭に及ぶものの，質権者が直接受領することができない。

② 譲渡担保

譲渡担保も，基本的に質権と同じですが，**契約と株券の占有**によって行われます。

任意売却・所有権取得が認められる点が質権と異なりますが，実際にはそれほど大きな違いはありません。

こちらも質権と同様に，２つの譲渡担保の設定方法がありますが，それぞれ，以下のように整理できます。

登録譲渡担保…株主名簿を質権者名義に書き換えるタイプ

略式譲渡担保…株主名簿を質権者名義に書換えを行わず，株券を交付するだけのタイプ

(5) 売掛債権担保

ABL（アセット・ベース・レンディング）という売掛債権を担保にしたファイナンスの手法が発達し，従来であれば，担保として利用されていなかった資産も担保として活用されるようになってきました。

売掛債権に質権設定して融資を行うABLと同じくらい，債権譲渡によって資金調達を行うファクタリングも行われています。売掛債権担保融資やファクタリングにおける第三者とは，主に，売掛債権の支払を行う販売先です。

ファクタリングを例にして説明すると，Ａ社がＢ社に対して売掛債権を譲渡し，Ｂ社は買取代金をＡ社に支払います（**図表７－７**）。債権譲渡契約の第三者であるＣ社（売掛金の支払をする販売先）は，Ａ社とＢ社の間で債権譲渡が行われた事実を知らないため，代金をＡ社（売主）に支払おうとします。Ｂ社（買主）は，Ｃ社がＡ社（売主）に支払われると困るので，債権譲渡通知をすることによって，Ｃ社（債務者）に債権譲渡が行われた旨を通知し，Ｂ社に代金支払を行うように依頼します。この場合の第三者対抗要件は通知です。

【図表7－7：ファクタリングにおける債権譲渡通知】

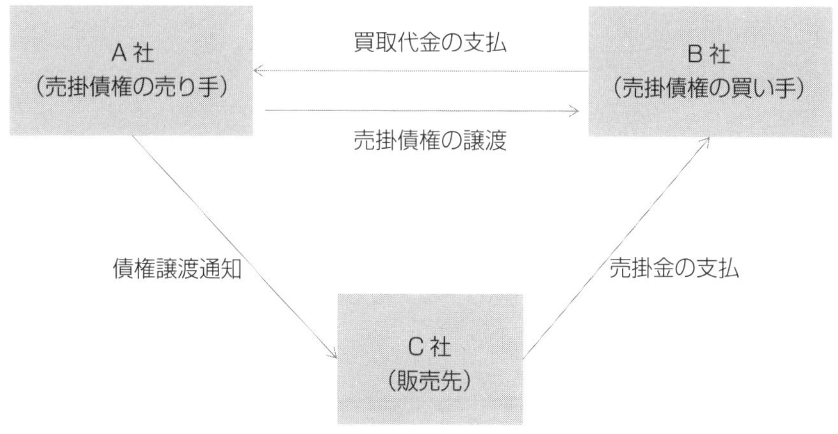

債権譲渡や質権設定は，登記（債権譲渡登記，質権設定登記）によって第三者対抗要件を具備することもできます。ただし，債務者に通知しないと原債権者に支払われてしまうため，登記だけでは確実に代金回収を行えず，結局は通知が必要となります。

なお，売掛債権担保について，特徴的な事項を2点説明します。

■ 譲渡禁止特約について

在庫債権を担保にとる際に最も留意すべき事項は，譲渡禁止特約です。

金融機関が担保設定を行う際には，担保目的物を精査したうえで融資判断を行うことが一般的と考えられているため，譲渡禁止特約を看過した場合には重過失と認定される可能性が高い点に留意が必要です。

■ 将来債権について

売掛債権の担保の特徴は，将来債権も含めて担保設定される点です。

以下のような事項が特定されていれば，担保権として有効になると考えられています。

- 誰に対する債権か？
- どの取引によって発生する債権か？
- いつからいつまでに発生する債権か？

◉── 価格評価（バリュエーション）

加藤さんは，志村社長に相談があると，呼び出されました。

志村社長：うちの親戚が会社をやっているんだが，銀行への返済ができずにサービサーに売却されてしまったらしい。
債権額は１億円だが，全額返済するよりも，ディスカウントして買い戻しをしたいと思っているんだが，どれくらいの金額で交渉すればサービサーは売ってくれるんだろうか？

加藤さん：回収見込額によると思いますが，担保は設定していますか？

志村社長：運転資金で借りていたものなんだが，親戚の自宅が担保になっている。この物件だよ。資金繰りが付かなくて，１年間くらい返済していないようだね。

加藤さん：じゃあ，キャッシュ・フローは見込めないから，担保評価額くらいで交渉すれば売ってくれそうですね。固定資産税評価額で2,000万円だから，サービサーに2,000万円くらいで提案すれば乗ってくるんじゃないでしょうか。

志村社長：１億円を肩代わりするよりもましか…。

貸付金や社債は，新規に会社に対して融資をする場合だけでなく，他の金融機関から購入したり，売却したりということが発生することがあります。新規に債権を発行する際の市場を「プライマリー市場」といい，すでに発行されている債権を売買する市場を「セカンダリー市場」といいます。

その際には，どれくらいの金額で購入／売却すればよいかが必要になってくるので，ここで，貸付金や社債といったデット・ファイナンスの価格評価の方法について記載します。なお，この節では，貸付金や社債などをまとめて「債権」としています。

仕組債などの特殊な評価をするものはともかく，債権の評価方法は，基本的にDCF法で行います。具体的には，不良債権を除く債権は基本的には**図表７－８**のような手順で評価しています。不良債権については，「**⑷　不良債権投資の場合**」をご覧下さい。

【図表７－８：債権評価の流れ】

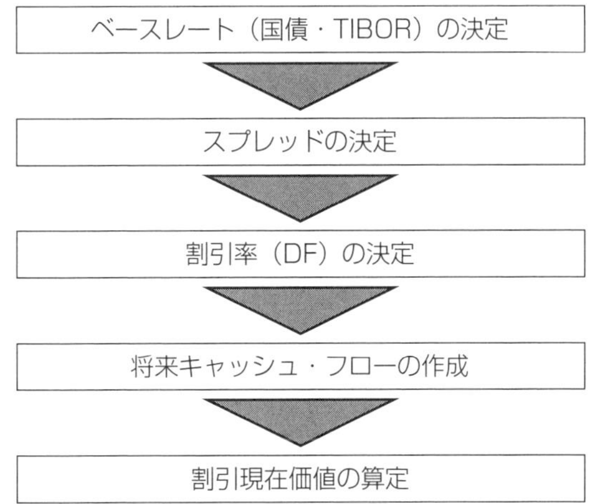

ここで，割引率は投資の際の期待リターンです。

割引率＝期待リターン＝ベースレート＋スプレッド

算定した割引率を用いて将来発生するキャッシュ・フローの割引現在価値を算定して，債権の価格を求めます。

⑴　イールドカーブとは

イールドカーブとは，「第４章２．リスクフリーレートとは」で説明した基準金利（ベースレート）の利回り曲線です。

図表７－９をTIBORとスワップレートとしたとき，横軸を期間（年）とし，金利を縦軸とした**図表７－10**をイールドカーブといいます。

【図表7－9：ある時点のTIBORとスワップレート】

・TIBOR

期間	金利（%）
1カ月	0.1
3カ月	0.15
6カ月	0.18
12カ月	0.25

・スワップレート

期間	金利（%）
1年	0.25
2年	0.35
3年	0.4
5年	0.5
7年	0.6
10年	0.75
20年	1.4
30年	1.7

【図表7－10：イールドカーブ（ある時点の利回り曲線）】

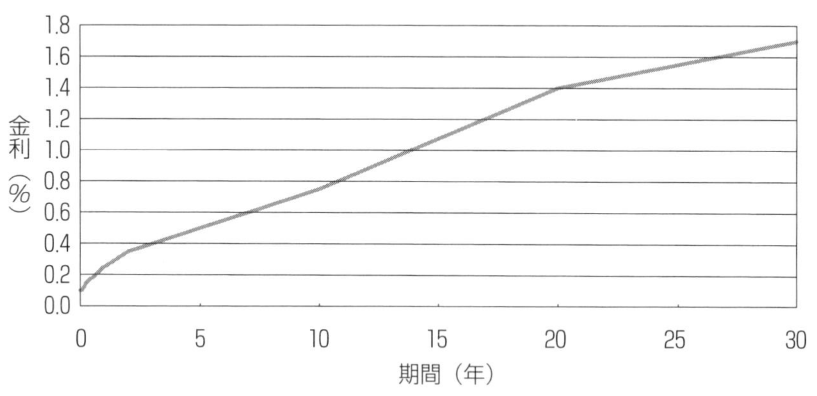

リターン＝ベースレート＋スプレッド

のうち，ベースレートを対応する期間に応じてグラフにしたものがイールドカーブです。

⑵　スプレッドと割引率の算定

スプレッドは，ベースレートへの上乗せ部分ですが，対象となる債権の発行体の取引利回りが公表されていれば，それを採用します。不明な場合は，同様の格付を持つ発行体の利回りから推測します。

- 既発行債権の利回りが判明する場合
  ⇒　既発行債権からスプレッドを算定する
- 既発行債権の利回りが不明な場合（外部格付けがある場合）
  ⇒　同種の格付け等を持つ発行体の利回りから推測する
- 既発行債権の利回りが不明な場合（外部格付けがない場合）
  ⇒　類似企業への貸出金利等から推測する

ここでは，上記の「既発行債権の利回りが判明する場合」と「既発行債権の利回りが不明な場合（外部格付けがある場合）」の算定方法について説明します。

ｉ）既発行社債からの推測

本書改訂時の2021年時点では金融緩和政策の影響により金利が著しく低い水準にあるため，ソフトバンクが2014年９月30日時点において発行していた社債をもとに説明を行います。

ソフトバンクが発行していた社債の利回り（複利）が**図表７－11**の「社債利回り（A）」です。その日のベースレートが図表７－11の「ベースレート（B）」

【図表７－11：ソフトバンク社債の利回り（2014年９月30日時点）】

回号	償還日	残存年数	社債利回り(%) A	ベースレート(%) B	スプレッド(%) A-B
30	2015/03/11	0.44	0.507	0.162	0.345
32	2015/06/02	0.67	0.543	0.230	0.312
34	2016/01/25	1.32	0.658	0.224	0.433
36	2016/06/17	1.72	0.722	0.169	0.553
42	2017/03/01	2.42	0.820	0.176	0.644
41	2017/03/10	2.44	0.847	0.176	0.671
40	2017/09/14	2.96	0.909	0.184	0.724
39	2017/09/22	2.98	0.915	0.185	0.730
35	2018/01/25	3.32	0.970	0.194	0.775
43	2018/06/20	3.72	1.050	0.206	0.844
45	2019/05/30	4.67	1.175	0.246	0.928
46	2019/09/12	4.95	1.232	0.260	0.972
44	2020/11/27	6.16	1.343	0.347	0.996

【図表7－12：ソフトバンク社債の残存年限ごと利回り・スプレッド】

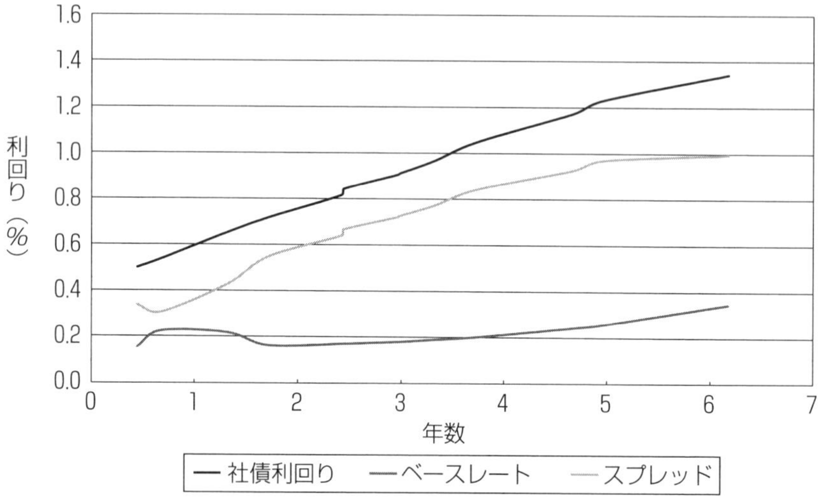

なので，スプレッドを差額（A－B）で計算します。

一般的にスプレッドもリスクフリーレートと同様に，残存年限に応じて上昇していく傾向（順イールド）にあるため，**図表7－12**に示した残存年限ごとのスプレッドも上昇しています。

〈例題〉

5年スワップレートが0.263%である場合，ソフトバンクの残存期間5年の社債を評価する割引率を計算しなさい。

算定する債権の残存年限が5年の場合は，残存年月が5年の利回りがないので，近似年限の利回りを直線補完によって算定します。

$$5\text{年のスプレッド} = 0.972\% + \frac{0.996 - 0.972\%}{6.16 - 4.95\text{年}} \times (5 - 4.95\text{年}) = 0.973\%$$

5年スワップレートが0.263%なので，ソフトバンクの残存期間5年の割引率は，以下になります。

5年の割引率＝5年スワップレート＋5年スプレッド
＝0.263%＋0.973%＝1.236%

この方法を採用できるのは，発行している社債の売買が活発な場合に限られるため，利用できるケースは限定的です。

ⅱ）外部格付けからの推測

格付けとは，発行体の信用力を表す指標です。通常，外部格付けは格付機関が実施するスコアリングによって求められますが，スコアリングの結果数値を業種ごとに順位付けし，順位によって格付けを付与することが行われています。

このため，同じ企業であっても，業種が変更されると以前の業種別順位から新しく業種別順位が算定されるため，格付けは変動します。

代表的な格付機関を示すと以下の通りです。

【外資系格付機関】

- ムーディーズ（Moody's）
- スタンダード＆プアーズ（S&P）

【日系格付機関】

- 格付投資情報センター（R&I）
- 日本格付研究所（JCR）

図表7－13が代表的な格付機関の格付体系です。格付けを取得している会社は，原則として，社債発行会社なので，社債を発行していない会社は，一般的には格付けを取得しておらず，格付けから直接推測するということはできません。

この方法は，**発行体の格付けが存在している場合で，既発行社債の時価が存在しない場合**に用いる方法です。ただし，内部格付けで評価する場合も考え方は同じです。

図表7－14に示したものが，2014年9月30日時点において日本証券業協会から公表されているR&IとJCRの社債格付けおよび残存年限ごとの利回りです。

一般的には，以下のことがいえます。

- 格付けが低いほど利回りは大きい
- 残存年数が長いほど利回りは大きい

ちなみに，同じ発行体の社債でも，評価する格付機関によって，格付けが異なります。すなわち，どの格付機関が付与している格付けを採用するかによっ

【図表７－13：格付け機関の格付け】

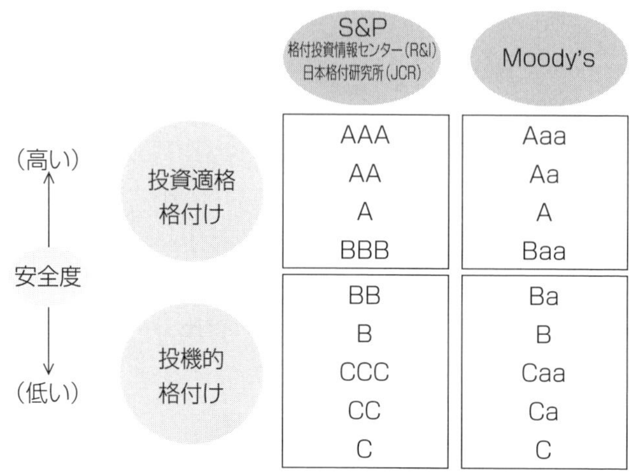

【図表７－14：格付けに応じた利回り（2014年９月30日時点）】

R&I

	AAA	AA	A	BBB	BB
1Y		0.17	0.23	0.64	1.80
2Y		0.19	0.27	0.67	
3Y		0.21	0.31	0.78	
4Y		0.26	0.36	0.81	
5Y		0.31	0.43	1.15	3.04
6Y		0.36	0.48	0.69	3.15
7Y		0.45	0.59	0.90	
8Y		0.53	0.67	0.64	
9Y		0.61	0.78	1.08	
10Y		0.68	1.00		
15Y		1.12	1.35	2.46	
20Y		1.75		2.98	

JCR

	AAA	AA	A	BBB	BB
1Y	0.15	0.21	0.33	0.57	
2Y	0.17	0.25	0.38	0.39	
3Y	0.22	0.27	0.44	0.42	
4Y		0.33	0.52	0.44	
5Y	0.28	0.41	0.79	0.67	
6Y		0.44	0.59	0.80	
7Y	0.42	0.52	0.64	0.94	
8Y	0.51	0.61	0.64		
9Y	0.58	0.77	0.82	1.04	
10Y		1.00	0.86		
15Y	1.08	1.35	2.46		
20Y			2.98		

出所：日本証券業協会

て，参照する利回りも変わります。

たとえば，2014年９月30日時点の格付利回りをみると，R&Iの残存期間１年・Ａ格の社債利回りは0.23%であるのに対して，JCRの残存期間１年・Ａ格の社債利回りは0.33%です。R&IとJCRで0.1%社債利回りに差がありますが，格付機関が評価している社債が異なるのと，同一銘柄であっても格付けが異なる場合があるためです。

〈例題〉

X社の外部格付けは，A（R&I）です。５年スワップレートが0.26%である場合，X社の残存期間５年のスプレッドを計算しなさい。

さて，評価対象会社の格付けがR&IのＡで，残存期間が５年であったとすると，この債権の利回りは，同一格付けの利回り平均値から，0.43%です。

なお，日本証券業協会が公表している数値は，利回りでスプレッドではありません。５年スワップレートが0.26%なので，以下のようにスプレッドを算定します。

５年スプレッド＝利回り（Ａ格５年）－５年スワップレート
＝0.43%－0.26%＝0.17%

なお，内部格付け（たとえば，銀行の行内格付け）を参照してスプレッドを計算する場合も，同様の計算を行うことになります。

(3)　キャッシュ・フローの作成と現在価値の算定

ここでは，債権のキャッシュ・フローを(2)で算定した割引率を用いて，現在価値に割り引いて，債権の価格を求める方法を解説します。この計算方法を一般的にDCF法（Discouted Cash Flow）をいいます。

ディスカウント・ファクター（DF）を使う場合もありますが，割引率を使って計算した現在価値係数がDFです。

DFは年限を調整した現在価値係数（算定式は以下の通り）なので，年限が長いほど，小さくなります。

$$DF=\frac{1}{(1+r)^t}$$

DF：ディスカウント・ファクター

r：割引率（年率）

t：年限

たとえば，割引率５％の２年後のDFは，

$$DF = \frac{1}{(1+5\%)^2} = 0.9070$$

となります。

事例をもとに債権価値の計算方法を学びましょう。

〔事例による現在価値の算定〕

虎ノ門銀行は浜松町電子への貸付（元本：10億円，固定金利：２％，残存期間：５年，元本返済方法：満期一括返済）の売却を検討しています。

浜松町電子の行内格付けはR&IのA格相当で，「⑵ⅱ）外部格付けからの推測」と同じ割引率（５年スワップレート：0.26%，スプレッド：0.17%）です。

丸の内証券からは，本債権を11億円で購入したいとオファーがありましたが，売却すべきでしょうか？

割引率は下記から0.43%です。

割引率＝ベースレート＋スプレッド＝0.26%＋0.17%＝0.43%

債権から発生するキャッシュ・フローを割引率を使って現在価値を計算すると，**図表７－15**から1,077,497千円と算定されました。

本件については，丸の内証券からのオファー11億円は，虎ノ門銀行の評価額10.7億円より高いので売るべきです。

⑷　不良債権投資の場合

不良債権とは，銀行における債務者区分が要管理先以下の債権を指しますが，一般的には実質破綻先や破綻懸念先など，約定弁済（契約上の弁済スケジュールに応じた返済）ができなくなった債権が対象になります。

仮に，契約上の利率が３％であったとしても，元利金の支払が行われるかどうかわかりません。

このような場合，債務者からの約定弁済を重視せずに，貸付金の担保処分による回収額を重視します。

具体的にどのように計算するかを，事例をもとに解説します。

【図表7－15：貸付金の現在価値の算定】

元本：A	100,000
金利：B	2％
割引率：R	0.43%

（単位：千円）

年数 T	DF $DF=\frac{1}{(1+R)^T}$	キャッシュ・フロー 受取利息 C＝A×B	元本返済 D	合計 CF＝C＋D	現在価値 CF×DF
1	0.995718	20,000		20,000	19,914
2	0.991455	20,000		20,000	19,829
3	0.987210	20,000		20,000	19,744
4	0.982983	20,000		20,000	19,660
5	0.978775	20,000	1,000,000	1,020,000	998,350
合計		100,000	1,000,000	1,100,000	1,077,497

〔事例による現在価値の算定〕

港キャピタルは，丸の内銀行から元本20億円の不良債権（貸付金）を購入しようとしています。

債務者からの返済は1年以上なく，今後も元利金の回収は見込めません。対象債権は不動産担保付貸付金で，港キャピタルでの担保不動産の評価額は10億円です。

港キャピタルは，対象債権を購入後，抵当権の実行，売却先の確保に1年程度の期間を要すると考えています。港キャピタルのハードルレート（期待最低リターン）が8％である場合，丸の内銀行にいくらでオファーすべきでしょうか？

本件では，対象債権からの元利金返済は今後も見込めないので，担保不動産の売却によるキャッシュ・フローの割引現在価値が債権価格です。

担保不動産の価値は10億円で，債権購入から1年後に発生する物件売却によるキャッシュ・フローを，割引率8％を用いて割引現在価値を求めます。

図表7－16による計算の結果，対象債権の価格は925,926千円と算定されました。

港キャピタルは925,926千円以下で購入すればハードルレート以上の利益が確保できるため，上限925,926千円で丸の内銀行と交渉するべきです。

【図表7－16：不良債権の現在価値の算定】

不動産価値：A	1,000,000
割引率：R	8.00%

（単位：千円）

年数 T	DF $DF=\frac{1}{(1+R)^T}$	キャッシュ・フロー				現在価値 CF×DF
		受取利息 C	元本返済 D	担保売却 E	合計 CF＝C＋D＋E	
1	0.925926	0	0	1,000,000	1,000,000	925,926
合計		0	0	1,000,000	1,000,000	925,926

2．借り手（会社）に関する事項

◉── 借り手のB/Sへのインパクト

さて，負債で資金調達を行ったケースを考えてみましょう。

図表7－17は，借入によって資金調達を行った会社のB/Sです。

借入前と借入後を比較すると，負債の金額が大きくなっており，自己資本比率（純資産÷総資産）が50%から33%に低下しています。

銀行では，自己資本比率は，高いほど良い会社（健全な会社）という判断になるので，負債で調達を行うと，財務比率は悪化したとみなされます。

また，借入金が増えると有利子負債（借入金）のCF倍率が大きくなります。有利子負債CF倍率は，会社の債務償還能力を示すものですが，数値が大きくなると，銀行は償還能力が悪化したとみなします。

◉── 借り手のP/Lへのインパクト

次に，資金調達した会社のP/Lへのインパクトについて考えてみましょう。借入を行った場合には，手数料と金利が発生します。

【図表7－17：借入による資金調達のB/S変化】

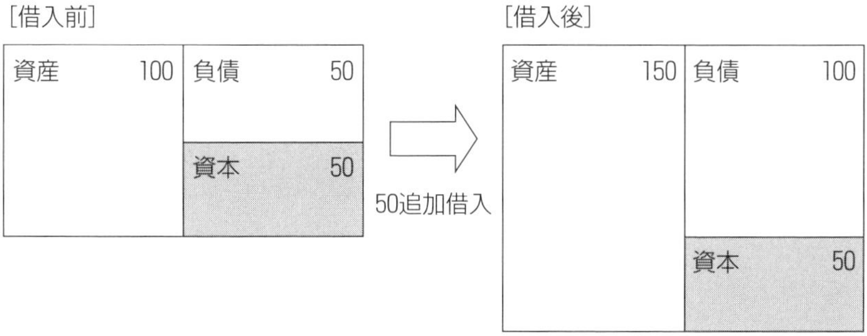

[借入前]

資産　100	負債　50
	資本　50

→ 50追加借入

[借入後]

資産　150	負債　100
	資本　50

[借入前]

自己資本比率	50%
CF	10
有利子負債CF倍率	5

[借入後]

自己資本比率	33%
CF	10
有利子負債CF倍率	10

手数料は，シンジケートローンやコミットメント型融資などを行う際に，銀行が請求するものです。「ある一定の金額（極度額：コミット額）までは，いつでも融資します」という契約をしている場合，銀行からすれば，貸出を行っていなくても会社の信用リスクを取っているわけです。

(1)　手数料の種類

手数料の種類は，以下の３つが一般的に見られる形態です。

- ■ 当初実行手数料（アップフロントフィー）
- ■ ファシリティフィー
- ■ コミットメントフィー

当初実行手数料は，「実行金額（融資金額）の１％」などというように，融資実行に対する手数料として請求するものですが，考え方によっては「利息の前取り」です。

たとえば，２年間の融資を行う場合で，「金利２％（年率），当初実行手数料１％」と設定されている場合，

貸付利回り（年率）＝金利２％＋手数料１％÷２年＝2.5%

となるので，実際には銀行は2.5%（年率）で融資を行っているのです。

さらに，当初実行手数料は，融資実行時に受け取ることができるので（銀行は，手数料を差し引いた金額を融資します），前取りしてしまえば，貸し倒れる心配はありません。

「ファシリティフィー」は，**貸出枠全体を基準**として一定割合のフィーを徴求する方法で，

ファシリティフィー＝貸付極度額×ファシリティフィー料率×計算期間

として計算します。

「コミットメントフィー」は，**未使用枠を基準**として一定割合のフィーを徴求する方法で，以下のように計算します。

コミットメントフィー＝未使用貸付極度額×コミットメントフィー料率×計算期間

ここでは３パターンについて簡単に説明しましたが，借入人からすれば，当初実行手数料は，借入の金利の前払的な性格もあるので，P/L上では貸出期間に応じて費用処理するケースが多くみられます。

たとえば，２年間の借入を行った実行手数料として10百万円支払った場合，年間５百万円ずつP/Lに費用処理します。

すなわち，次のように１年目に払った実行手数料のうち，半分を前払費用として繰り延べ，翌年度に費用として処理します。

【１年目の仕訳】

（借方）			（貸方）	
	支払利息（融資関連費用）	5	現金預金	10
	前払費用	5		

【２年目の仕訳】

（借方）　支払利息（融資関連費用）　5	（貸方）　前払費用　5

⑵　金利の種類

金利は借入金額に応じてかかってくる支払金利です。比較的単純なように思えますが，金利の種類を分けていくと，実はかなりの数になります。

金利種類による分類	● 固定金利 ● 変動金利
支払方法による分類	● 前払い ● 後払い
計算方法による分類	● 両端（実行日と満期日の両方を含む） ● 片端（実行日を含まない）
計算日数	● １年360日換算 ● １年365日換算

金利種別は，固定金利と変動金利がありますが，借入時の金利は，通常

変動金利<固定金利

となります。前節でも少し触れましたが，金利は長期になればなるほど高くなるので，貸出期間の金利をすべて固定金利にすると変動金利よりも高くなるからです。

通常の貸付において使用されるレートは，「TIBOR」または「プライムレート」です。

プライムレートには，「短期プライムレート」と「長期プライムレート」があり，現在では長期プライムレートが使われるということはほとんどありません。短期プライムレートは，銀行が信用力の高い一流企業に短期に（１年以内の期間）貸し出すときの優遇金利のことをいいます。プライムレートは，銀行ごとに設定する変動金利ですが，ほとんど変更されないので，実際は固定金利に近い性質の金利とも言えます。

支払方法については，利息を前払いするタイプと後払いするタイプがありますが，支払時期は違っても，P/Lに計上される金額は同じです。

図表7－18は，金利を後払いするケースですが，支払金利3の金利計算期間が6カ月で，前回金利支払日から4カ月経過後に決算が到来しています。

この場合，P/Lに計上される支払金利は，以下のように計算します。

支払金利＝3×4カ月（経過期間）÷6カ月（金利計算期間）＝2

支払金利は，実際に支払っていても支払っていなくても，借入を行っていた時点までは確実に発生しています。

この場合，発生しているまでの金利を未払費用として認識するとともに，借入利息を認識します。

【図表7－18：後払いのケース】

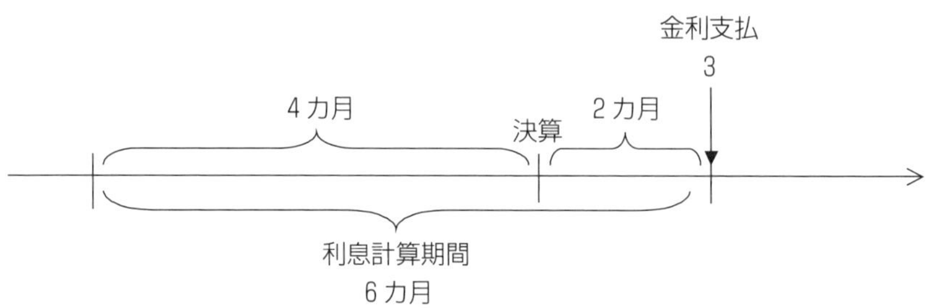

逆に，**図表7－19**のように，借入金利を前払いで支払っていても，利息計算期間が終了するまでは，全額を支払利息としてP/Lに計上する必要はありません。この場合，3の金利を支払っていますが，P/Lに計上する金利は，図表7－18と同じ2です。

【図表7－19：前払いのケース】

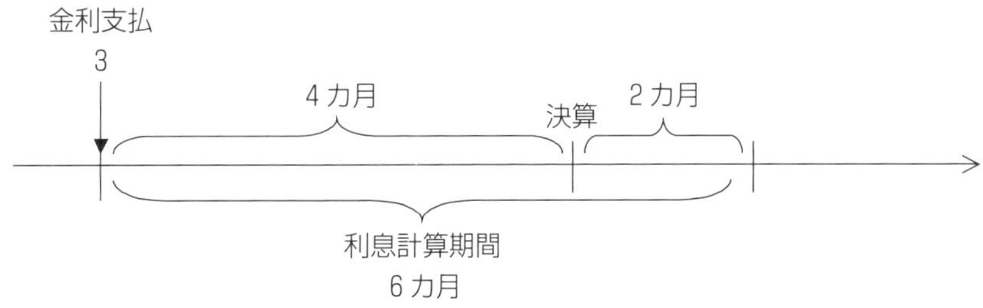

片端・両端は，実行日を金利計算期間に入れるかどうかということです。通常は両端（実行日含む）です。また，計算日数については，日本は，365日です。外国では360日が多くありますので，計算方法が少し違ってきます。

◉— 借り手の税務面のインパクト

ここでは支払利息のタックスメリット（節税効果）について説明します。税金は課税所得に対してかかります。

課税所得＝益金－損金

ここで，税務上の益金は会計上の利益とほとんど同じで，損金は会計上の費用とほぼ同じです。会計上の損益と税務上の益金・損金は一部異なる部分もありますが，金利の支払は税務上も損金です。

一方，株主に対する配当は利益処分なので，損金には算入できません。

支払利息がないケース（A）とあるケース（B）を比較した，**図表7－20**を見てみましょう。Bのケースは，利息の支払が10発生しているにもかかわらず，支払利息がないAと比べて最終的な税引後利益は5しか変わりません。

これは，支払利息は，税引前の費用であるため，課税所得を引き下げる効果があるからです。すなわち，法人税の実効税率が50%とすると，支払利息10によって，10×50%の税金支払額が減ります。一方，配当は税引後利益から支払われるため，課税所得に影響せず法人税等を減らす効果はありません。

以上から，配当を受け取る株主から見た利息支払のコストは，以下の通りです。

株主から見た支払利息のコスト＝支払利息×(1－実効税率)
＝10×(1－50％)＝5

一方，債権者から見た株主コストは，以下の通りです。

債権者から見た配当のコスト＝配当÷(1－実効税率)

すなわち，図表7－20では，配当金を5支払っていますが，債権者からみると，支払利息を10支払っているのと同じです。

配当÷(1－実効税率)＝5÷(1－50％)＝10

支払利息の節税効果は，株価評価における負債コストを理解するのに必要なので，覚えておいて下さい。

【図表7－20：利息の節税効果】

	利息支払のないケース A	利息支払のあるケース B	差額 A－B
売上	100	100	0
売上原価	70	70	0
販管費	10	10	0
営業利益	20	20	0
支払利息	0	10	－10
税引前利益	20	10	10
法人税等（50％）	10	5	5
税引後利益	10	5	5
配当	5	5	0

利息を10支払う

法人税が5少なくなる
→節税効果あり

税引後なので，法人税には影響しない
→節税効果なし

※ここでは，法人税等の実効税率を50％と仮定。

3．貸し手（銀行）に関する事項

◉― 貸し手の会計処理

ここでは，デット・ファイナンスにおける資金の出し手の会計上の論点について解説します。

(1) 元本および利息に関する会計処理

デット・ファイナンスの対象は貸付金なので，融資実行後は，貸付人（レンダー）は元本回収額をB/Sに計上した貸付金から減額し，利息回収額を受取利息としてP/L計上します。貸付金の額面が支出額（取得価額）と一致しているケースは特殊な会計処理は必要ありません。

会計処理において，特殊な扱いがあるのは，貸付金の額面と取得価額が一致しないケースです。デット・ファイナンスにおいては，金利相当額を額面で調整するケースがあり，この場合，債権の額面と取得価額が一致しません。さまざまなケースが想定されますが，たとえば，**図表7－21**のようなケースが該当します。

【図表7－21：額面と取得価額が一致しないケースの例示】

例	具体的な内容
割引債	額面100の社債を90で取得したケース
債権売買による取得	額面100の貸付金を90で売主から取得したケース
手形貸付	手形融資において額面100の手形貸付を90で行ったケース

額面と取得価額が一致しない債権については，金融商品会計基準実務指針において，償却原価法に基づき処理を行うとされています。図表7－21の例示のように，額面100の債権を90で取得した場合，会計上は差額10が利息として扱われます。償却原価法とは，その差額についての会計処理方法で，定額法と利息法の2種類の計算方法があります。ここでは，2種類の計算方法について解説します。

i）償却原価法（定額法）による事例

ここでは，額面100の債権（期間5年，金利0％）を90で取得した場合を前提に解説します。

まず，

額面と投資額の差額＝100－90＝10

ですが，会計上は差額の10を利息として認識します。このような，会計処理の方法を「償却原価法」といいます。

融資期間が5年なので，5年間にわたって均等（定額）で発生したと仮定すると，

年間受取利息＝10（差額）÷5年（融資期間）＝2

と計算できます。定額法の償却原価法では，年間2ずつ受取利息を計上するとともに，貸付金の帳簿価格（B/S残高）を2ずつ増加します。

具体的な債権のB/S計上額と受取利息は，**図表7－22**です。

【図表7－22：償却原価法の例（定額法）】

	額　面	帳簿価格	受取利息
取得時点	100	90	
1年目	100	92	2
2年目	100	94	2
3年目	100	96	2
4年目	100	98	2
5年目	100	100	2
合計			10

また，債権（ここでは社債として説明）の取得から償却原価法の適用までの一連の会計処理は，以下のようになります。

【取得時の仕訳】

(借方)　社債	90	(貸方)　現金預金	90

【1年目の仕訳】

(借方)　社債	2	(貸方)　受取利息	2

【2年目の仕訳】

(借方)　社債	2	(貸方)　受取利息	2

【3年目の仕訳】

(借方)　社債	2	(貸方)　受取利息	2

【4年目の仕訳】

(借方)　社債	2	(貸方)　受取利息	2

【5年目の仕訳】

(借方)　社債	2	(貸方)　受取利息	2

【償還時の仕訳】

(借方)　現金預金	100	(貸方)　社債	100

ii）償却原価法（利息法）による事例

償却原価法には2種類あって，もう1つの方法は「利息法」と呼ばれる方法です。先ほど説明した定額法は，期間按分して利息を算定していましたが，利息法が金融商品会計基準上の正式な償却原価法です。

利息法は，第４章で説明した複利の考え方がベースにあります。90で取得した貸出金の想定される利率が，１％だったとすると，

１年後の帳簿価格＝元本＋利息＝90＋90×１％＝90.9

２年後の帳簿価格＝元本＋利息＝90.9＋90.9×１％＝91.809

３年後の帳簿価格＝元本＋利息＝91.809＋91.809×１％＝92.72709

というように，翌年度の元本の金額は，前年度の元本＋利息の金額として計算していきます。定額法との違いは，「定額法は**利息を固定（定額）**」するのに対して，「利息法は**利率を固定**」するという点です。

定額法は，簡単に計算できますが，実際に利息として計上される金額は『元本×利率』ではないため，理論的には矛盾が生じます。

利息法において，貸出期間がｎ年間の額面・取得価格・金利の関係を示すと，下記のようになります。

額面＝取得価格＋〔取得価格×金利〕＋〔取得価格×(1＋金利)×金利〕＋……
＝取得価格×(1＋金利)^{n}

本件では額面100の債権（期間５年，金利０％）を90で取得しているため，金利は2.13％です。

【図表７－23：償却原価法の例（利息法）】

日　付	期首帳簿価格	受取利息	期末帳簿価格
取得時点	90.00		90.00
１年目	90.00	1.92	91.92
２年目	91.92	1.96	93.87
３年目	93.87	2.00	95.87
４年目	95.87	2.04	97.91
５年目	97.91	2.09	100.00
合計		10.00	－

※小数点第３位以下を四捨五入して表示。

$$\text{金利}=\left(\frac{\text{額面}}{\text{取得価格}}\right)^{\frac{1}{n}}-1=\left(\frac{100}{90}\right)^{\frac{1}{5}}-1=2.13\%$$

算定した利率を使って，利息計上額と貸付金の帳簿価格（B/S残高）を計算したのが，**図表７－23**です。定額法のように受取利息は定額になっておらず，元本の増加に伴って，受取利息の金額が増加していることが分かります。

また，債券の取得から償却原価法の適用までの一連の会計処理は，以下のようになります。

【取得時の仕訳】

（借方）　社債	90	（貸方）　現金預金	90

【１年目の仕訳】

（借方）　社債	1.92	（貸方）　受取利息	1.92

【２年目の仕訳】

（借方）　社債	1.96	（貸方）　受取利息	1.96

【３年目の仕訳】

（借方）　社債	2	（貸方）　受取利息	2

【４年目の仕訳】

（借方）　社債	2.04	（貸方）　受取利息	2.04

【５年目の仕訳】

（借方）　社債	2.09	（貸方）　受取利息	2.09

【償還時の仕訳】

（借方）　現金預金	100	（貸方）　社債	100

(2)　貸倒引当金

債権者は期末時点において，貸倒引当金の計上が会計上必要です。金融機関（特に銀行）は貸出を行うことが本業なので，一般の事業会社と比べて貸倒引当金の計上方法が厳格に規定されています。

まず，一般事業会社でも必要となる，金融商品会計基準での会計処理方法について説明します。

金融商品会計基準では，**図表７－24**のように決算期において，保有している債権を回収に問題がない先（一般債権），貸倒の可能性が高い先（貸倒懸念債権），回収不能先（破産更生債権）に分類します。そのうち，一般債権と貸倒懸念債権については，過去の貸倒実績率を用いて貸倒引当金を算定し，破産更生債権等については回収不能額を貸倒引当金（または，貸倒損失）として計上することになります。

金融機関（特に銀行）は，独自の自己査定基準によって，債務者区分を行い，債務者区分に応じて，貸倒引当金を計上します。

自己査定については，後ほど解説しますが，債務者区分に応じて，**図表７－**

【図表７－24：金融商品会計基準と貸倒引当金計上方法】

金融商品会計基準上の区分	内　容	引当金計上方法
一般債権	経営状態に重大な問題が生じていない債務者に対する債権	債権額×貸倒実績率
貸倒懸念債権	経営破綻の状態には至っていないが，債務の弁済に重大な問題が生じているかまたは生じる可能性の高い債務者に対する債権	債権額×貸倒実績率
破産更生債権等	経営破綻または実質的に経営破綻に陥っている債務者に対する債権	回収不能額

25のように貸倒引当金を算定します。

【図表7－25：債務者区分と貸倒引当金計上方法】

債務者区分	貸倒引当金計上方法
正　常　先	債権額×貸倒実績率
要 注 意 先	債権額×貸倒実績率
要 管 理 先	債権額×貸倒実績率または DCF法による割引額と簿価の差額
破綻懸念先	回収不能額または DCF法による割引額と簿価の差額
実質破綻先	回収不能額（貸倒償却または貸倒引当金）
破　綻　先	回収不能額（貸倒償却または貸倒引当金）

◉― 貸し手の税務処理

ここでは貸し手の税務処理において，論点となる事項を解説します。

(1) 未収利息

未収利息は発生した利息の未回収額です。約定通り利息の支払が行われている場合は問題になりません。

問題になるのは，債務者が延滞してしまった場合や額面よりも安く債権を購入した場合です。利息支払期日を過ぎても入金がない場合，会計上は未収利息（まだ，支払を受けていない利息）を受取利息としてP/Lに計上し，税務上も受取利息として益金算入しなければなりません。

会計上は延滞が長期になる場合は，受取利息を計上しませんが，税務上は会計上で利息計上されていなくても，契約上受け取ることができる権利があるので，課税対象となるのです。

すなわち，会計上は債務者の信用力が悪化すると，収益計上を避けるのに対して，税務上は一定の事由（倒産など）が発生しない限りは，課税対象とみなされます。未収利息は入金がないにもかかわらず課税されてしまうので，貸し手に不利な扱いといえます。

(2) 貸倒損失

債務者の信用力が悪化した場合，長期間の延滞が発生した場合，会計上は貸倒引当金を計上するか貸倒償却して費用化（損失計上）します。会計上は費用処理しても，税務上は要件を満たさなければ貸倒損失を計上することができず，会計と税務で差が生じます。

税務上で損失処理できるのは，以下の3パターンしかありません。

①　金銭債権が切り捨てられた場合
②　金銭債権の全額が回収不能となった場合
③　一定期間取引停止後弁済がない場合等

このうち，「③　一定期間取引停止後弁済がない場合等」は売掛債権のみに適用できる要件なので，貸付金などの金銭債権には適用がありません。

「①　金銭債権が切り捨てられた場合」，「②　金銭債権の全額が回収不能となった場合」について簡単に説明します。

①　金銭債権が切り捨てられた場合

下記のような状況で金銭債権が切り捨てられた場合，貸倒損失として損金算入することができます。これらは外形的に判断しやすいため，税務上も争いはありません。

1．会社更生法，金融機関等の更生手続の特例等に関する法律，会社法，民事再生法の規定により金銭債権が切り捨てられた場合（法的整理など）
2．法的整理によらない債権者集会の協議決定，行政機関や金融機関などのあっせんによる協議で合理的な基準により金銭債権が切り捨てられた場合
3．債務者の債務超過の状態が相当期間継続し，その金銭債権の弁済を受けることができない場合に，その債務者に対して金銭債権の債務免除額を書面で明らかにした場合

②　金銭債権の全額が回収不能となった場合

債務者の資産状況，支払能力等からその全額が回収できないことが明らかになった場合は，貸倒れとして損金経理することができます。ただし，担保物が

あるときは，その担保物を処分した後でなければ損金経理はできません。

この要件は，「その全額が回収できないことが明らか」という曖昧な表現が用いられているように，一部でも回収できそうな場合は適用ができず，債務者の資産状況や支払能力から回収不能であることが明らかとまで言えない場合は適用できません。

要件を満たしているかどうかの判断が難しいため，この要件で貸倒処理するのは避けたほうがよさそうです。

貸付金（金銭債権）の貸倒損失の要件について説明しましたが，金融機関が税務上否認されることを避けるためには，「①　金銭債権が切り捨てられた場合」しか利用できないと思われます。事例でどのような状況になるかを解説します。

〈事例〉

虎ノ門銀行の融資先Ａ社は業績が悪化し，自己査定における債務者区分は実質破綻先と査定されました。Ａ社への融資残高は10億円で担保評価額は０円です。
なお，Ａ社には多数の債権者が存在しており，債権者間でＡ社に対する方針がまとまらないため，倒産手続等は行われていません。
Ａ社債権について，会計上の損益と税務上の課税所得への影響額はどのようになるでしょうか？

Ａ社の債務者区分は実質破綻先なので，虎ノ門銀行は，会計上は回収不能額10億円を貸倒償却として損失計上します。税務上は，損金算入要件を満たさないため，損金算入できません。

このように会計上の費用ではあるものの税務上の損金に算入できない処理を「有税処理」といいます。虎ノ門銀行のP/Lが**図表７－26**で，税務上の課税所得の調整がＡ社の貸倒償却のみである場合，税務上の課税所得は**図表７－27**（税務申告書の別表４）のように計算します。税引前利益がゼロにもかかわらず，貸倒償却が税務上否認され10億円の課税所得が発生し，法人税等４億円（実効税率を40％として計算）が課税されています。

Ａ社のような債務者への貸付金は，会計上は費用処理しているにもかかわらず，税務上は損金算入できないため，虎ノ門銀行からすれば，倒産してもらったほうがよいのです。

貸倒償却の損金算入要件を満たすのは困難である場合が多いため，銀行が手っ取り早く有税処理を避ける（損金算入する）方法は，債権譲渡です。

虎ノ門銀行が第三者（たとえば，サービサー）に対してA社への貸付金を0円で譲渡すると，債権譲渡損10億円は税務上も損金算入できます。このような理由から，銀行が債権をサービサーなどに売却するのです。

貸し手の税務処理の特徴を整理すると，以下のようになります。

・未収利息，貸倒引当金，貸倒償却は税務上否認される場合がある
・税務上の損金算入要件を満たすのは困難である場合が多い
・債務者の信用状況が悪化すると，有税処理するより債権譲渡したほうがよい

【図表７－26：損益計算書】

経常収益	100億円
経常費用	100億円
うち，貸出金償却	10億円
経常利益	0億円
法人税等	4億円
当期純利益	－4億円

※法人税等の実効税率を40%として計算。

【図表７－27：別表４】

当期純利益	－4億円
（加算）	
法人税等	4億円
貸出金償却否認	10億円
加算計	14億円
課税所得	10億円

第 8 章

資本による資金調達（エクイティ・ファイナンス）

ここでは，エクイティ・ファイナンスの特徴と，どのように評価されて投資されているかを理解し，適正な価格での投資を行うための基礎的な事項を学習していきます。

1．エクイティ・ファイナンスの特徴

◉― エクイティ・ファイナンスの種類

目黒セラミックは工場に新しい製造ラインを作るために資金調達を計画しており，借入金だけではなく，外部からの増資についても検討しているようです。

志村社長：設備投資に５億円の資金調達を考えているんだけど，借入金だけでまかなうと，負債比率が高くなり過ぎるから，一部増資をしようと思っているんだ。
具体的には，３億円を借入金でまかなって，２億円を増資しようと思っている。
引受先は，古くからの取引先にお願いしようと思っているけど，経営に口を出されるのは避けたいから，なるべく議決権に影響を与えない範囲で実施したい。

加藤さん：種類株式というのはどうでしょうか？　今は，いろんな種類の株式を発行することが可能で，たとえば，議決権がない代わりに，優先的に配当を受けることができる株式を発行できます。
個人的には，非上場会社の少数株主だと，あまり普通株式を保有する意味はないと思います。引受先は，安定的に配当金を受

け取れたほうがいいんじゃないでしょうか？
志村社長：それはいいかもしれないね。早速，取引先に聞いてみるよ。

エクイティ・ファイナンスは会社の資本（エクイティ）を増やす形で行う資金調達です。普通株式，種類株式，新株予約権などが該当します。

(1) 普通株式とは

株式とは，企業（株式会社）が発行する有価証券で，株主であることを証明する株券または権利を株式と呼びます。

普通株式は，株式会社の株主が一般的に保有している株式です。

普通株主は，さまざまな株主権（株主としての権利）を有しており，代表的な権利（自益権）は**図表8－1**です。他にも，株主総会招集請求権など一定以上の議決権を保有している場合にのみ行使できる株主権もありますが，ここでは省略します。

【図表8－1：代表的な株主権】

株　主　権	内　　容
議決権	株主総会での議決権
利益配当請求権	配当金を受け取る権利
残余財産分配請求権	会社の清算時に残余財産を受け取る権利

株式投資の目的は，上場企業の場合はキャピタルゲイン（株価の値上がりによる売却益）や配当です。非上場企業の場合は，IPOによるキャピタルゲインです。

(2) 種類株式とは

種類株式とは，会社法第108条１項各号における条件が，普通株式と内容が異なるものを指します。会社法第108条１項の内容は，剰余金の配当規定（１号），残余財産の分配規定（２号），議決権制限規定（３号），譲渡制限規定（４号），取得請求権規定（５号），取得条項規定（６号），全部取得条項規定

（7号），拒否権規定（8号），役員選任権規定（9号）となっています。

種類株式とは，上記の9種類の条件を組み合わせて発行される株式なので，「配当を受け取る権利のない代わりに，役員の選任を行うことができる株式」といったようなカスタマイズが可能になっています。一般的に呼ばれている名称としては，「優先株式」や「黄金株式」などがありますが，これらの名称は，会社法で特に規定されているわけではなく，世間一般的に呼ばれているだけです（つまり，法律上の用語ではありません）。

代表的な種類株式の呼称を挙げると，**図表8－2**のようになります。

【図表8－2：種類株式の代表的な呼称】

呼　称	内　容
優先株式	剰余金および残余財産の配当（分配）に関する地位が他の株式よりも優先する株式
劣後株式	剰余金および残余財産の配当（分配）に関する地位が他の株式よりも劣る株式
黄金株	拒否権が付与された株式
譲渡制限株式	譲渡制限が付された株式

種類株式を発行するケースはさまざまですが，例を挙げると，以下のような場合があります。

- 会社の乗っ取りを阻止する必要がある場合
- 投資家に優先的に配当を分配する必要がある場合
- 議決権保有比率が制限されている業種（たとえば，銀行業）で，無議決権株式としたい場合

このように，発行会社のニーズと投資家のニーズをうまくマッチさせる必要があるときに，種類株式が発行されます。

(3)　新株予約権とは

新株予約権は，将来において株式を取得することができる権利です。デリバティブの1つとして「オプション」を説明しましたが，新株予約権は株式を原

資産としたコール・オプションです。予約権の行使が行われ，資金が払い込まれることによって会社の純資産は増加します。特に，役員・従業員向けに発行される新株予約権は「ストック・オプション」と呼ばれています。

企業が新株予約権を発行する理由は，従業員へのインセンティブ，投資家のリターン向上です。新株予約権がどのような理由で発行されるかについて，説明します。

①　従業員への発行（ストック・オプション）

特に，非上場のベンチャー企業に参加する役職員にとっては，ストック・オプション（SO）は非常に身近な存在です。非上場のベンチャー企業は潤沢な資金を有しているわけではなく，現金で払える報酬（役員報酬，従業員給与）は多くはありません。

ベンチャー企業が成長していくためには優秀な人材の確保が必要ですが，現金支給のみで参加してくれる人材は限られます。

たとえば，ベンチャー企業が採用したい優秀なAさんが年収800万円を希望しているとします。会社としては，現金支給できる金額が年収600万円だったとすると，Aさんの希望に合いません。その際に，将来上場すれば年収200万円以上の価値になるストック・オプションを付与することによって，Aさんの希望に近づけようとします。

Aさんへの報酬＝現金支給600万円＋ストック・オプション200万円
＝800万円

このように，新株予約権（ストック・オプション）は，ベンチャー企業が人材確保するためのインセンティブとなるのです。

②　投資家への発行

投資家に対しても利回りを上げるために発行するケースがあります。

役職員向けの新株予約権は「ストック・オプション」といいますが，投資家向けの新株予約権は，単に「新株予約権」，もしくは「ワラント」といいます。「付与対象者が社内か，社外か」が異なるだけで，発行する新株予約権は，法律的には同じものです。

たとえば，B銀行がベンチャー企業Ａ社へ融資を行った場合，B銀行が想定するＡ社に対する利回りは５％なのに，Ａ社は３％の資金負担しかできなかったとします。その場合，Ａ社はB銀行に新株予約権を発行することによって，２％相当の期待利回りを付与します。

B銀行の期待利回り＝貸出金利３％＋新株予約権２％＝５％

ベンチャー企業は，現金支出を極力避けたいと考えるため，投資家が要求する利回りを確保するために，新株予約権を発行します。

◉― 価格評価（バリュエーション）

目黒セラミックの志村社長に，M&A仲介会社から，同業の売り案件が持ち込まれました。M&A仲介会社は勧めてきますが，志村社長には売却希望価格が高いのか安いのかわかりません。

志村社長は虎ノ門銀行の加藤さんに相談することにしました。

志村社長：持ち込まれた会社は，減価償却控除前の利益（EBITDA）が毎年５億円で株式の売却希望価格は15億円と言ってきている。純資産は５億円だけど，売却希望価格は利益の３倍だから，安いのかな？

そう言って，志村社長は加藤さんに概要資料と決算書を見せました。

加藤さん：借入金と現預金（非事業性資産）がどれくらいかによって変わってきますが，この会社の場合，借入金が50億円，現預金は５億円ですよね。
高いか安いかは，事業価値（EV）をベースに考える必要があって，この会社の場合は，
事業価値（EV）＝株式売却代金＋借入金－現預金
＝15億円＋50億円－５億円
＝60億円

です。
事業価値がEBITDAの12倍（60億円÷５億円）ですから，安くはないですね。

志村社長：そうか。安く会社を買収できると思ったけど，そうはいかないか……。

エクイティ・ファイナンスは，投資による回収額がいくらになるのかという点が最も重要です。価値評価がすべてといっても過言ではありません。

ここでは，エクイティ・ファイナンスで代表的な，普通株式と新株予約権の価値評価について説明します。

◉— 普通株式の評価

株式価値の評価に用いる方法は大きく分けて以下の３つがあります。

①　インカムアプローチ
②　マーケットアプローチ
③　コストアプローチ

まず，インカムアプローチは，将来獲得されるリターン（利益，キャッシュ・フロー，配当）を現在価値に還元評価し，企業の価値を評価する方法です。

マーケットアプローチは企業自身もしくは同業他社の株式市場での評価を利用して，企業の価値を評価する方法です。

コストアプローチは企業の所有する資産および負債の価値を個別評価し，その合計をもって企業の価値を評価する方法です。

評価方法によって，株式価値を直接算定するタイプと，事業価値（EV：Enterprise Value）を算定するタイプに分かれます。

コストアプローチとマーケットアプローチの一部は，株式価値を直接算定するものですが，インカムアプローチとマーケットアプローチの一部は，株式価値を直接算定することはできません。

事業価値（EV）を求めるタイプの株式価値を具体的な評価手順としては，下式のように，事業価値を算定した後に，非事業性資産や有利子負債を調整し

【図表8－3：事業価値と株式価値の関係】

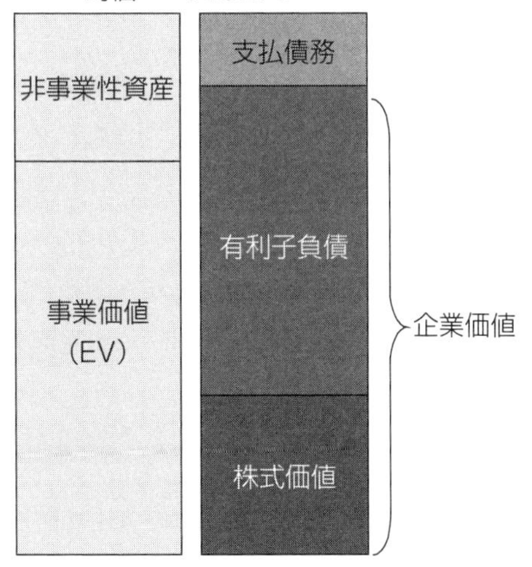

て株式価値を算定することになります。

株式価値＝非事業性資産＋事業価値（EV）－支払債務－有利子負債

図でイメージすると**図表8－3**のようにプラスの価値をもつ非事業性資産，事業価値（EV）と，マイナスの価値をもつ支払債務，有利子負債があり，その差額が株式価値として計算されます。

なお，非事業性資産とは本業以外の資産（事業に使用していない資産）であり，たとえば，以下のようなものが該当します。

① 事業に利用していない現預金

② 余剰運用目的の有価証券・投資有価証券

③ 事業に利用していない投資不動産

有利子負債は，借入金，社債，リース債務などが該当します。

支払債務としては，買収前に発生していた勤務費用である，退職給付債務などが該当します。ただし，退職給付債務については，過去の勤務から発生する会社の負債であっても，すぐに支払が発生するものではなく，今後の拠出額については事業計画に含められているため，すべてのM&Aで差し引かれているかというと，そういう訳ではありません。

以降において，株式評価における3種類の評価手法について解説していきますが，本書では，紙面の都合上，概要を把握するレベルにとどめています。より詳細な説明や計算方法，テンプレートを利用して理解をしたい人は，姉妹書の『金融マンのためのエクイティ・ファイナンス講座』をご覧ください。

(1) インカムアプローチ

インカムアプローチには，**図表8－4**のような3種類の評価方法があります。評価方法に差はありますが，キャッシュ・フローの現在価値を求めるという点では共通しています。

一般的にはDCF法を採用し，その他の評価方法を採用するケースは稀です。

【図表8－4：インカムアプローチの種類】

評価方法	内　　容
DCF法	企業の**将来キャッシュ・フロー**に対して当該企業のリスクを反映させた割引率を適用して企業価値を算定する方法。
収益還元法	企業の正常利益を推定し企業のリスクを反映させた割引率を適用して企業価値を算定する方法。DCF法の簡便法として採用する場合もある。
配当還元法	**配当予想額**を推定し，それに対して当該企業のリスクを反映させた割引率を適用して株式価値を算定する方法。

i） インカムアプローチの種類

■ DCF法

DCF法は，事業計画等を利用して将来のキャッシュ・フローを予想し，割引率によって現在価値を算定し，その合計額を事業価値（EV）とする方法です。ここでのDCF法はエンタープライズDCF法を前提としていますが，DCF法は主に**図表8－5**のような2種類の方法があります。

エンタープライズDCF法は，事業価値（EV）をキャッシュ・フローの割引計算から算定するのですが，ここでのキャッシュ・フローは，フリー・キャッシュ・フロー（FCF＝営業CF＋投資CF）なので，支払利息などの財務キャッ

【図表8－5：DCF法の種類】

手　法	内　　容
エンタープライズDCF法	フリー・キャッシュ・フローを基にして企業価値（EV）を求める方法。
エクイティDCF法	純利益を基にしたキャッシュ・フローに割引率を用いて，直接的に株式価値を算定する方法。

シュ・フローは含まれていません。求めたEVに対して，有利子負債等を加味して株式価値を求めるというアプローチです。

ただし，金融機関などにおいては，支払利息などが他の業種でいう売上原価に該当するため，財務CFを考慮して株式価値を算定する必要があり，エンタープライズDCF法は評価に適していません。

エクイティDCF法は，支払利息等を加味したキャッシュ・フローを基に計算しますので，その後の有利子負債等は加味せずに，直接株式価値を算定する方法です。

すなわち，エンタープライズDCF法はEVを算定する手法で，エクイティDCF法は株式価値を算定する手法という違いがあります。

以下では，エンタープライズDCF法を「DCF法」として記載します。

DCF法におけるEV算定のイメージ（各年度のFCFを割引率5％で評価）は**図表8－6**のようになりますが，各年度におけるキャッシュ・フローを割引率で現在価値に割り戻し，その合計額をEVとします。通常，最終年度は収益還元法（予想FCF÷割引率）で算定した継続価値（ターミナルバリュー）を使用します。

【図表８－６：DCF法の計算方法】

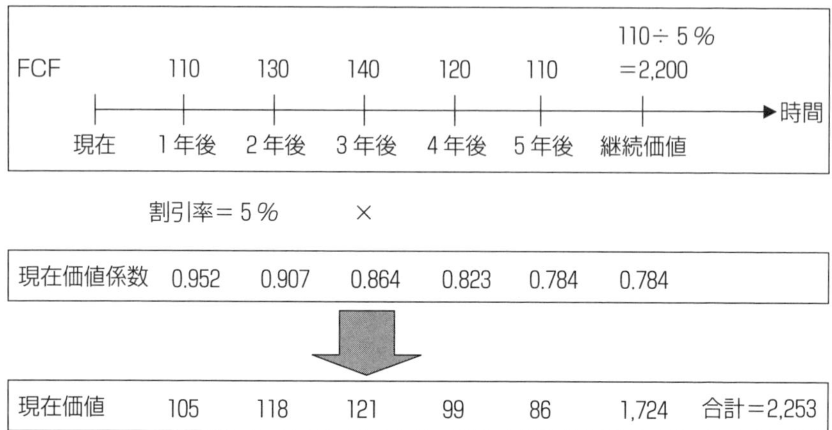

$$EV=\sum_{i=1}^{n}\frac{FCF_i}{(1+r)^i}$$

EV：事業価値

FCF：フリー・キャッシュ・フロー

r：割引率

i：年数

■ 収益還元法（直接還元法）

企業の正常利益を推定し，企業のリスクを反映させた割引率を適用して企業価値を算定する方法です。DCF法は各年度のキャッシュ・フローを個別に推定しますが，収益還元法では個別に算定せずに，**将来キャッシュ・フローは一定**として算定しているので，DCF法の簡便法ともいえます。不動産評価における直接還元法と同じです。

【図表８－７：収益還元法の計算方法】

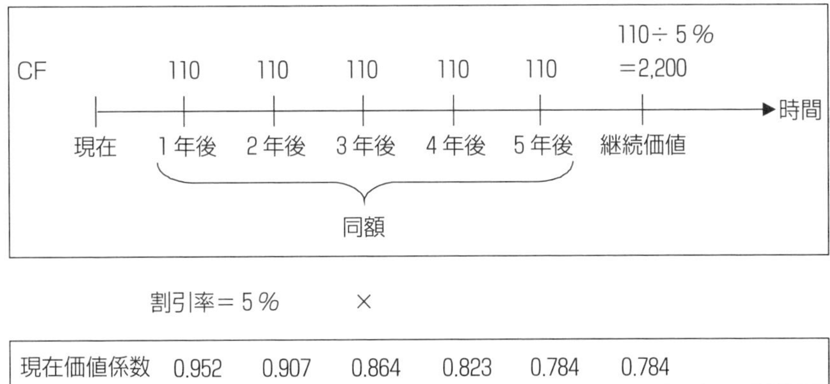

現在価値	105	100	95	90	86	1,724	合計＝2,200

$$EV = \sum_{i=1}^{\infty} \frac{CF_i}{(1+r)^i} = \frac{CF}{r}$$

EV：事業価値

CF：FCF

r：割引率

i：年数

■ 配当還元法

配当予想額を推定し，配当予想額に対して当該企業のリスクを反映させた割引率を適用して株式価値を算定する方法です。この方法は，株主に対する配当から株式価値を直接算定するため，DCF法などとは異なりEVを計算しません。

【図表８－８：配当還元法の計算方法】

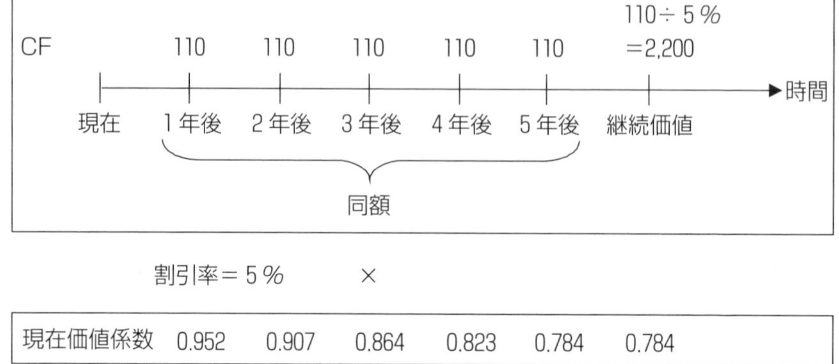

現在価値	105	100	95	90	86	1,724	合計＝2,200

$$EQV=\sum_{i=1}^{\infty}\frac{CF_i}{(1+r)^i}=\frac{CF}{r}$$

EQV：株式価値

CF：配当額

r：割引率

i：年数

ⅱ）DCF法の手順

インカムアプローチの計算方法として，最も利用されるのがDCF法（エンタープライズDCF法）です。DCF法の計算方法として，理論上はCAPM（Capital Asset Pricing Model，資本資産評価モデル，「キャップエム」と呼びます），マルチファクターモデル，Fama-Frenchの３ファクターモデルなどいくつかあります。実務ではCAPMが一般的なので，ここではCAPMを前提にDCF法の計算を説明していきます。

まず，CAPMに基づくDCF法は，**図表８－９**のような計算手順となります。

【図表8－9：DCF法の評価の流れ】

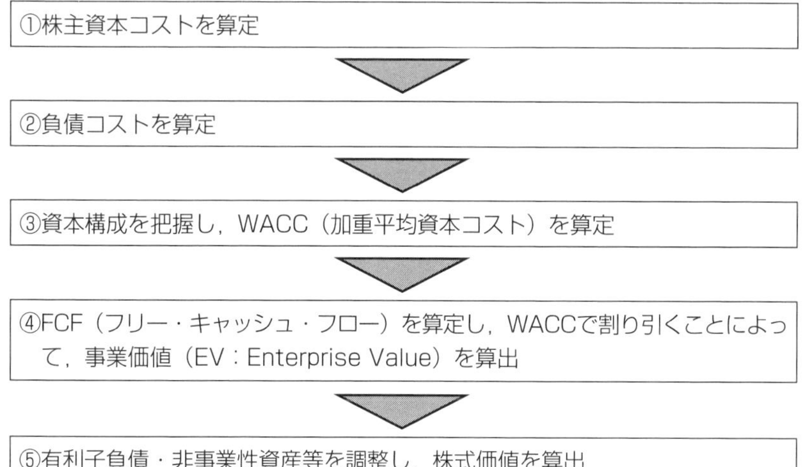

iii）資本コストとは

DCF法において採用する割引率は，「資本コスト（加重平均資本コスト）」と呼ばれます。

ここでは「コスト」という言い方をしていますが，投資家が想定する「リターン」のことです。投資家から見ればリターン，会社から見ればコストだからです。

会社が事業を行うためには資金調達を行いますが，資金調達は株式だけでは

【図表8－10：資本コスト，株主資本コスト，負債コストの関係】

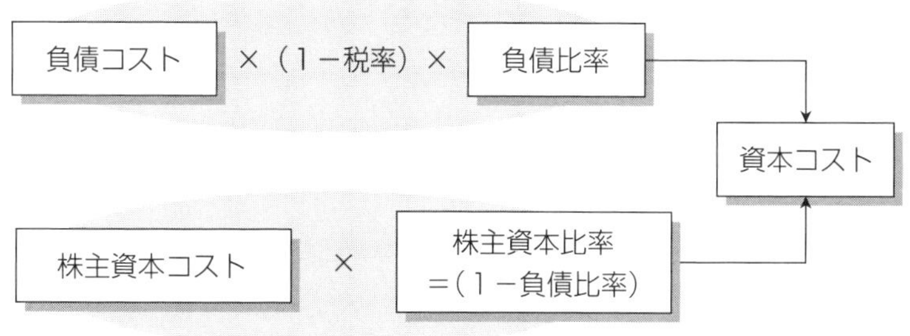

なく，負債（借入）も含んでいます。

DCF法で計算する価値は，**株式価値ではなく事業価値（EV）**なので，キャッシュ・フローの発生原因となる，**調達した資金（株式＋負債）それぞれのコストを反映させる必要**があります。

このような理由から，「株主が要求するリターン＝株主資本コスト」と「債権者が要求するリターン＝負債コスト」の両方を加味して，「資本コスト（加重平均資本コスト）」を算定する必要があるのです。まずは，「株主資本コスト」の算定方法を解説し，その後「負債コスト」の算定方法を理解したうえで，「資本コスト」の計算を行う手順を説明します。

iv）株主資本コストの計算

まずは，「資本コスト」を計算するための第一ステップである，「株主資本コスト」についてです。

そもそもの前提としては，市場経済においては，タダ（無料）という概念はありません。株主は儲かることを期待して投資を行っているわけですから，株主に対して配当を支払っていなくても，そこには，目に見えない機会コスト（他に投資していれば儲かったはずのリターン）が存在していて，株主からすればそのリターンが期待できないのであれば，そもそも投資対象とはなりません。言うならば，会社は株主から要求するリターンを株主に還元するプレッシャーを受けているわけです。

「株主資本コスト」とは，実際に配当を受け取っていなかったとしても，通常想定しているであろうリターン，すなわち，株主の期待リターンを意味します。株主資本コスト（株式期待リターン）は，以下のような計算式によって算定します。

$$E(r_i) = r_f + \beta \cdot (r_m - r_f)$$

r_m：マーケット（TOPIXなど）のリターン

r_f：安全利子率（国債金利）

β：ベータ（マーケットリターンと対象銘柄の相関）

ここでの，r_mは市場全体の期待リターンですが，短期的なものではなく，長期的な期待リターンを意味します。株式評価は継続企業（ゴーイング・コンサーン）が前提となるため，長期的にどれくらい儲かるか（長期の期待リターン）を考慮する必要があるからです。

r_mを単体で求めることもありますが，「エクイティ・リスク・プレミアム」と呼ばれる「$r_m - r_f$」に相当する部分を算出している会社があるので，その「エクイティ・リスク・プレミアム」を利用する場合もあります（Ibbotson社の「エクイティ・リスク・プレミアム」など）。この式が何を意味しているかというと，**市場全体のリターンと比較した場合，対象会社の株主が，どれだけリターンを要求しているか**ということです。

r_fはリスクフリーレートなので，「$r_m - r_f$」は株式市場に投資している投資家全員が要求しているスプレッドの平均値を意味します。

βは，**市場全体が儲かっている時に，投資している株主がどれだけ反応するか**という指標です。たとえば，「株式市場全体（たとえば，TOPIX）が10％上昇したら，X社の株価も８％上昇するはずだ（相関係数が0.8）」といったイメージの指標です。たとえば，TOPIXに対して$\beta = 0.8$のA社株式があるとします。TOPIXが100から150に＋50％上昇した場合，この銘柄はTOPIXの値動きの80％影響を受けるので，**図表８－11**のように，＋40％（＋50％×0.8）上昇します。

【図表８－11：β＝0.8のA社株式の値動き】

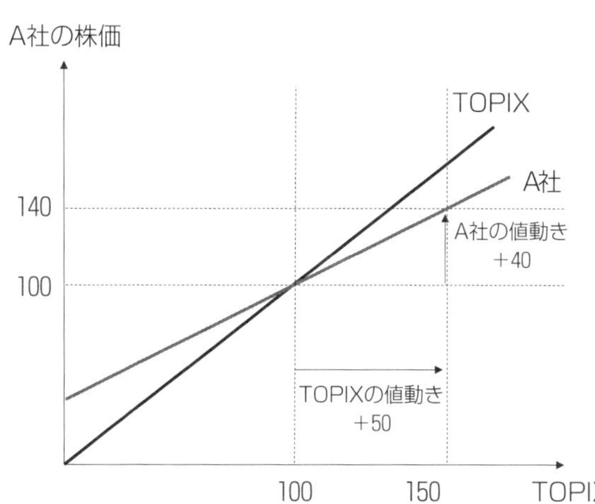

逆に，TOPIXが100から△50%下落し，50になった場合は，Ａ社株は80%の影響を受けるので，Ａ社の株価は100から△40%（△50%×0.8）下落して，60になります（**図表８－12**）。

【図表８－12：β＝0.8のＡ社株式の値動き】

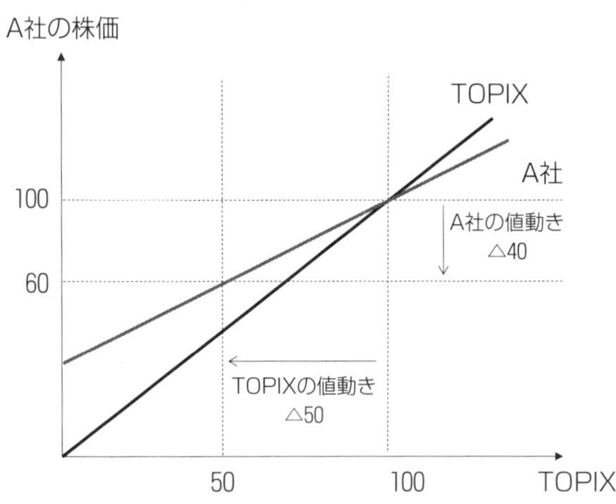

ベータが高いと，株式市場の影響をダイレクトに受けますが，景気循環に影響を受けにくいディフェンシブ銘柄は，株価への影響が比較的少ないため，ベータが低くなります。

ここで，リスクフリーレートが１%，市場全体のリターンが10%，βが0.8だったとすると，株主資本コストは以下のように計算します。

株主資本コスト＝１%＋0.8×(10%－１%)＝8.2%

この関係を一般化したものが，**図表８－13**です。βは**エクイティ・リスク・プレミアム**（$r_m - r_f$）**に対する傾き**で，リスクフリーレートが切片になっています。

v）ベータについて

株主資本コストを算定する際のパラメータとして，r_fは外部から取得できますが，β（ベータ）は市場リターンの変動に応じてどれだけ変動するかを算定

【図表８－13：株主資本コストの概念】

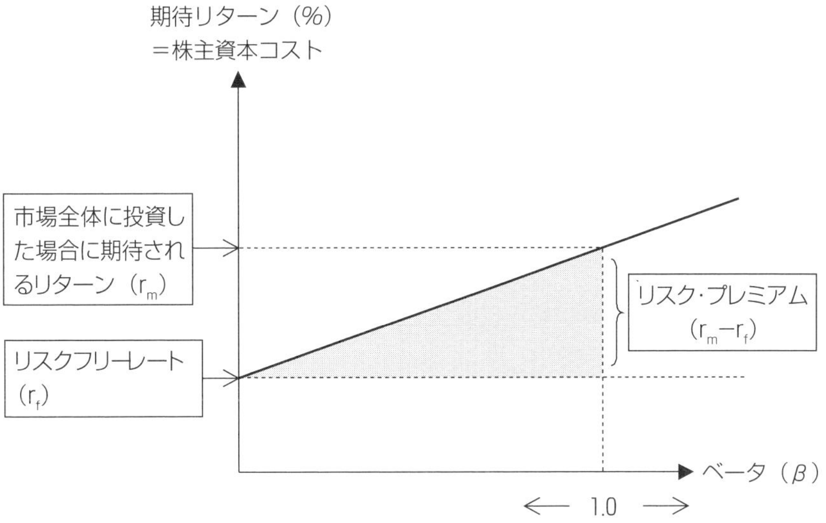

しなければなりません。

先ほども述べましたが，βは，**市場全体が儲かっているときに，投資している株主がどれだけ反応するか**という指標です。β（ベータ）は，マーケット動向によって対象株式がどれだけ変化するかを示すもので，計算式で示すと，以下のようになります。

$$r_i - r_f = \alpha + \beta_i \cdot (r_m - r_f) + e_i$$

r_i：対象銘柄のリターン

r_m：マーケット（TOPIXなど）のリターン

r_f：安全利子率

α, β：変数

e_i：誤差項

上式のβは最小二乗法等によって求めますが，ニュートン法による近似を行うと以下の推測式が導かれます。

$$\beta_i = \frac{Cov(r_i, r_m)}{Var(r_m)}$$

日本の場合は，通常はTOPIXと対象銘柄の相関を求めます。

数式ではわかりにくいのですが，**図表8－14**のように，TOPIXとソニーの株式のβをBloombergから算定した場合，算定された傾き1.193がソニー株式のβです。

【図表8－14：ソニーのβ（週次2年間）】

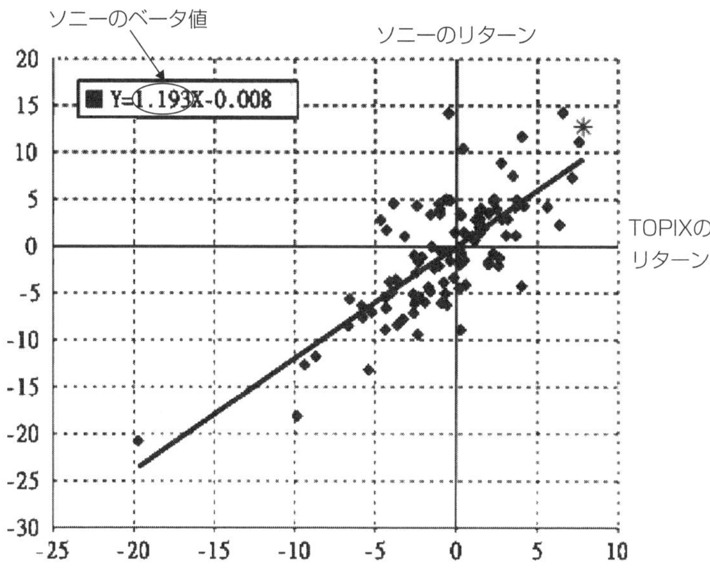

出所：Bloomberg

ベータを算定する際には，期間5年間の月次のヒストリカル・ベータや期間2年の週次のヒストリカル・ベータが用いられることが多いようですが，ベータを用いる際は，以下のような事項に留意しなければなりません。

- 比較するインデックスは，なるべく銘柄数の多いものを使う
- 将来の株式市場の動向による変化を最も表しているものを利用する

1点目は，日本の場合はTOPIXが通常利用されますので，特に問題ありません。

2点目については，極端な言い方をすれば，過去の数値から算出したβを用いる必要はなく，現在から将来を予想できる人がいれば，その人がβを決定してくれれば良いというわけです。ただし，実務的にそのようなβを利用している人がいるかどうかはわかりません。

なお，短期的な回帰式によるベータは極端な値になる可能性がありますので，必要に応じて回帰式によって求められたβに以下のように調整を加える場合もあります。この考え方は，ベータは将来的には市場平均である1に収束していくだろうという理論に基づいています。

修正β＝回帰式によるβ×0.67＋0.33

図表8－14でいえば，未修正ベータと修正ベータは，

修正β＝未修正ベータ×0.67＋0.33＝1.193×0.67＋0.33＝1.12931≒1.129

です。

また，上式で算定したβは負債を含むβ_l（レバード・ベータ）です。負債の影響を除外して株式のみに関するβ_{ul}（アンレバード・ベータ）を算定したい場合は，β_lから下記の計算式でβ_{ul}を算定します。

$\beta_l = \beta_{ul} + \beta_{ul}$×負債の割合×$(1-t)$

t：実効税率

ちなみに，株式評価を行う会社が上場企業ではない場合は，**類似上場企業のベータを用いて，対象会社のベータを推測**します。類似上場企業に投資している株主と，対象会社の株主とは，**大体同じような感覚で投資しているだろう**と考えているからです。

vi）　エクイティ・リスク・プレミアムとは

エクイティ・リスク・プレミアムは，投資家が期待する超過リターン（スプレッド）です。マーケット全体の投資家がリスクフリーレートと比較して，投資家がどれだけの超過リターンを求めているかという観点から算定されている数値です。前述の算定式でいえば，「$r_m - r_f$」に相当するものですが，市場全体

【図表8－15：Ibbotsonのエクイティ・リスク・プレミアムの概要】

測定開始年	1952年1月
株式市場リターン	配当込みTOPIX
長期リスクフリーレート	10年近傍インカムリターン

のリターンから投資家の期待リターンを算定します。

たとえば，Ibbotsonが算定しているエクイティ・リスク・プレミアムは，**図表8－15**のような前提で算定されています。

株式への投資は，通常長期間保有することが前提として考えられていますので，ベータで算定した2年や5年といった短い期間ではなく，長期間の数値を用いて算定します。Ibbotsonのデータは，測定開始年が日本の高度成長期の前からになっているのですが，今後の日本において過去のような高度成長期が発生するかというと，難しいと思います。このため，高度成長期を外した期間で長期エクイティ・リスク・プレミアムとするケースも多いのです。

筆者の経験上，株価評価において利用される長期エクイティ・リスク・プレミアムを5％前後とするケースが多いと思いますが，市場全体の投資家の期待リターンは約5％程度ということができます。

vii）　負債コストとは

負債コストは，リスクフリーレートにスプレッドを加算して求めます。デット・ファイナンスの価格評価の際に触れた割引率と同じです。企業の借入金利が適正であると判断できるのであれば，借入金利を使用するケースも多いと思います。

viii）　WACCの算定

はじめに説明した「資本コスト」は，正式には「加重平均資本コスト：WACC（Weighted Average Capital Cost）」といいます。算定した「株主資本コスト」と「負債コスト」を利用して，以下の計算式でWACC（ワック）を算定します。

$$WACC=\frac{D}{D+E}\cdot r_d\cdot(1-t)+\frac{E}{D+E}\cdot r_e$$

D：有利子負債

E：株主資本

r_d：負債コスト

r_e：株主資本コスト

t：実効税率

負債コストに対しては，（1－実効税率）を乗じて計算します。これは，負債コスト（≒支払利息）は資本コスト（≒配当）とは異なり，税金の節税効果があるためです。理由は第７章２．「借り手の税務面のインパクト」（133頁）で説明したとおりです。

DCF法で使用するキャッシュ・フローは，税引後のキャッシュ・フローなので，支払利息（負債コスト）は法人税等の金額を引き下げる効果を有しており，株主へのリターン（株主資本コスト）を計算する際には，この節税効果を考慮する必要があります。

WACCは，株主資本（時価）と有利子負債の加重平均で計算しますが，それらの比率は，理論的には将来的な最適資本構成になるべきです。ここで，現在の資本構成が最適ではないと考えると，将来的な資本構成を適正に見積ることができるかが問題になります。

たとえば，株主資本：有利子負債＝50：50，株主資本コスト５％，負債コスト２％，実効税率30％であったとすると，

$$WACC=\frac{50}{50+50}\cdot 2\%\cdot(1-30\%)+\frac{50}{50+50}\cdot 5\%=3.2\%$$

となります。

ix）DCF法での価格算定

DCF法で算定する際には，ある一定期間までのフリー・キャッシュ・フロー（FCF）を事業計画から作成し，それ以降の年度のFCFは「継続価値」として継続的なFCFの現在価値を用います。

たとえば，下式のように５年程度の事業計画を基に，５年間のFCFを算定し，その後は継続価値を加算することによって，算定します。ここで，割引の乗数を「年数－0.5」として計算していますが，これは，FCFが会計期間の真ん中で発生するとして計算しているためです（FCFが期末に発生するとして計算する方法もあります）。

$$\text{事業価値}=\frac{\text{1年目の}FCF}{(1+\text{割引率})^{0.5}}+\frac{\text{2年目の}FCF}{(1+\text{割引率})^{1.5}}+\cdots+\frac{\text{5年目の}FCF}{(1+\text{割引率})^{4.5}}+\text{継続価値}$$

継続価値は，事業計画最終年度のFCFが今後成長するかどうかを判断して決定するものですが，仮に成長率がゼロだとすると以下のように計算します。

$$\text{継続価値}=\frac{\text{6年目の}FCF}{(1+\text{割引率})^{5.5}}+\frac{\text{7年目の}FCF}{(1+\text{割引率})^{6.5}}+\cdots=\frac{\text{5年目の}NOPLAT}{\text{割引率}}\times\frac{1}{(1+\text{割引率})^{4.5}}$$

ここで，継続価値を算定するにあたっては，通常，以下のような事項を前提にします。

・継続年度の減価償却費と設備投資（CAPEX）は同額にする

・継続成長率はゼロとし，運転資金も増減しない

ある年度で見た場合は，CAPEXによるキャッシュ・アウトはインパクトがありますし，非現金支出費用である減価償却はキャッシュ・フローとしてプラスする必要があります。企業が成長するにあたっては設備投資を行いますが，その設備投資は数年～数十年にわたって減価償却費として費用化されます。

長い目で見ればCAPEXと減価償却の金額の合計額は同額になるはずで，継続価値を算定するにあたっては，CAPEXと減価償却の金額は同額であるとします。

継続成長率（「サスティナブル成長率」ともいいます）を設定する場合は，継続年度のFCFの現在価値を算定する際の割引率の分母が，WACCではなく「WACC－継続成長率」となり，より大きくなります。ただし，延々と継続成長する企業は世の中にはなく，ある時点までの事業計画による収益が継続するとみなし，継続成長率はゼロとする場合がほとんどです。

また，基本的に収益変動はないと考えるため，運転資金の増減も無視します。

$$\text{継続価値}(TV) = \frac{\text{予想}NOPLAT}{WACC - g}$$

g：継続成長率

すなわち，継続価値を計算するうえでは，NOPAT（またはNOPLAT）からFCFまでの調整項目を無視して，NOPAT（またはNOPLAT）をキャッシュ・フローと見做します。

〈事例８－１〉

目黒セラミックは，浜松町電子への買収に向けた検討を進めています。浜松町電子の事業計画は**図表８－16**，直近のB/Sは**図表８－17**です。
浜松町電子の株主資本コスト５％，負債コスト２％，実効税率30%，自己資本比率30%（株主資本：有利子負債＝30:70）であるとすると，浜松町電子の株式価値総額をDCF法で計算しなさい。

【図表８－16：浜松町電子の事業計画】

（単位：百万円）

	X1年度	X2年度	X3年度	X4年度	X5年度	
売上	2,000	2,100	2,200	2,300	2,400	
売上原価	1,000	1,050	1,100	1,150	1,200	
売上総利益	1,000	1,050	1,100	1,150	1,200	
販管費（人件費）	700	735	770	805	840	
販管費（減価償却費）	200	210	220	230	240	④
営業利益	100	105	110	115	120	①
支払利息	30	32	33	35	36	
経常利益	70	74	77	81	84	
税引前当期利益	70	74	77	81	84	
法人税等	21	22	23	24	25	
税引後当期利益	49	51	54	56	59	
運転資金増加	100	100	100	100	100	⑤
CAPEX	100	100	100	100	100	⑦

【図表8－17：浜松町電子の貸借対照表（X0年度）】

現金預金	200	買掛金	200
売掛金	400	短期借入金	500
棚卸資産	400	長期借入金	1,000
固定資産	1,500	純資産	800

まず，株主資本コスト5％，負債コスト2％，実効税率30%，自己資本比率30%からWACCを計算します。

$$WACC = 5\% \times 30\% + 2\% \times 70\% \times (1-30\%) = 2.48\%$$

次に，浜松町電子の事業計画から将来キャッシュ・フローを算定し，割引現在価値として事業価値（EV）を算定します。計算の結果は，**図表8－18**となりました。

【図表8－18：浜松町電子の将来キャッシュ・フロー及び事業価値】

	X1年度	X2年度	X3年度	X4年度	X5年度	
営業利益	100	105	110	115	120	①
法人税等	30	32	33	35	36	②＝①×30%
NOPLAT	70	74	77	81	84	③＝①－②
減価償却費	200	210	220	230	240	④
運転資金増加額	100	100	100	100	100	⑤
営業CF	170	184	197	211	224	⑥＝③＋④－⑤
CAPEX	100	100	100	100	100	⑦
FCF	70	84	97	111	124	⑧＝⑥－⑦
割引率	2.48%	2.48%	2.48%	2.48%	2.48%	⑨
投資年数	1	2	3	4	5	⑩
DF（現在価値係数）	0.9878	0.9639	0.9406	0.9178	0.8956	⑪＝1÷(1＋⑨)$^{(⑩-0.5)}$
DCF	69	80	91	101	111	⑫＝⑧×⑪
継続価値					3,034	⑬＝③÷⑨×⑪

事業価値（EV）	3,487

⑫＋⑬の合計

ここで，浜松町電子の事業計画は5年間ですが，計画終了時（5年度時点）における継続価値（X0年度への割引前）は以下のように計算します。

継続価値（計画終了時）＝NOPAT÷WACC＝84百万円÷2.48％＝3,387百万円

これを，X0年度の割引現在価値に計算します。

継続価値（X0年度時点）＝3,387百万円×0.8956＝3,034百万円

株式価値＝事業価値＋非事業性資産－有利子負債

なので，浜松町電子の株式価値総額は以下のように計算されました。

非事業性資産＝現金預金＝200百万円

有利子負債＝短期借入金＋長期借入金＝1,500百万円

株式価値＝3,487百万円＋200百万円－1,500百万円＝2,187百万円

(2) マーケットアプローチ

マーケットアプローチの主な算定方法には，上場会社に使用される市場株価法と非上場会社に使用される倍率法があります。

【図表8－19：マーケットアプローチの種類】

評価方法	内　　容
市場株価法	上場企業の市場株価を使い評価する方法
倍率法（マルチプル法）	公開されている同業他社の株価と，1株当たり簿価純資産，純利益，経常利益，営業利益（EBIT），利息・税金および償却前営業利益（EBITDA），売上高等の倍率とを比較することにより算定する方法

i）市場株価法

市場株価法は上場企業の市場株価（以下，「市場株価」を単に「株価」とも表記します）を使い評価する方法です。上場企業の株価は，多数の投資家がそれぞれ自由に売買を行う市場において価格が形成されており，公平な株式価値となっていると考えられています。

市場株価法として一般的に用いられている方法は，株価の終値の平均値です。

Ａ社株式について，10月１日から５日の５日間の株価が**図表８－20**のように推移したとします。この時，５日間の終値の単純平均は，104.4円/株となり，この単純平均値を市場株価法の株価として利用します。

【図表８－20：Ａ社の５日間の市場株価推移】

日付	終値（円/株）
10月１日	105
10月２日	103
10月３日	100
10月４日	104
10月５日	110
平均	104.4

実際に市場株価法として採用する場合は，１カ月間，３カ月間などある程度の期間の平均値を利用します。終値の単純平均値は，計算が非常にシンプルなのが特徴です。

市場の終値が取引価格を正確に反映していない場合には，VWAPが利用されるケースもあります。

VWAPは，Volume Weighted Average Priceの略で，**出来高加重平均株価**です。株価の終値は最終取引価格のみが反映されるため，実際にどれくらいの価格で売買できるか判断するには適していません。VWAPは，市場の売買実績を基にした平均価格であるため，どれくらいの価格で売却できるかを判断するのに適しています。

どのようにVWAPを計算しているかということについて，少し説明します。

図表８－21のように，９時から15時までに取引が３回成立し，出来高のほとんどが９時に行われた105円での取引だったとすると，終値の99円からは差が生じてしまいます。市場株価法として終値を利用すると，市場取引を正確に表していません。

このようなケースは，市場での売買価格を反映したほうが，株式価値としては適切です。株価を出来高で加重平均してVWAPを算定するには，

$$VWAP=\frac{\sum 株価\times 出来高}{\sum 出来高}=\frac{105\times 10000+102\times 200+99\times 400}{10000+200+400}=104.72円$$

として計算します。

【図表8－21：VWAPの計算サンプル】

時　間	価格（円） A	出来高（株） B	売買代金（円） C＝A×B
9:00	105	10,000	1,050,000
9:30	102	200	20,400
15:00	99	400	39,600
合計		D 10,600	E 1,110,000
VWAP			104.72

E÷D

ⅱ）倍率法（マルチプル法）

倍率法（マルチプル法）は，さまざまな観点から株式価値を算定できる利点を有するため，株式評価の際には，頻繁に用いられている方法です。公開されている同業他社の株価と，1株当たり簿価純資産，純利益，経常利益，営業利益（EBIT），償却前営業利益（EBITDA），売上高等の倍率とを比較することにより対象会社の株式価値算定をします。この算定方法を，倍率法のうち，類似公開会社法，類似会社比準法，類似会社比較法などといいます。呼び方は違いますが，同じ算定方法のことを意味しています。

本書では「類似会社比較法」という表現で説明します。

なお，各種倍率は類似会社の単純平均値とすると最高値と最低値が異常値であった場合に，影響を受けるので，**最大値・最低値を除いたうえでの平均値や，各社の倍率の中央値を使用して算定**することが行われます。

ここでは，いくつかの類似公開会社法の計算方法を紹介します。実務で最も用いられる方法はEBITDA倍率です。

■ 売上高倍率法，EBIT倍率法（イービット），EBITDA倍率法（イービッダー）

算定対象会社の売上高（EBIT，EBITDA）にその倍率を掛けて算定対象会社の事業価値（EV）を求め，そこから算定対象会社の少数株主持分と有利子負債および非事業性資産を減加算して株式価値を算出する方法です。

【計算式】

株式価値総額＝A×B－C－D＋E

A＝算定対象会社の売上高（EBIT，EBITDA）

B＝類似会社の売上高倍率（EBIT倍率法，EBITDA倍率法）

＝（類似会社時価総額＋少数株主持分＋有利子負債－非事業性資産）

÷類似会社売上高（EBIT，EBITDA）

C＝算定対象会社の少数株主持分

D＝算定対象会社の有利子負債

E＝算定対象会社の非事業性資産

ここで倍率を算定する際に利用する売上，利益などの財務数値は，実績値と予想値の2種類があり，実績値を基に計算した倍率を「ヒストリカル・マルチプル」，予想値を基に計算した倍率を「フォワード・マルチプル」という場合があります。通常は実績値を利用します。

計算に用いる類似上場会社の倍率と対象会社の数値は整合しないといけないので，たとえば，類似上場会社の倍率をフォワード・マルチプルとする場合は，対象会社の数値も予想値を利用します。

なお，1株当たり株式価値を算定する際には，上記の株式価値総額を発行済株式数で除して（割り算して）計算します。この際，自己株式は株主持分ではないため，発行済株式総数から自己株式を控除した株式総数を使用して計算を行います。

■ 当期純利益倍率法（PER，ピーイーアール），純資産倍率（PBR，ピービーアール）

PER法（PBR法）は，類似上場会社の時価総額と当期純利益（純資産）の倍率を算定し，算定対象会社の当期純利益にその倍率を掛けて株式価値を算出する方法です。

これらは，一般的な情報提供サイトで開示している指標なので，なじみがあると思います。

【計算式】

株式価値総額＝A×B

A＝算定対象会社の当期純利益（純資産）

B＝類似会社の当期純利益倍率（純資産）

　＝類似会社時価総額÷類似会社当期純利益（純資産）

■ 類似上場会社の選定

倍率法は，類似上場会社の倍率から対象会社の株式価値を推定する方法なので，算定の際に類似上場企業を選定します。

類似業種を選定する際には，対象会社と事業内容が類似していることが必要です。

また，あまりに企業規模が違うと比較対象としては適切ではないため，企業規模が対象会社とある程度近いものを選定する必要があります。

仮に，同業であると判断した類似上場企業が**図表8－22**のように6社あったとします。うち1社は赤字ですが，倍率法で算定する場合は，赤字の会社はEBITDA倍率やPER倍率などで異常値が算出されてしまうため，除外します。

【図表8－22：類似上場企業の業績】

#	社名	売上高 A	営業利益 B	EBITDA C	当期利益 D	純資産 E
1	A社	12,500	1,900	6,500	1,000	9,000
2	B社	7,300	500	1,000	400	4,500
3	C社	44,300	1,700	4,700	1,000	16,000
4	D社	11,200	400	1,000	300	5,000
5	E社	42,500	3,000	6,000	800	23,000
6	F社	11,000	－200	－50	－500	2,500

赤字のため除外

赤字会社（F社）を除外して類似上場企業（A～E社）の時価総額，非事業性資産，有利子負債，少数株主持分を調整して倍率を算定すると，**図表8－23**のようになりました。

事業価値（EV）を基準にしたEBITDA倍率は中央値で6.0倍，PBRの中央値は0.6と計算されました。

【図表 8 －23：赤字会社を除外した類似上場企業の一覧】

#	社名	時価総額 F	非事業性資産 G	有利子負債 H	少数株主持分 I	事業価値（EV） K=F−G+H+I	EV/EBITDA K/C	PBR F/E	PER F/D
1	A社	9,000	2,500	50,000	0	56,500	8.7	1.0	9.0
2	B社	2,500	2,500	6,000	0	6,000	6.0	0.6	6.3
3	C社	5,500	7,000	20,000	2,500	21,000	4.5	0.3	5.5
4	D社	4,500	1,500	5,000	200	8,200	8.2	0.9	15.0
5	E社	9,000	1,400	8,000	0	15,600	2.6	0.4	11.3

	EV/EBITDA	PBR	PER
平均値	6.0	0.6	9.4
中央値	6.0	0.6	9.0
最大	8.7	1.0	15.0
最小	2.6	0.3	5.5

■ 事例による解説

〈事例 8 － 2〉

目黒セラミックの浜松町電子の買収は，買収価格の交渉に入りました。目黒セラミックは，浜松町電子の創業者が保有している発行済株式総数の80%の株式を，1,500百万円で購入する提案をしようとしています。目黒セラミックの志村社長から虎ノ門銀行の加藤さんに，投資から 5 年で浜松町電子の株式価値がどのように変化するかについて質問がありました。

浜松町電子の事業計画における財務数値が**図表 8 －24**である場合，浜松町電子の今後 5 年間の株式価値を倍率法（EBITDA倍率，PER倍率，PBR倍率）で用いて計算しなさい。

なお，浜松町電子の類似上場企業から計算した予想倍率（フォワード・マルチプル）は，EV/EBITDA倍率＝10倍，PER＝25倍，PBR＝ 3 倍とします。

【図表8－24：浜松町電子の事業計画における財務数値】

（単位：百万円）

	X1年度	X2年度	X3年度	X4年度	X5年度	
売上	2,000	2,100	2,200	2,300	2,400	
売上原価	1,000	1,050	1,100	1,150	1,200	
売上総利益	1,000	1,050	1,100	1,150	1,200	
販管費（人件費）	700	735	770	805	840	
販管費（減価償却費）	200	210	220	230	240	
営業利益	100	105	110	115	120	A
支払利息	42	39	36	33	30	
経常利益	58	61	64	67	70	
税引前当期利益	58	61	64	67	70	
法人税等	21	22	23	24	25	
純利益	37	51	54	56	59	B

償却費	200	210	220	230	240	C
EBITDA（営業利益＋償却費）	300	315	330	345	360	D＝A＋C

現金預金	200	245	306	383	477	E
借入金	1,400	1,300	1,200	1,100	1,000	F
純資産額	837	888	942	999	1,058	G

各年度の事業計画の数値をもとに，類似上場会社の予想倍率（フォワード・マルチプル）を用いて浜松町電子の理論株価を計算します。事業計画5年間の財務数値を用いて，EV/EBITDA倍率＝10倍，PER＝25倍，PBR＝3倍として株式価値総額，投資利回り（IRR）を計算したのが**図表8－25**です。

【図表8－25：倍率法による株式価値の算定】

（単位：百万円）

〈EBITDA倍率による株式価値の算定〉

	X1年度	X2年度	X3年度	X4年度	X5年度	
EV＝EBITDA×10	3,000	3,150	3,300	3,450	3,600	H＝D×10
株価総額	1,800	2,095	2,406	2,733	3,077	I＝H＋E－F
目黒セラミック持分(80%)	1,440	1,676	1,924	2,186	2,462	J＝I×80%
投資金額	1,500	1,500	1,500	1,500	1,500	K
投資年数	1	2	3	4	5	L
利回り（IRR）	－4%	6%	9%	10%	10%	$M=\left(\frac{J}{K}\right)^{\frac{1}{L}}-1$

〈PERによる株式価値の算定〉

	X1年度	X2年度	X3年度	X4年度	X5年度	
株価総額＝純利益×25	925	1,286	1,348	1,409	1,470	N＝B×25
目黒セラミック持分(80%)	740	1,029	1,078	1,127	1,176	O＝N×80%
投資金額	1,500	1,500	1,500	1,500	1,500	K
投資年数	1	2	3	4	5	L
利回り（IRR）	－51%	－17%	－10%	－7%	－5%	$P=\left(\frac{O}{K}\right)^{\frac{1}{L}}-1$

〈PBRによる株式価値の算定〉

	X1年度	X2年度	X3年度	X4年度	X5年度	
株価総額＝純資産×3	2,511	2,665	2,827	2,996	3,173	Q＝G×3
目黒セラミック持分(80%)	2,009	2,132	2,262	2,397	2,538	R＝Q×80%
投資金額	1,500	1,500	1,500	1,500	1,500	K
投資年数	1	2	3	4	5	L
利回り（IRR）	34%	19%	15%	12%	11%	$S=\left(\frac{R}{K}\right)^{\frac{1}{L}}-1$

目黒セラミックの投資価額1,500百万円に対して5年後の株式価値がEBITDA倍率では2,462百万円（IRR：10%），PBRでは2,538百万円（IRR：11%）となりました。PERで計算した5年後の株式価値は1,176百万円なので，利回りはマイナスと計算されました。

倍率法（類似会社比較法）は類似上場企業の財務数値をもとに計算した株式

価値なので，類似上場企業と対象会社と財務内容が異なっている場合は，計算される数値に差が生じます。

本件ではEBITDA倍率とPBRで算定した株式価値は近い水準ですが，PERで計算した株式価値だけ低くなっています。極端に高い値や低い値が出た場合には，何か原因があるはずなので，その数値を利用するかどうかを含めて検討する必要があります。

(3) コストアプローチ

コストアプローチは企業の純資産の価値を算定評価する方法であり，簿価純資産額法と時価純資産額法があります。

なお,「ネットアセットアプローチ」という言い方をする場合もありますが,本書では「コストアプローチ」と記載しています。

【図表８－26：コストアプローチの種類】

評価方法	内　容
簿価純資産額法	貸借対照表上の純資産額をもって株式価値とする方法
時価純資産額法	会社の資産・負債について，時価評価による修正を反映させて，時価ベースの純資産価値を算出し，それを株式価値とする方法

コストアプローチは，会社の清算価値を意味していますので，企業が将来において獲得するキャッシュフローによる価値は反映されていません。

また，会社の帳簿価額が適正なのかという議論もあります。無形固定資産に本当に価値があるのか，保有している不動産に帳簿価額の価値があるのかなど,疑えばキリがありません。コストアプローチで導かれるのが正しい株式価値なのかはともかく，株式価値としての，１つの判断基準と考えてください。

ｉ）簿価純資産額法

簿価純資産額法とは，B/Sの純資産額をそのまま株式価値として利用するため，特別な計算方法は不要です。具体的には，B/Sの純資産額から株式価値を算定しますので，**図表8－27**の場合は，株式価値総額は3億円です。

【図表8－27：簿価純資産額法による株価評価】

（単位：百万円）

現金預金	200	買掛金	200
売掛金	400	短期借入金	600
商品	400	長期借入金	1,000
建物	1,000	純資産	300
土地	100		

簿価純資産額法による株式価値

ii）時価純資産額法

会社を清算した場合には清算所得（未課税部分）に法人税等が課税され，また，評価損益のある資産を譲渡すれば当該譲渡損益に対し，法人税等が課税されます。そのため時価純資産額法では時価評価損益について法人税等相当額を調整する場合があります（法人税等相当額を考慮しない場合もあります）。

【計算方法】

基準となった貸借対照表をベースに以下の各資産・負債を時価評価し，評価損益に課税される法人税等相当額を控除した最終的な純資産価額を株式価値とします。

株式価値総額＝帳簿上の純資産額±時価算定資産項目の評価損益×(1－法定実効税率)

〈事例8－3〉

図表8－27の企業において，時価が下記であった場合，時価純資産額法による株式価値総額がいくらになるかを算定しなさい。
- 建物（時価）：1,200百万円
- 土地（時価）：500百万円
- 実効税率：30%

まず，時価評価損益について法人税等相当額を調整しない方法で，時価純資産額によって株式価値を算定します。

【図表８－28：時価純資産額法による評価】

（単位：百万円）

	簿価	調整額	時価		簿価	調整額	時価
現金預金	200		200	買掛金	200		200
売掛金	400		400	短期借入金	600		600
商品	400		400	長期借入金	1,000		1,000
建物	1,000	200	1,200	純資産	300	600	900
土地	100	400	500				
資産計	2,100	600	2,700	負債・資本計	2,100	600	2,700

土地と建物の時価評価によって600百万円の評価益が発生しており，純資産額が900百万円に増加（300百万円＋600百万円）しています。時価純資産額で算定した株式価値総額は，下記のようになります。

時価純資産額による株式価値総額＝900百万円

次に，時価評価損益について法人税等相当額を調整する方法で，１株当たり純資産額から株式価値を算定します。

【図表８－29：時価純資産額法による評価】

（単位：百万円）

	簿価	調整額	時価		簿価	調整額	時価
現金預金	200		200	買掛金	200		200
売掛金	400		400	短期借入金	600		600
商品	400		400	長期借入金	1,000		1,000
建物	1,000	200	1,200	未払法人税等	0	180	180
土地	100	400	500	純資産	300	420	720
資産計	2,100	600	2,700	負債・資本計	2,100	600	2,700

土地と建物の時価評価によって600百万円の評価益が発生していますが，売却等によって実現すると，含み益に対する課税180百万円（含み益×実効税率＝600百万円×30%）が発生します。

法人税等相当額を調整した場合の純資産額の増加は，420百万円（600百万円－180百万円）となります。この法人税等相当額調整後の時価純資産額から，株式価値総額を算定すると，下記のようになります。

時価純資産額による株式価値総額＝720百万円

⑷　株式評価手法の特徴と留意点

ここまで株式評価手法について解説を行いました。実際にこれらの方法を利用するにあたって，留意しなければならない事項がいくつか存在します。ここでは，それぞれの株式評価手法の特徴と留意点について解説を行います。

ⅰ）どの株式評価手法を採用するかは状況によって異なる

ここまでで，3種類の株式評価手法（インカムアプローチ，マーケットアプローチ，コストアプローチ）の説明を行ってきましたが，すべての評価手法を等しく利用するかというと，そうではありません。

上場会社の場合は市場の株価があるため，株式価値は株価を参考にして決定します。ただし，上場会社の株価は業種や事業内容によって大きく差が生じることになり，伝統的な産業の株価は高くなりません。実際に安定して毎期利益を計上している会社であっても，業種によってはPBRが1倍未満というケースも多いのです。逆に，会社によっては，純資産の何百倍という株価（時価総額）がついている会社もあります。

このように，上場会社として市場で株式が取引されると，純資産を基準にして株式価値が決定されるということがなくなります。

一方，非上場会社の場合，主に3種類の株式評価の方法を用いて株式価値を算定します。このうち，コストアプローチ（ネットアセットアプローチ）と言われる方法は，純資産額を基に算定される株式価値ですが，純資産額は清算価値を意味しているため，PBRが1倍未満の株価が付くということは，非上場会社の場合はほぼありません。

すなわち，非上場会社の場合は，純資産額が株式価値の下限（または参考）とされ，純資産額よりも高い株式価値が付く（PBRが１倍以上になる）ため，上場会社のようにPBRが１倍未満になるという状況は発生しません。

上場会社と非上場会社を比較した場合，株価が割安（たとえば，PBRが１倍未満）な上場会社は，非公開化して非上場会社になったほうが株式価値が高まるという状況が発生します。

たとえば，上場企業Ａ社があり，各評価手法における株式価値が**図表８－30**のように算定されたとします。Ａ社の場合は，純資産額法で計算した株式価値（300）が最も高くなっており，市場株価100の３倍です。Ａ社に対してTOBを実施する場合，他の株主に対して，プレミアムを支払う必要があると考えますが，市場株価の３倍の１株当たり純資産額でTOBを行うかというと，そういうことはありません。DCF法で計算した価格が市場株価に対して20%のプレミアムを加味した120であるならば，120でTOBを実施するというようなケースが多いのです。すなわち，上場企業の場合は，市場株価が存在しますので，純資産額法はある意味無視しています。

【図表８－30：上場企業Ａ社の株式価値評価】

評価手法	株式価値
市場株価法	100
DCF法	120
類似会社比較法	100
純資産額法	300

DCF法を採用 → 採用された価格：120

一方，Ａ社が非上場企業の場合は，必ずというほど純資産額法による株式価値を参考にします。**図表８－31**のように，DCF法，類似会社比較法，純資産額法の株式価値が算定される場合，（絶対という訳ではありませんが）純資産額法による株式価値300を基準として売買価格が決定されます。純資産額法は清算価値としての意味合いもありますので，収益価格が低くても，純資産額が高ければ，それが採用されることもあります。

【図表８－31：非上場企業Ａ社の株価評価】

評価手法	株式価値
DCF法	120
類似会社比較法	100
純資産額法	300

純資産額法を採用

採用された価格

300

買い手があまりに純資産額による評価が高すぎると言ってきた場合，交渉によって，**図表８－32**のように３手法による評価額の平均値とするかもしれません。ただ，この場合も，市場株価を基準にして株式価値が決定される訳ではないため，上場企業の評価額（図表８－30）と比べると高くなっています。

【図表８－32：非上場企業Ａ社の株価評価】

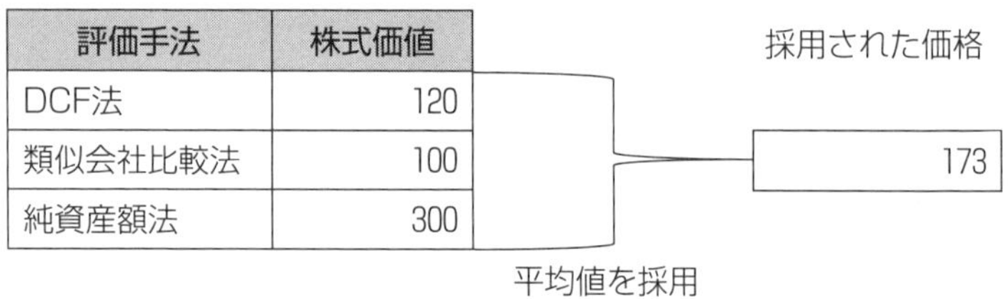

評価手法	株式価値
DCF法	120
類似会社比較法	100
純資産額法	300

このように，どの株式評価手法を採用するかは，状況によって異なり，必ずしも３種類の株式評価手法を等しく採用するという訳ではないのです。

ⅱ）DCF法の特徴を理解する

株式評価において，企業の純収益から株式価値を算定するDCF法は，最も重要視される評価手法といっても過言ではありません。ただし，DCF法は，評価前提によって算定される価格が大きく影響を受けます。ここでは，DCF法の特徴的な事項について説明します。

■ 継続価値の価格形成ウェイト

さきほど，DCF法による計算方法を説明しましたが，事業価値（EV）を計算する際のFCFの割引現在価値（DCF）のほとんどが継続価値から発生していました。

一般的な事例として継続年度から発生するキャッシュ・フローの価値がどのようなものかを計算してみます。

〈事例８－４〉

A社は毎年キャッシュ・フロー（FCF）100百万円が発生しています。WACCが３％の場合，DCF法で５年間計算する場合の事業価値（EV）の発生割合を計算しなさい。

まず，１年～５年に発生するフリー・キャッシュ・フロー（FCF），継続価値（FCF÷WACC）について，現在価値係数（DF）を使用して割り戻した割引後キャッシュ・フロー（DCF）を示したものが**図表８－33**です。

【図表８－33：DCF法によるEVの算定】

（単位：百万円）

年数	1	2	3	4	5	継続価値	計
FCF	100	100	100	100	100	3,333	3,833
DF	0.971	0.943	0.915	0.888	0.863	0.863	
DCF	97	94	92	89	86	2,875	3,333
割合	2.9%	2.8%	2.7%	2.7%	2.6%	86.3%	100.0%

割引後キャッシュ・フロー（DCF）を可視的に比較しやすいようにグラフにしたものが**図表８－34**です。

１年～５年間に発生した割引後キャッシュ・フロー（DCF）の割合は13.7%，継続価値の割合は86.3%と，ほとんどが継続価値から発生しています。

ちなみに，WACCを横軸にとり，継続価値がEVに占める割合を縦軸に表示したものが，**図表８－35**です。WACCが１％の場合，継続価値はEVの95.1%を占め，WACCが10%の場合，継続価値はEVの62.1%を占めています。すなわち，WACCが低いほど継続価値がEVに占める割合が高くなり，WACCが高いほど継続価値がEVに占める割合低くなります。

DCF法においては，WACCが低いと，事業計画における数年間のFCFは株式

【図表8－34：DCF法で算定したEVの内訳（単位：百万円）】

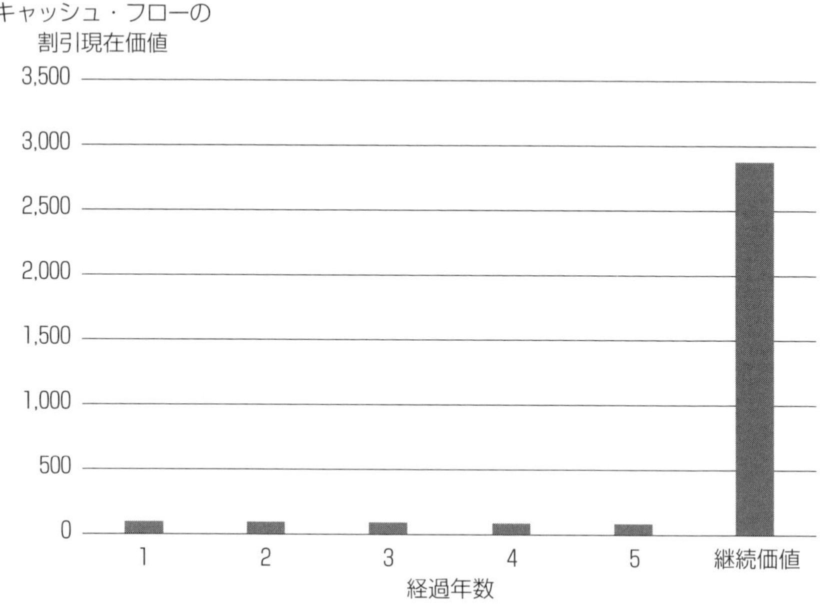

【図表8－35：WACCとEVを構成する継続価値の割合】

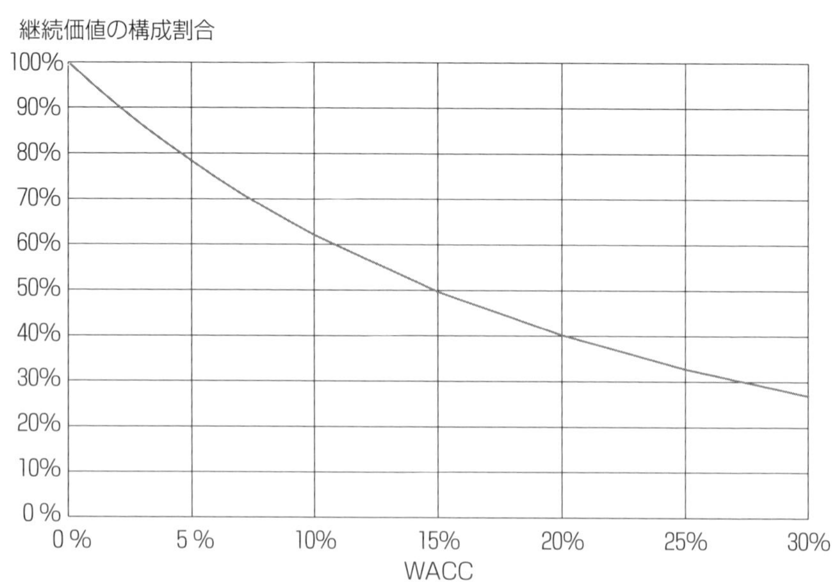

価値にはほとんど影響がなく，ほとんどは継続価値で決定されていると言っても過言ではありません。

すなわち，継続価値が前提としている利益水準が実現可能なものであるか否かに留意する必要があります。

■ WACCが株式価値に与えるインパクト

DCF法は，キャッシュ・フローの割引現在価値を算定する方法なので，割引率（WACC）が低ければ株式価値は高くなり，WACCが高ければ株式価値は安くなります。債権評価における割引率とは比較にならないくらい，WACCは価格にインパクトがあります。

具体的にどれくらいの影響があるかを計算してみます。

〈事例8－5〉

A社は毎年キャッシュ・フロー（FCF）100百万円が発生しています。DCF法に用いるWACCが1％，3％，5％，7％，10％それぞれのケースで，事業価値（EV）を計算しなさい。

このケースでは，FCFが一定なので，EVは直接還元法によって，EV＝FCF÷WACCで計算できます。WACCを1％，3％，5％，7％，10％と変化させた場合，算定されるEVは**図表8－36**です。

【図表8－36：WACCとEVの関係（一部抜粋）】

WACC	EV(百万円)
1％	10,000
3％	3,333
5％	2,000
7％	1,429
10％	1,000

事例のWACCのみでなく，WACCを1％から30％まで変化させた際のEVの変化を示したものが**図表8－37**です。WACCがEVに及ぼす影響が大きく，

WACC%が１%の場合はEVが10,000百万円なのに対して，WACCが10%の場合はEVが1,000百万円です。

【図表８－37：WACCとEVの関係】

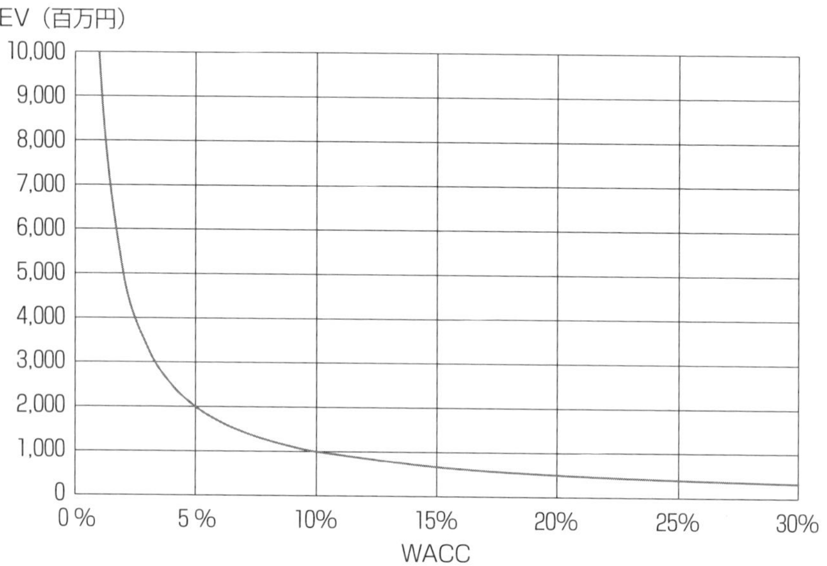

WACCは，株主資本コストと負債コストの加重平均として算定すると説明しましたが，計算過程の中には，リスクフリーレートやベータ（β）などさまざまな要素が含まれています。リスクフリーレートが１%上昇すれば，株主資本コストや負債コストは１%上昇するはずで，WACCも約１%の上昇が生じます（負債コストの節税効果分がありますので，正確には１%よりも低い上昇となる）。

DCF法において採用しているWACCが小さければ小さいほど，金利上昇時のインパクトは大きく，このケースの場合，WACCが３%から５%に上昇するとEVは△40%（(2,000百万円－3,333百万円）÷3,333百万円）下落します。

株式価値評価額は，あくまで算定している時点での時価であり，会社のFCFが同じであったとしても，将来的に同じ価値価格になる訳ではありません。相場変動によってWACCが変化し，価格が変動するリスクがあることをあらかじめ認識しておくべきです。

■ 成長率の意味を理解する

継続価値を算定する際に，成長率を通常は加味せずにゼロにすると記載しました。

継続成長率を設定する場合は，継続年度のFCFの現在価値を算定する際の割引率の分母が，WACCではなく「WACC－継続成長率」となり，より大きくなります。

$$継続価値(TV)=\frac{予想FCF}{WACC-g}$$

g：継続成長率

〈事例８－６〉

A社はキャッシュ・フロー（FCF）100百万円が発生しています。成長率が１％の場合，10年後，20年後，30年後の売上高とFCFを計算しなさい。
キャッシュ・フロー売上比率（≒利益率）は20%とします。

まず，利益率が20%なので，A社の売上高は500百万円（100百万円÷20%）です。

$$10年後の売上高=500\times(1+1\%)^{10}=552百万円$$

というように計算すると，A社の10年後，20年後，30年後の売上高とFCFは図表８－38のように計算されます。

【図表８－38：成長率１％の場合の売上高，FCFの推移】

年数	売上高（百万円）	FCF(百万円)
10年	552	110
20年	610	122
30年	674	135

成長率１％として，売上高とFCF を１年～100年までグラフ化したのが**図表８－39**です。成長率１％のケースで70年後に売上高，FCFが約２倍になるので，あながち不可能な数値ではなさそうです。

【図表８－39：Ａ社の売上高，FCFの推移】

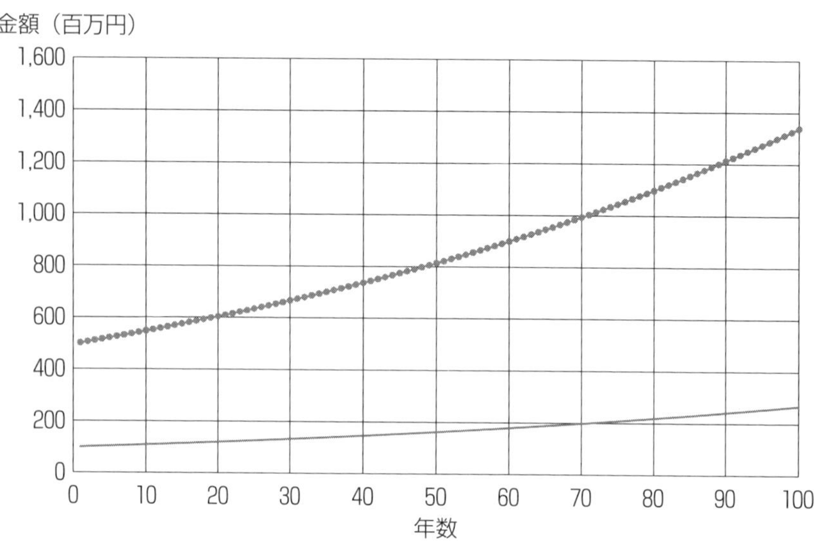

成長率は，継続価値の計算の際に使用しますが，成長率１％がWACC３％のＡ社のEVにどれくらい影響を与えるかというと，**図表８－40**に示したように割引前キャッシュ・フロー（FCF）の継続価値に大きな影響を与えます。

EVの金額ではどれくらい差があるかというと，**図表８－41**のように，成長率１％の場合は1,438百万円増加（増加率：＋43.1％）しており，計算結果は無視できないくらい差が発生します。

70年後に売上高が２倍というのであれば，全くでたらめな数値でもなさそうです。ただし，永久還元で継続価値を算定するため，成長率は継続価値に大きなインパクトを与えることになり，結果として，株式価値に大きな影響を与えることになるのです。

【図表8－40：成長率0％と1％のFCFの比較】

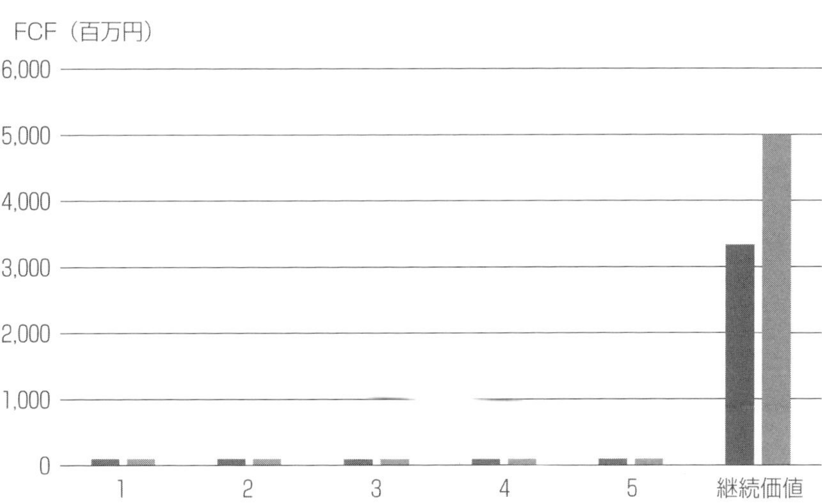

【図表8－41：成長率0％と1％の場合のEVの比較】

成長率0％ A	成長率1％ B	増加額 B－A	増加率 (B－A)/A
3,333百万円	4,771百万円	1,438百万円	43.1%

ⅲ）非流動性ディスカウントとコントロール・プレミアム

株式価値評価について記載してきましたが，それぞれの評価方法は，ある一定の仮定をおいて計算を行っています。

その仮定に含まれるものとして，非流動性ディスカウントとコントロール・プレミアムがあります。実務で利用されるケースは限定的ですが，株式価値評価の前提を理解するうえで参加となるため，ここで説明します。

■ 非流動性ディスカウント（非公開ディスカウント）

前述の3つの評価方法での株式価値評価額は，原則として即時処分できると仮定して算定されています。このため，**処分性に問題がある場合（非上場企業**

の場合など）は，処分性（流動性）に関するディスカウントを行うことによって，株式価値を算定する必要が発生します。

■ コントロール・プレミアム

前述の3つの評価方法での株式価値評価額は，①会社の意思決定を自由に行えることを前提とした支配権を保有していることを前提にしているものと，②会社の支配権を有していない少数株主としての評価を行っている場合とがあります。

インカムアプローチやコストアプローチは，**事業計画を自ら実行できることを前提にしている場合（インカムアプローチ）や会社の保有資産を処分できることを前提にしている場合（コストアプローチ）**ですので，①支配権を有していることを前提に評価されているケースです。

これに対して，マーケットアプローチは，**支配権に影響を及ぼさない株数を市場で取引する際の価格を基に算出**されますので，②支配権を有していないことを前提に評価されているケースです。

■ インカムアプローチ，コストアプローチの補正

インカムアプローチで算定した株式価値は，事業計画通りに事業を遂行できる支配権を有しており自由に株式の売却が可能な状態（上場株式）であることを前提としています。また，コストアプローチで算出した株式価値は，会社を清算することができる支配権を有していることを前提としています。

支配権がなく，流動性がない株式を求める場合を例にとると，支配権によるプレミアム（コントロール・プレミアム）を30%とし，流動性によるディスカウントを30%とした場合，**図表8－42**のように株式価値を算定します。

■ マーケットアプローチの補正

マーケットアプローチで算定した株式価値は，流動性を有しているものの支配権がない状態を前提としています。

支配権があり，流動性がない株式の評価を行う場合を例にとると，支配権によるプレミアム（コントロール・プレミアム）を30%とし，流動性によるディ

スカウントを30%とした場合，**図表８－43**のようにして株式価値を算定します。

【図表８－42：マイノリティ・ディスカウントと非流動性ディスカウント】

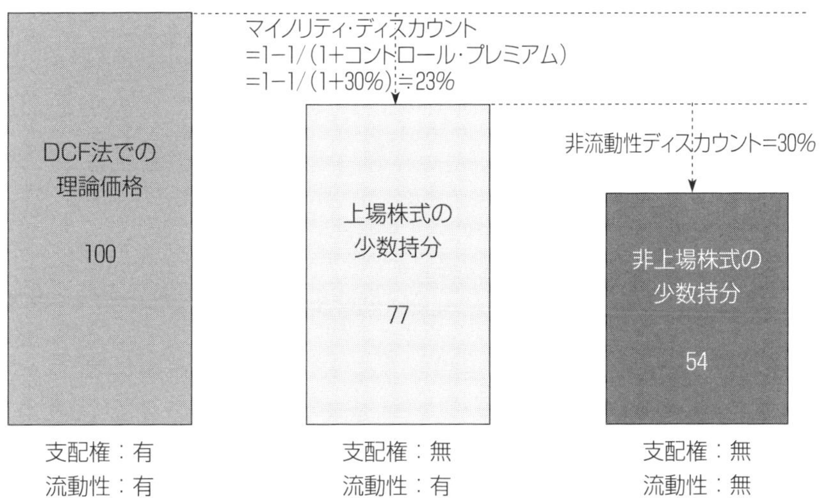

【図表８－43：マイノリティ・ディスカウントと非流動性ディスカウント】

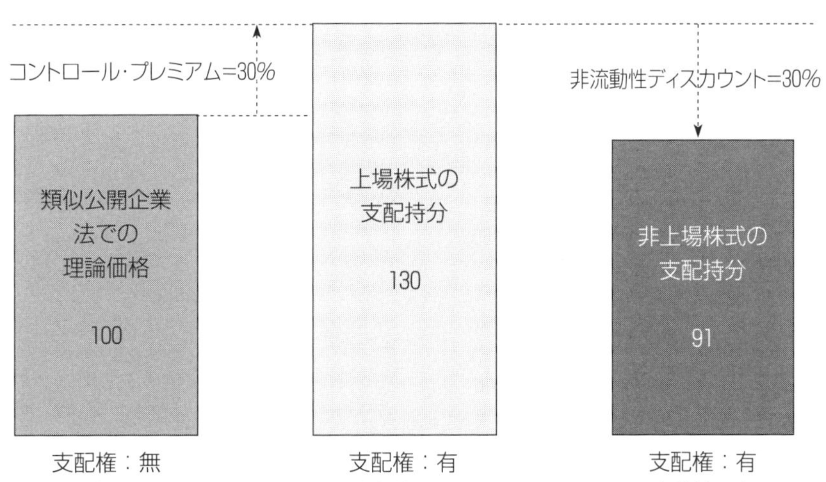

◉— 新株予約権の評価

新株予約権の評価に用いられる方法（評価モデル）は，主に，ブラック＝ショールズ・モデル（BSモデル），格子モデル，シミュレーション・モデルの3種類です。ここでは，3種類の評価方法の概要を解説します。本書での説明は紙面の都合上，概要を把握するレベルにとどめているので，より詳細な説明や計算方法，テンプレートを利用して理解をしたい方は，姉妹書の『金融マンのためのエクイティ・ファイナンス講座』をご覧ください。

(1)　ブラック＝ショールズ・モデル

ブラック＝ショールズ・モデル（BSモデル）はヨーロピアン・オプション（満期時にしか権利行使をすることができないオプション取引）を評価するモデルです。このため，元々はアメリカン・オプション（いつでも権利行使することができるオプション取引）を評価することは想定していません。

ただし，後に説明する格子モデル等においても，アメリカン・オプションの価値を算定する際には，満期まで権利行使せずに保有する前提をおいて評価したほうが，オプション価値が高くなるため，特殊な条件が付与されていない場合，ブラック＝ショールズ・モデルで算定した結果と格子モデルで算定した結果は一致します。

BSモデルは，ヨーロピアン・オプションを評価する際に用いられる評価モデルで，確率微分方程式を仮定することで定式化し，オプション価値を算出するものです。コール・オプションを例に採ると，オプション価値は下式で算定されます。

$$c = S_0 e^{-qT} N(d_1) - K e^{-rT} N(d_2)$$

$$d_1 = \frac{\ln\left(\frac{S_0}{K}\right) + \left(r - q + \frac{\sigma^2}{2}\right) T}{\sigma\sqrt{T}}, \quad d_2 = d_1 - \sigma\sqrt{T}$$

c：コール・オプションのプレミアム，$N(d_i)$：標準正規分布の累積密度関数

S_0：評価時の株価，K：権利行使価格

r：リスクフリーレート，T：満期までの期間（年），σ：ボラティリティ，

q：予想配当利回り

BSモデルを導出するまでの計算過程は複雑ですが，計算式自体は比較的単純で，金融電卓やExcelなどでも比較的簡単に計算することができます。具体的に，Excelで計算を行う場合は，どのようにすればいいかを説明します。

まず，下記のような新株予約権をBSモデルで評価を行います。

【計算例】

- 株価：100円（S）
- 行使価格：100円（K）
- 満期までの期間：2年（T）
- リスクフリーレート：1％（r）
- ボラティリティ（年率）：50％（σ）
- 予想配当利回り：2％（q）（年間配当÷株価＝2円÷100円）

まず，d1に関しては，それほど難しい計算式はありませんが，自然対数を求める「LN」関数を使用して計算します。また，√を計算する場合は，関数を利用して「SQRT」で計算するか，「^0.5」として0.5乗（√と同じ）して計算します。

上記の計算式の定義をExcelの数式にすると，d1は

```
=(LN (S/K)+(r-q+σ^2/2)*T)/(σ*SQRT(T))
```

と記載します。具体的な数式は**図表8－44**に記載しています。

次に，d2は計算したd1を使用して下記のように

```
=d1-σ*SQRT(T)
```

と記載します。

次に，N（d1）ですが，標準正規分布の累積分布関数である「NORMSDIST」を利用して，

```
=NORMSDIST(d1)
```

として計算します。N（d2）も同じく，`=NORMSDIST(d2)` で計算します。

コール・オプションの価値cは，計算したN（d1），N（d2）を使用して計算すると，

```
=S*EXP(-q*T)*N(d1)-K*EXP(-r*T)*N(d2)
```

として計算します。

【図表8－44：ExcelによるBSモデルの計算】

	A	B	C	D
1	株価	100		
2	行使価格	100		
3	期間	2		
4	リスクフリーレート	1%		
5	ボラティリティ	50%		
6	配当利回り	2%		
7				計算式
8	d1	0.325269		=(LN(B1/B2)+(B4-B6+B5^2/2)*B3)/(B5*SQRT(B3))
9	d2	-0.38184		=B8-B5*SQRT(B3)
10	N(d1)	0.627511		=NORMSDIST(B8)
11	N(d2)	0.351291		=NORMSDIST(B9)
12	c	25.85714		=B1*EXP(-B6*B3)*B10-B2*EXP(-B4*B3)*B11
13				

この新株予約権（コール・オプション）の価値は，図表8－44から25.86円（小数点第3位以下を四捨五入）と計算できました。

このように，BSモデルはExcelなどを利用すれば，簡単に計算ができます。

(2) 格子モデル

格子モデルとは，二項モデル（バイノミアル・モデル）や三項モデル（トリノミアル・モデル）によってオプション価値を評価するものです。このモデルは，オプションを算定する過程が格子状になっていることから格子モデルといわれています。

格子モデルは，全行使期間を細分化して，その度に権利行使価格と株価を比較してオプションの価値を計算しますので，アメリカン・オプション（いつでも権利行使することができるオプション取引）の評価や，複雑な条件のオプションもモデルに組み込むことによって計算が可能となります。

ブラック＝ショールズ・モデルのように，ヨーロピアン・オプションと仮定しなくても算定することができ，行使価格が一定でない場合にも対応できることから，複雑なオプションの評価に適しています。

格子モデルの代表例である二項モデルの計算式は，以下の通りになります。

【二項モデルの算定式】

$$OV(i)=Max(UL(i)-K,\ (p(i)\times OV(i+1,u)+q(i)\times OV(i+1,d))\times e^{-r(i)\Delta t})$$

$UL(i)$：時点iでの原資産価格（株価）

$OV(i)$：時点iでのオプション価格（$=UL(i)-K$）

$u=e^{\sigma\sqrt{\Delta t}}$：上昇率，$d=e^{-\sigma\sqrt{\Delta t}}$：下落率

$p(i)=\dfrac{e^{(r(i)-D)\Delta t}-d}{u-d}$：上昇確率，$q(i)=1-p(i)$：下落確率

K：行使価格，D：配当率，T：満期までの期間（年数），$Node$：期間分割数

$\Delta t=\dfrac{T}{Node}$：オプション計算の１期間，i：計算時点。経過年数は“$i\times\Delta t$”となる。

$r(i)=\dfrac{\dfrac{DF_i}{DF_{i+1}}-1}{\Delta t}$：インプライド・フォワード・レート

【図表８－45：各期間の株価推移のイメージ】

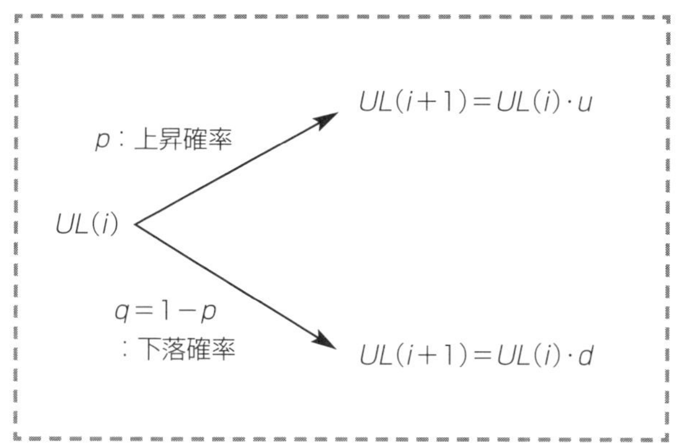

〈格子モデルの算定手順〉

①　株価の作成

もともとの株価が100の場合，株価の上昇率をｕと下落率をｄとすると，以下のようにおくと，株価推移は**図表８－46**のように表わせます。

【図表８－46：二項モデルで作成した株価】

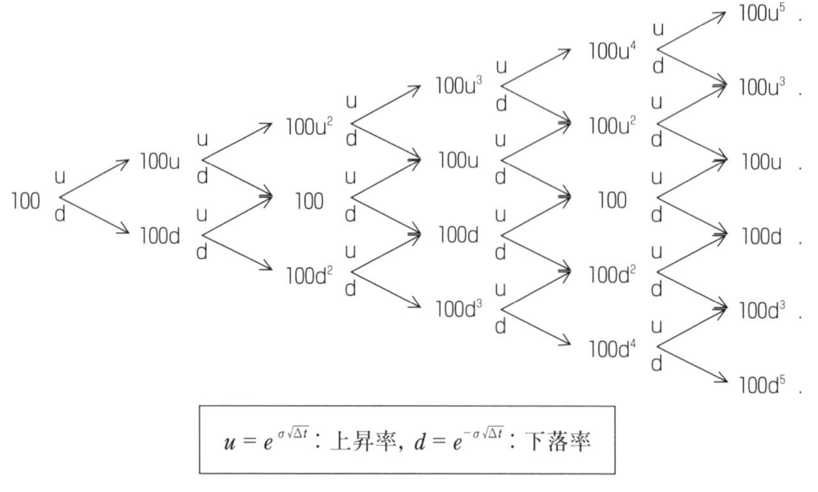

$u = e^{\sigma\sqrt{\Delta t}}$：上昇率，$d = e^{-\sigma\sqrt{\Delta t}}$：下落率

② 各期間の損益の算定

行使価格を100とした場合の株価と行使価格の差は**図表８－47**の通りです。株価が行使価格を下回っている場合は，損失が発生するため権利行使しません。

【図表８－47：株価と権利行使の関係】

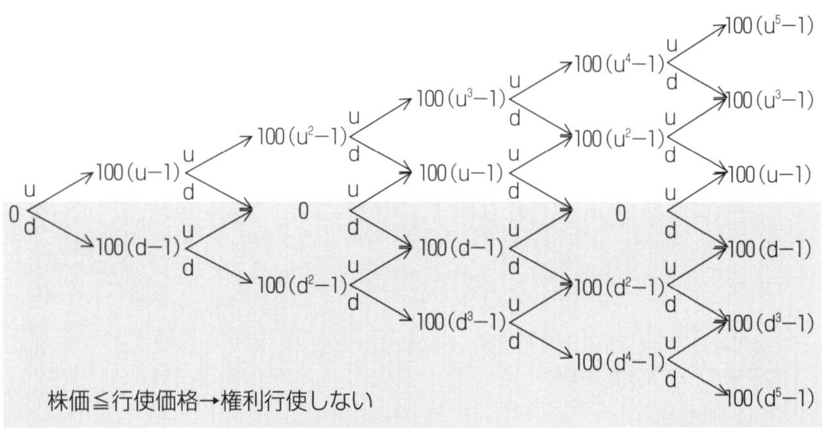

③　各期間のオプション価値の算定

各期間において，以下の２つを比較し，いずれか大きいほうを選択していきます。

- オプションを継続保有することによって得られる利益（期待値）
- オプションを行使して原資産を売却することによって得られる利益

この際，期待値を算定する必要がありますので，**図表８－48**のようにオプション価値の算定は逆向きに（満期から順番に）計算することが必要になります。

この後ろから計算する方法を「バックワードインダクション」といいます。

バックワードインダクションによって，満期から遡って期待値の計算を繰り返した結果が，オプション価値として算定されます。

【図表８－48：各期間のオプション価値決定のイメージ】

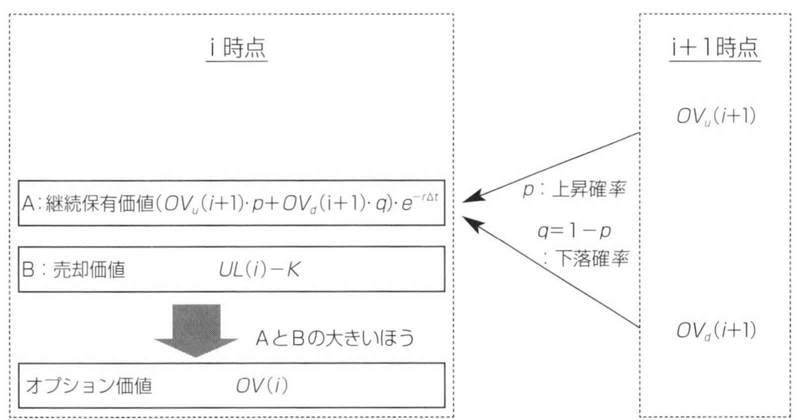

具体的にどのように計算をしていくかについて，例題を使って説明します。

〈例題〉

下記の条件で発行された新株予約権について，二項モデルを使って計算をしてみます。

株価（S）	100円
行使価格（K）	100円
リスクフリーレート（r）	1％
配当率（DV）	0％
ボラティリティ（σ）	50％
期間（T）	0.25年（3カ月）
計算単位（Node）	月（分割数3）

あくまで計算例を示すために，分割数を少なくし，現在から3カ月後まで行使ができる新株予約権を月単位で3回分岐させて計算します。

まず，株価については，上昇率（u）と下落率（d）は前述の計算式を用いてExcelで利用すると，下記のように計算できます。

```
u=EXP(σ*SQRT(Δt))=EXP(0.5*SQRT(0.25/3))= 1.16
```

```
d=EXP(−σ*SQRT(Δt))= EXP(−0.5*SQRT(0.25/3))= 0.87
```

ここでは，小数点以下第3位を四捨五入して表示していますが，実際には上昇率の場合は，「1.155274…」，下落率は「0.86560…」というように，表示単位以下も計算に使用しています。参考にワークシートを示せば，**図表8－49**のようになります。

【図表8－49：Excelを利用した上昇率，下落率の計算】

	A	B	C	D	E
1	株価	100	S		
2	行使価格	100	K		
3	リスクフリーレート	1%	r		
4	配当率	0%	D		
5	ボラティリティ	50%	σ		
6	年数	0.25	T		
7	分割数	3	Node		
8					
9	上昇率（u）	1.155	=EXP(B5*SQRT(B6/B7))		
10	下落率（d）	0.866	=EXP(-B5*SQRT(B6/B7))		

計算した上昇率（u）と下落率（d）を使用して計算時点の株価100円から，1カ月，2カ月後，3カ月の上昇した株価，下落した株価を，**図表8－50**のように算定します。

【図表8－50：二項モデルによる株価の作成】

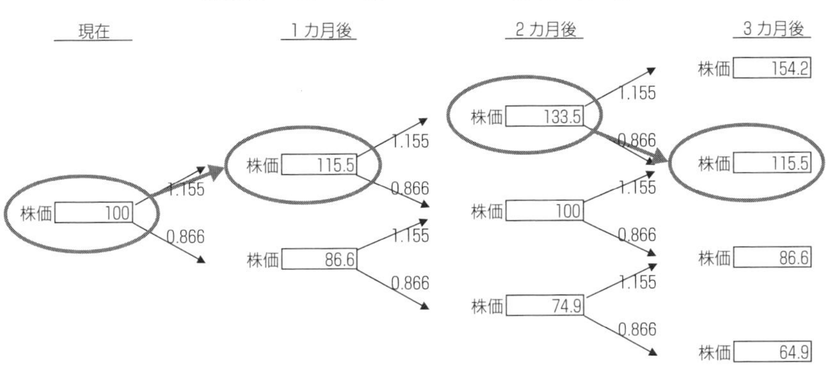

たとえば，1カ月後に上昇する株価は，100円×1.155＝115.5円となり，2カ月後に133.5円の株価が下落すると，133.5円×0.866＝115.5円です。

次に，作成した株価から，行使価格100円で行使した場合の売却価値を算定します。新株予約権は，売却によって利益が出る時のみ行使を行うため，損失が発生する場合は行使をせずに損益はゼロです。下記のように計算します。

売却価値＝MAX(株価－行使価格,0)

計算の結果は，**図表８－51**となります。

【図表８－51：各時点の株価による売却価値】

時点	株価	売却価値
現在	100	0.0
1カ月後	115.5	15.5
1カ月後	86.6	0.0
2カ月後	133.5	33.5
2カ月後	100	0.0
2カ月後	74.9	0.0
3カ月後	154.2	54.2
3カ月後	115.5	15.5
3カ月後	86.6	0.0
3カ月後	64.9	0.0

（上昇：1.155　下落：0.866）

３カ月後の最も上昇した株価は154.2円で（図表８－51の囲っている上の箇所），行使価格100円との差額54.2円が売却価値となります。

売却価値＝MAX(154.2－100,0)＝54.2

３カ月後の最も下落した株価は64.9円で（図表８－51の囲っている下の箇所），行使価格100円で行使すると損失が発生するため売却価値はゼロとなります。

売却価値＝MAX(64.9－100,0)＝0

最後に，バックワードインダクションによって，満期から遡って期待値の計算を行います。

バックワードインダクションでは，１期間前に戻す際に，上昇確率（p）と下落確率（q）を使用して計算を行います。今回の事例では，それぞれ次のように計算します。

p＝(EXP((r－D)*(Δt))－d)/(u－d)
＝(EXP((1%－0%)*(0.25/3))－0.866)/(1.155－0.866)＝ 46.7%

q＝1－p＝1－46.7%＝53.3%

参考までに，Excelで計算したのが**図表８－52**です。

【図表８－52：上昇確率（p）と下落確率（q）の算定】

	A	B	C	D	E	F
1	株価	100	S			
2	行使価格	100	K			
3	リスクフリーレート	1%	r			
4	配当率	0%	D			
5	ボラティリティ	50%	σ			
6	年数	0.25	T			
7	分割数	3	Node			
8						
9	上昇率（u）	1.155	=EXP(B5*SQRT(B6/B7))			
10	下落率（d）	0.866	=EXP(-B5*SQRT(B6/B7))			
11	上昇確率（p）	46.7%	=(EXP((B3-B4)*(B6/B7))-B10)/(B9-B10)			
12	下落確率（q）	53.3%	=1-B11			

二項モデルによる株価推移，計算した上昇確率（p）と下落確率（q）を使用して各時点の売却価値，継続価値を計算すると，**図表８－53**のようになります。

【図表８－53：各時点のオプション価値】

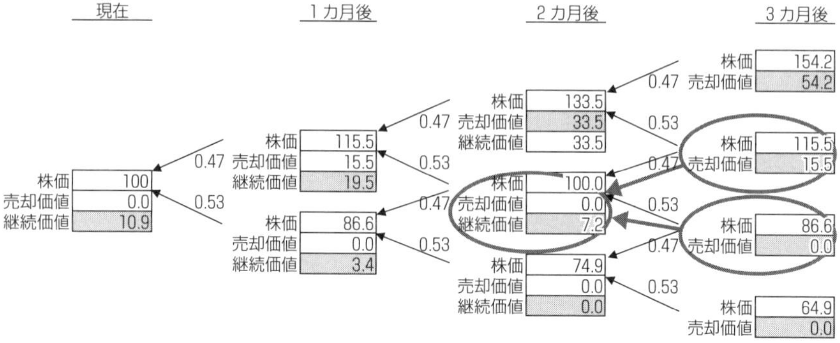

計算を簡単に説明すると，図表８－53で囲った箇所（２カ月後の真ん中の箇所）の計算する場合，まず，株価が100円なので行使価格100円だと，売却価値は０です。

継続保有した場合は，株価が上昇して売却価値が15.5円となるケースと，株価が下落して売却価値が０円のケースがあります。

上昇確率（p）は46.7%，下落確率（q）は53.3%なので，期待値を計算すると，

期待値＝15.5円×46.7%＋0円×53.3%＝7.249…

となります。この期待値は，３カ月後の期待値なので，２カ月後の価値に割り戻すと，

継続価値＝期待値×EXP(－r・Δt)

＝7.249…×EXP(－1%×(0.25/3))＝7.243023848…

と計算できます。オプション価値は，売却価値と継続価値のいずれか高い金額になるため，２カ月後の真ん中の箇所のオプション価値は，

オプション価値＝MAX(売却価値,継続価値)＝MAX（0,7.2)＝7.2円

となります。図表８－53の場合は，色付けをしている価値を採用してバックワードインタクションを最後まで行うと，現在価値は10.9円と計算されました。

(3) シミュレーション・モデル

この方法は，モンテカルロ・シミュレーション等によってオプション価格を算定するものです。シミュレーション・モデル自体は，計算過程において用いられているだけで，利用されている株価推移モデルの前提は，ブラック＝ショールズ・モデル等と同じ前提を置いています。

モンテカルロ・シミュレーションは，複雑な条件が新株予約権に含まれている場合にも，格子モデルよりも楽に計算することができるため，オプション価格評価においては，非常に重宝される計算方法です。

i）モンテカルロ・シミュレーションのオプション評価での利用

唐突ですが，株価の推移は数学的には，ランダム・ウォークといわれるブラウン運動に従うとされています。このブラウン運動の確率分布は正規分布になりますが，この現象を，株価を作成する際に利用するものが，モンテカルロ・シミュレーションです。すなわち，モンテカルロ・シミュレーションは，正規分布を作っています。

標準正規分布をモンテカルロ・シミュレーションで作成する際には，試行回数を増やすことよって（たとえば，100回（図表8－54）から，10,000回（図表8－55）に増やす）標準正規分布に近似させます（**図表8－54，8－55**）。

【図表8－54：モンテカルロ・シミュレーションの分布】

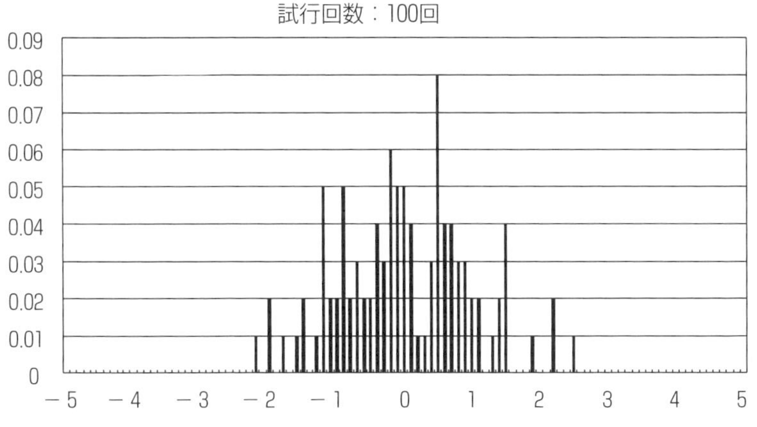

試行回数：100回

【図表8－55：モンテカルロ・シミュレーションの分布】

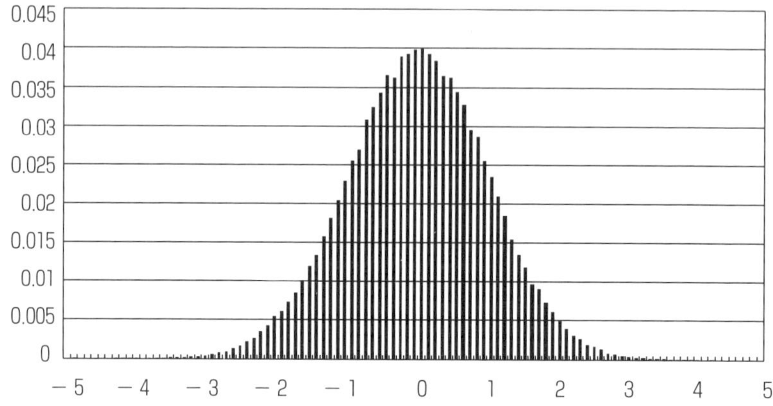

ii）モンテカルロ・シミュレーションにおける計算例

具体的にモンテカルロ・シミュレーションを利用して新株予約権の価格（オプション価値）を計算するかについて，事例を使って解説します。

〈例題〉

下記のような条件で発行された新株予約権について，モンテカルロ・シミュレーションで計算しましょう。

株価（S）	100円
行使価格（K）	100円
リスクフリーレート（r）	1％
配当率（DV）	0％
ボラティリティ（σ）	50%
期間（T）	1年（52週）
計算単位（Node）	週（分割数52）

先ほどモンテカルロ・シミュレーションは，ブラック＝ショールズ・モデル

と同じ前提で計算する手法といいましたが，コンピュータは，連続的な数値の変化を扱うことができないので，連続時間モデルであるブラック＝ショールズ・モデルはそのまま使えず，離散的な表現に書き換える必要があります。

モンテカルロ・シミュレーションは，正規分布に従う乱数を発生させ，正規分布に従って株価の変動を試算していきます。具体的にどのような手順でオプション価値（新株予約権の評価額）を計算しているかを図示したものが，**図表8－56**です。実際に計算する際には，図表８－56に記載したような計算プログラムを作成して計算します。

【図表８－56：モンテカルロ・シミュレーションの計算手順】

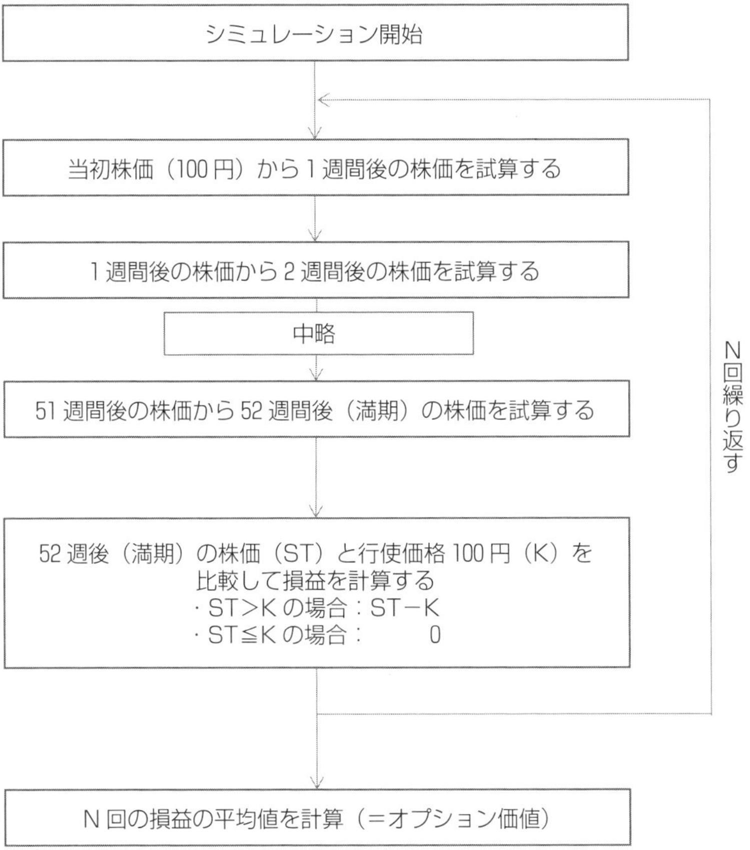

シミュレーション開始

↓

当初株価（100円）から１週間後の株価を試算する

↓

１週間後の株価から２週間後の株価を試算する

中略

↓

51週間後の株価から52週間後（満期）の株価を試算する

↓

52週後（満期）の株価（ST）と行使価格100円（K）を
比較して損益を計算する
・ST＞Kの場合：ST－K
・ST≦Kの場合：　0

（N回繰り返す）

↓

N回の損益の平均値を計算（＝オプション価値）

この事例では，計算単位が週次で１年（52週間）なので，当初株価100円/株を使用して１週目の株価を試算し，計算した１週目の株価を使用して２週目の株価を試算し，計算した２週目の株価を使用して３週目の株価を試算し，……という順番で52週間後の株価を試算します。

この新株予約権は，行使価格が100円/株なので，52週間後の株価が行使価格100円/株を超えていれば予約権を行使して利益が発生し，株価が行使価格100円/株を下回っていれば予約権を行使せずに終了します（その場合，損益はゼロ）。

シミュレーション回数が100回の場合は（図表８－56ではN回としている），この52週間後の損益の計算（損益がプラスまたはゼロ）を100回繰り返します。そして，100回の損益の期待値（平均値）がオプション価値（新株予約権の評価額）となります。

まず，株価の計算については，幾何ブラウン運動の式と離散化の表現を用いると，時点t＋Δtとtの株価の関係式は，以下のように表すことができます。

$$S_{t+\Delta t}=S_t\cdot e^{\left(\left(r-DV-\frac{\sigma^2}{2}\right)\cdot\Delta_t+\sigma\varepsilon\sqrt{\Delta_t}\right)}$$

数式なのでわかりにくいかもしれませんが，１週間後の株価（St）を使って２週間後の株価（St＋Δt）を計算する際の計算式です。

「幾何ブラウン運動」や「正規分布に従って株価の変動を試算……」が何のことかわからない方も多いと思いますので，イメージをつかむために少し説明しましょう。

まず，「標準正規分布」は発生確率を意味しています。オプションの計算には値動きの荒さを表すボラティリティ（σ）を使用しますが，ボラティリティの何倍まで株価が変化するか（発生確率）を表しているのが正規分布です。発生確率に応じたσ区間を示したものが**図表８－57**です。

【図表８－57：発生確率に応じたσ区間】

発生確率	σ区間
5％	−1.64
10%	−1.28
20%	−0.84
30%	−0.52
40%	−0.25
50%	0.00
60%	0.25
70%	0.52
80%	0.84
90%	1.28
95%	1.64

ちなみに，株価が±１標準偏差（σ）の区間に発生する確率は68.2%です。変化しない（0）を起点にして，株価が上昇して+1σまでの間に収まるのが34.1%，株価が下落して−１σまでの間に収まるのが34.1%です。

株価推移の計算式のドリフト項を無視して株価変化を簡略化すると，以下のように表せます。

$$S_{t+\Delta t}=S_t\times(1+\sigma\times\sqrt{\Delta t}\times\text{正規乱数})$$

ここで，すべて年単位で計算するため，σ＝0.5，Δt＝1/52＝0.019230769……，なので，

$$\sigma\times\sqrt{\Delta t}=0.5\times\sqrt{0.019230769\cdots}=0.069337525\cdots\ (\text{約}6.93\%)$$

です。

すなわち，１週間の株価変動における１σ区間＝約6.93%です。

当初株価100円/株が，１週間後に約6.93%下落した93.1円（100×（1－6.93%）），約6.93%上昇した106.9円（100×（1+6.93%））が１σ区間となり，１週間後の株価が93.1～106.9円の間の値となる確率が68.2%です（**図表８－58**）。

【図表８－58：１週間後の株価の発生確率】

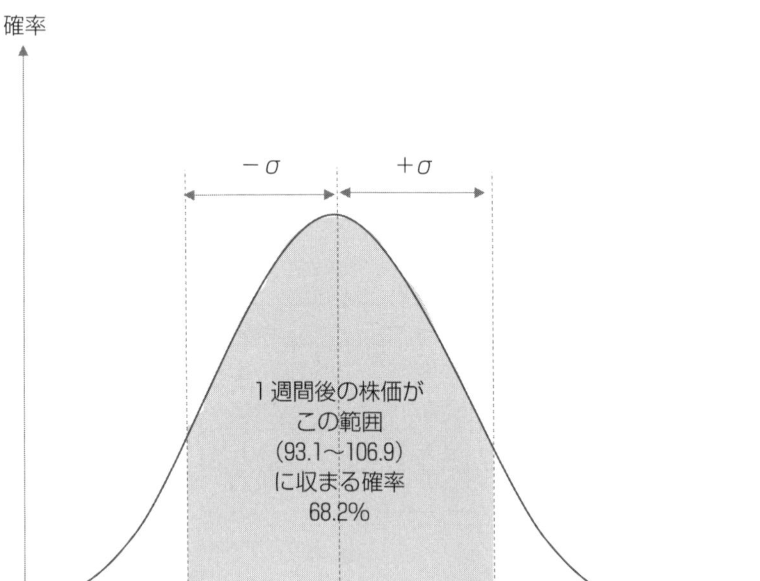

図表８－59は，X回～X＋２回目の試行におけるT週目からT＋１週目における株価変動のイメージを図示したものです。T週目からT＋１週目に株価変動はランダムに発生しますが，株価変動の発生確率が正規分布に従うようにシミュレーションを行います。すなわち，１つの試行ではそれぞれ違った株価変動となっても，全体として正規分布になる株価変動に計算していくのが，モンテカルロ・シミュレーションです。

話を進めると，シミュレーションで作成した株価推移を任意に50件グラフ化したものが**図表８－60**です。行使価格が100円なので，満期時の株価が行使価格を超えている場合はプラスの価値を持ち，行使価格を下回る場合はゼロとなります。

【図表８－59：シミュレーションによる株価変動】

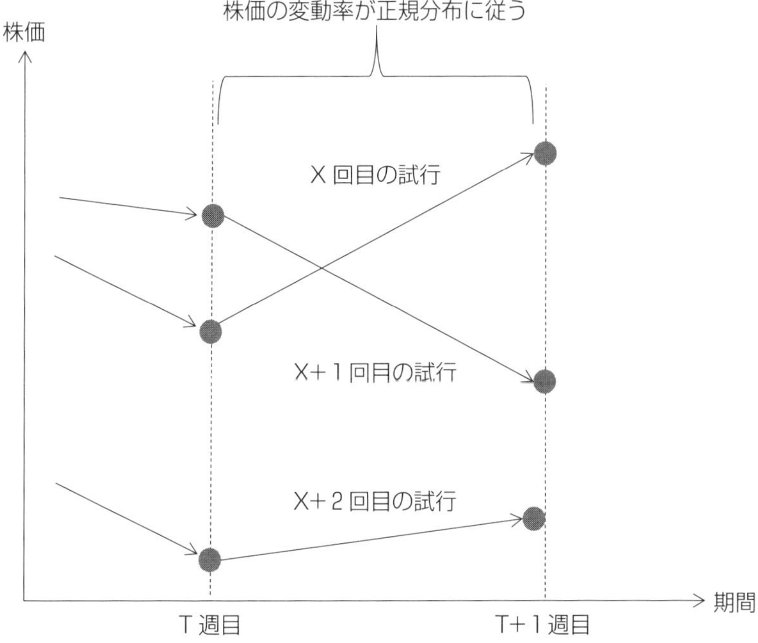

【図表８－60：シミュレーションで作成した株価推移】

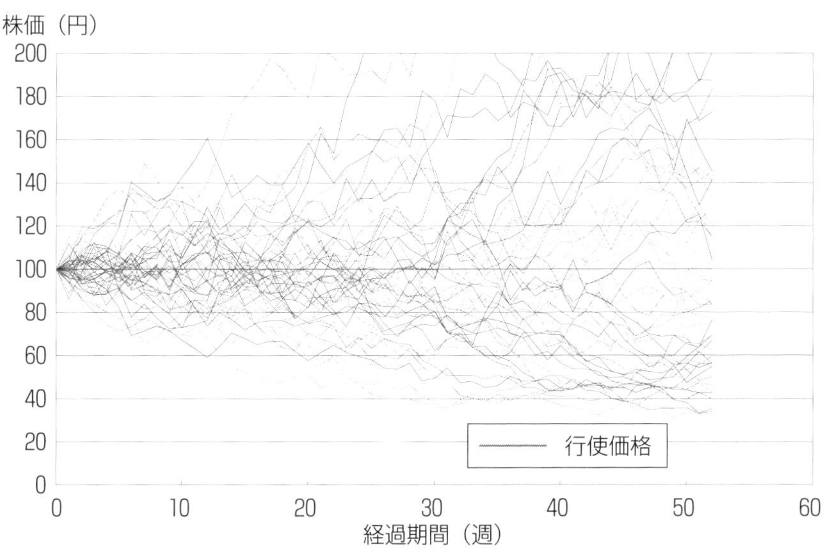

新株予約権をモンテカルロ・シミュレーションで評価し，各シミュレーションによるオプション価値の分布割合を示したものが**図表８－61**です。株価が上昇する確率と下落する確率は，リスクフリーレート（割引率）と配当率による変動（ドリフト）を除けば，概ね50%なので，評価額がゼロとなる試行が最も多く（図表８－61では１円未満の評価額も０円として集計しているため，割合としては50%を超えている），約50%の評価額がプラスの価値を持つことになります（図表８－61）。

【図表８－61：50,000回のモンテカルロ・シミュレーションの分布】

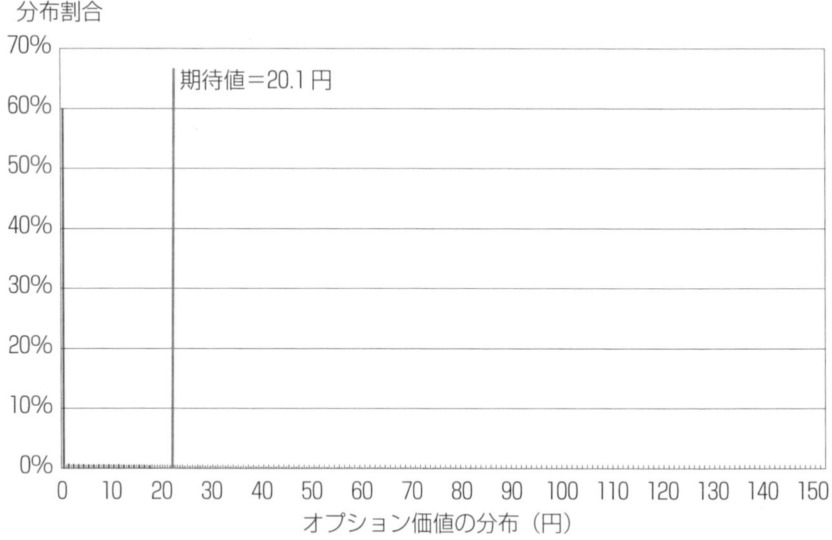

評価額ゼロの分布割合が突出しているため，分布割合の最大値を５%にレンジ変更して表示したグラフが**図表８－62**です。評価額ゼロほどの分布割合はありませんが，100円を超える大きなプラスの評価額の試行も発生しており，このような分布が全体としての評価額（平均値）を押し上げて，新株予約権の評価額20.1円という数値が計算されることになります。

新株予約権の評価額が，想像しているよりも大きくなる場合がありますが，これは，可能性は低くても，大きな利益になる場合があり，その価値を押し上げているのが原因と言えます。

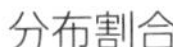

【図表8－62：50,000回のモンテカルロ・シミュレーションの分布（レンジ変更）】

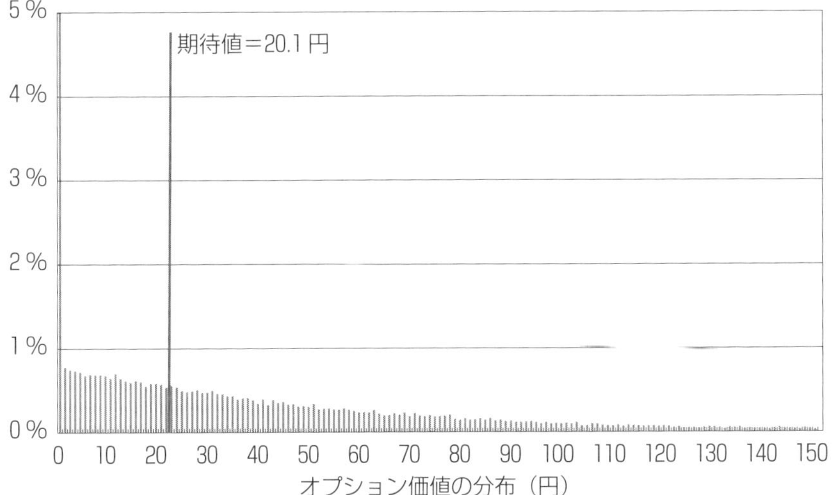

ここまで，モンテカルロ・シミュレーションで新株予約権の評価をどのように行うかについて説明しました。紙面の都合で簡単な説明しかしていないため，細部まで理解したいという人は，姉妹書の『金融マンのためのエクイティ・ファイナンス講座』をご覧ください。

2．発行体（会社）に関する事項

◉— 発行体の会計処理

純資産に関する会計処理は細部まで説明するときりがないため，ここでは，エクイティ・ファイナンスに関連した代表的な取引のみを説明することにします。

貸借対照表の純資産の部は，**図表8－63**のようになっています。まずは，新株発行と新株予約権発行の際の会計処理について，解説します。

【図表8－63：個別財務諸表における，純資産の部】

（純資産の部）
Ⅰ　株主資本
　1　資本金
　2　新株式申込証拠金
　3　資本剰余金
　　(1)　資本準備金
　　(2)　その他資本剰余金
　4　利益剰余金
　　(1)　利益準備金
　　(2)　その他利益剰余金
　5　自己株式
　6　自己株式申込証拠金
Ⅱ　評価・換算差額等
　1　その他有価証券評価差額金
　2　繰延ヘッジ損益
　3　土地再評価差額金
Ⅲ　新株予約権

(1)　株式発行の場合

新株の発行は，

①　株式の申込みおよび資金の払込み

②　株式の発行

という流れになりますが，①株式の申込みおよび資金の払込みが行われた場合は，一旦，「新株式申込証拠金」として計上されます。決算日が払込期間の間にくることはまれなので，決算書にこの勘定科目が表示されることは，まずありません。株式を発行する際には，払込金額を資本金と資本準備金に割り振ります。

払込金額100で，資本金50，資本準備金50として処理した場合は，以下のように会計処理を行います。

（借方）		（貸方）	
現金預金	100	資本金（純資産の部）	50
		資本準備金（純資産の部）	50

株式として払い込まれた金額は，原則として資本金として処理されますが，払込金額の50%までは資本準備金として処理できます。

なお，役職員に対する株式報酬として株式を発行（または自己株式の処分）する場合は，別に会計処理方法の定めがありますが，少し細かいため本書では割愛します。

(2)　新株予約権発行の場合

新株予約権の発行は，誰に対して発行するかによって扱いが異なります。

- 外部投資家に対して新株予約権を発行した場合
- 外部投資家に対して新株予約権付社債を発行した場合
- 従業員等に対してストック・オプションを発行した場合

i）外部投資家に対して新株予約権を発行した場合

この場合は，現金払込額を新株予約権として処理します。

新株予約権の価格が50，行使価格が50の場合，発行時および新株予約権の行使時は，以下のようになります。

【払込時の仕訳】

（借方）		（貸方）	
現金預金	50	新株予約権（純資産の部）	50

【新株予約権を行使した時】

（借方）		（貸方）	
現金預金	50	資本金（純資産の部）	50
新株予約権（純資産の部）	50	資本準備金（純資産の部）	50

※払込金額の50%を資本組入れして処理。

ⅱ）外部投資家に対して新株予約権付社債を発行した場合

この場合は，「払込資本を増加させる可能性のある部分を含む複合金融商品に関する会計処理（企業会計基準適用指針第17号）」に従って会計処理を行いますが，２種類の会計処理方法があります。

①　社債の金額と新株予約権の金額を区分する方法（区分法）

②　社債の金額と新株予約権の金額を区分しない方法（一括法）

通常は②の方法を用いるので，②のケースで説明します。

転換社債型の新株予約権付社債を100で発行したとすると，発行時および新株予約権の行使時の会計処理は，以下のように行います。

【払込時の仕訳】

（借方）　現金預金	100	（貸方）　社債（負債）	100

【新株予約権を行使した時】

（借方）　社債（負債）	100	（貸方）　資本金（純資産の部）	50
		資本準備金（純資産の部）	50

※払込金額の50%を資本組入れして処理。

ⅲ）従業員等に対してストック・オプションを発行した場合

ストック・オプションは，「ストック・オプション等に関する会計処理基準（企業会計基準第８号）」に従って処理する必要があります。

ストック・オプションは会社の役員・従業員に対して発行される新株予約権のことですが，資金力のない新興上場企業やベンチャー企業が，役職員に対するインセンティブとして無償で発行する場合が多くあります。

ストック・オプション会計基準では，ストック・オプションの発行を役職員に対する報酬と考えるので，ストック・オプションの発行は「株式報酬費用」として費用処理します。

税制非適格ストック・オプションを例に説明すると，発行するストック・オプションの価値（公正評価額）が100，行使価額が０，行使が２年後から可能であるとします。

報酬は，**新株予約権の行使開始時点までに費用処理**していくので，1年間に50ずつ費用処理することになります。

【1年目の仕訳】

(借方)	株式報酬費用（販管費）	50	(貸方)	新株予約権（純資産）	50

【2年目の仕訳】

(借方)	株式報酬費用（販管費）	50	(貸方)	新株予約権（純資産）	50

新株予約権を行使した場合は，ⅰ）のケースと特に変わりはありません。

【新株予約権を行使した時】

(借方)	現金預金	0	(貸方)	資本金（純資産）	50
	新株予約権（純資産）	100		資本準備金（純資産）	50

※払込金額の50%を資本組入れして処理。

なお，役職員に対して有償新株予約権を発行する場合，上記とは異なる会計処理が行われることになりますが，少し細かいので本書では説明を省略します。

◉― 発行体の税務面のインパクト

(1) 株式の場合

デット・ファイナンスで説明したことの繰り返しになりますが，株式の場合は，投資家（株主）に対する支払は配当です。配当は税金控除後に支払われるものであるため，**節税メリットは一切ありません**。発行会社のコスト負担は，デット・ファイナンスと比較すると大きくなってしまいます。

節税メリットに関する点は，デット・ファイナンスの説明箇所をご覧下さい。

(2) 新株予約権の場合

エクイティ・ファイナンスとして投資家向けに発行される新株予約権については，株式と同様，節税メリットはありません。役職員向けに発行されるストック・オプションの場合は，税制適格ストック・オプションか税制非適格ストック・オプションかによって，税務上の取扱いが異なってきます。

ここでは，役職員向けのストック・オプションを発行した場合，発行体（会社）でどのような税務処理が行われるかについて説明します。

まず，法人税法では，発行体（会社）のストック・オプションの損金算入時期は，役職員に給与所得が発生した時点とされています。役職員にどのような所得が発生するかについては，後述の「第8章3.(3)　新株予約権の税務処理」で説明していますが，発行体においては，どの時点で役職員に給与所得が発生するかを理解しておく必要があります。

ⅰ）役職員向けストック・オプション（税制非適格）

役職員向けのストック・オプションのうち，税制非適格のストック・オプションについては，新株予約権の行使時に役職員の給与所得等として課税されるため，給与等課税事由が生じた日（行使時）に新株予約権の公正価値を損金算入します（法人税法第54条の2第1項，法人税法施行令第111条の3第3項）。

税制非適格ストック・オプションを取得した役職員と発行会社の課税時期を比較すると，**図表8－64**のようになります。

【図表8－64：税制非適格ストック・オプションの課税時期と所得区分】

時点	役職員	発行会社
発行時	課税なし	損金算入できない
権利行使時	課税あり 給与所得等：株価─行使価格	損金算入できる 損金算入額：発行時の時価
株式譲渡時	課税あり（譲渡所得）	―

ⅱ）役職員向けストック・オプション（税制適格）

法人税法上，個人の所得税に対応して給与所得とすべき場合にのみ損金算入が認められることになりますので，給与所得が生じない税制適格ストック・オプションについては損金算入することができません（法人税法第54条の2第2項）。

税制適格ストック・オプションを取得した役職員と発行会社の課税時期を比較すると，**図表8－65**のようになります。

【図表8－65：税制適格ストック・オプションの課税時期と所得区分】

時点	役職員	発行会社
発行時	課税なし	損金算入できない
権利行使時	課税なし	損金算入できない
株式譲渡時	課税あり（譲渡所得）	―

3．出資者（投資家）に関する事項

◉― 出資者の会計・税務処理

出資者から見た場合，投資対象が会社型か組合型かによって，会計処理・税務処理が異なります。

(1)　会社型の出資

出資者から見た場合，投資対象が会社型の投資であれば，普通株式，優先株式，新株予約権であってもあまり違いがありません。

投資家サイドから見た場合，金融商品に関する会計基準では，有価証券をその保有目的から以下の4種類に分類して会計処理を行います。

たまに誤解している方がいるので念のために説明すると，これらの保有区分はあくまで会計処理を行うためのものであって，勘定科目ではありません。すなわち，会社の決算書に「売買目的有価証券」などという記載があるわけではなく，「売買目的有価証券」は「有価証券（流動資産）」として決算書上は表示され，「満期保有目的の債券」と「その他有価証券」は「投資有価証券（固定資産）」として表示されます。

【図表8－66：有価証券の保有目的による区分】

保有目的区分	定　義
売買目的有価証券	時価の変動により利益を得ることを目的として保有する有価証券
満期保有目的の債券	満期まで所有する意図をもって保有する社債その他の債券
その他有価証券	売買目的有価証券，満期保有目的の債券，子会社株式および関連会社株式以外の有価証券
子会社株式および関連会社株式	子会社株式および関連会社株式

上記の区分に応じて，有価証券の期末評価を以下のように行います。

売買目的有価証券は，期末の時価評価損益を，有価証券評価益・評価損としてP/Lに計上します。

満期保有目的の債券は，デット・ファイナンスの箇所で説明した償却原価法によって期末価額を算定し，差額を受取利息としてP/Lに計上します。

【図表8－67：保有目的区分に応じた有価証券の期末処理】

有価証券の分類	B/S価格	評価差額の処理
売買目的有価証券	時価	当期の損益（P/L計上）
満期保有目的の債券	取得価格または償却原価	償却原価法を実施した場合の差額は，受取利息に含めて処理する（P/L計上）。
その他有価証券	時価 償却原価	洗替方式に基づき，次のいずれかの方法により処理する。 ①　評価差額の合計額を資本の部に計上する。 ②　時価が取得原価を上回る銘柄に係る評価差額は資本の部に計上し，時価が取得原価を下回る銘柄に係る評価差額は当期の損失として処理する。
子会社株式および関連会社株式	取得原価	－

その他有価証券は，期末の時価評価損益をP/Lには計上せずに，B/Sの純資産の部で調整します。

このように，期末評価において，時価と簿価の差額がP/Lに計上されるのは，売買目的有価証券だけで，その他の保有目的区分の有価証券は，原則として，時価評価損益がP/Lに計上されるということはありません。

i）有価証券の減損処理

売買目的有価証券以外は，時価評価損益がP/Lに計上されませんが，時価が簿価と比較して大幅に下落したときは別です。

時価のある有価証券と市場価格のない株式等によって取扱いが異なりますが，有価証券の評価額が大幅に下落したときは，減損処理として，P/Lに評価損を計上しなければなりません。

■ 時価のある有価証券

時価のある有価証券については，金融商品会計基準では，時価が著しく下落した場合，回復する見込みがあると認められる場合を除き減損処理が必要とされています。

具体的には，期末日時点の時価を帳簿価格（簿価）と比較し，**50%以上時価が簿価よりも下落している場合**には，減損処理の対象となります。時価の下落率が－30%未満の場合は「著しく下落した」には該当しないとされているため，30%以上50%未満の下落の場合に減損処理の要否を判断する必要があります。

■ 市場価格のない株式等

金融商品会計基準では，簿価と実質価額を比較し，**50%以上実質価格が簿価よりも下落している場合に減損処理**を行います。よって，期末評価においては，実質価額が簿価の50%を下回っていないかを検討する必要があります。

具体的な判定を図示すると**図表8－68**のようになりますが，投資先のB/S（時価ベース）の期末の純資産額が100の場合，保有比率が10%であったとすると，投資している株式の実質価額は100×10%＝10になります。

投資簿価が30の場合は，投資簿価の50%＝30×50%＝15よりも実質価額のほうが下回っていますので，減損処理が20必要になります。

【図表８－68：時価のない有価証券の自己査定】

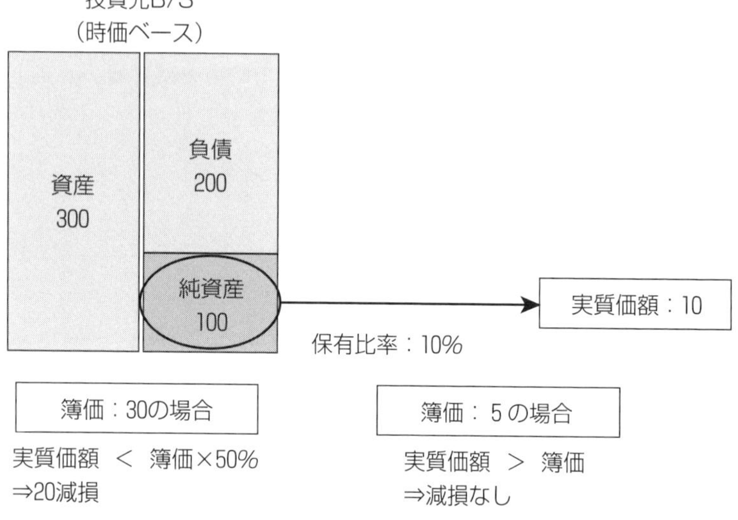

(2)　組合型の出資

組合型の出資や信託を使用した投資は，会社への出資と大きく異なる特徴があります。

会社への投資は，あくまで有価証券として投資対象の価格を評価するという位置付けでしたが，組合出資や信託設定は，基本的には**自分で保有しているのと同じように会計処理と税務処理**が行われます。

これは，組合出資の法的な性質が大きく影響しているのですが，組合出資は，**組合＝投資家**であるのと同じ状態だからです。

上場株式に投資しているのと同じような感覚で組合出資しても，自分で事業を行っているのと実質的に同じなので，会計上も**自ら資産・負債を保有しているのと同じとして会計処理**することになるのです。

税務上の基本的な考え方も同じです。自分で保有しているのですから，基本的には**組合の段階で課税されてしまうということはありません。**

⑶　新株予約権の税務処理

新株予約権の出資者のうち，外部投資家が新株予約権に投資をした場合，新株予約権の行使後に株式を売却する際に株式売買損益が発生することになります。この株式売買損益は，会計上も税務上も扱いが同じ（利益＝課税所得）なので，特に論点はありません。

役職員に対してストック・オプション発行した場合，役職員の所得税法の扱いが少し特殊なので，ここで説明します。

実際に発行されているストック・オプションにはさまざまなものがありますが，代表的なストック・オプションである，税制非適格ストック・オプション（SO），税制適格ストック・オプション（税制適格SO），有償ストック・オプション（有償SO）による税務の取扱いを説明します。

それぞれのタイプを簡単に説明すると，税制非適格ストック・オプションは，何の制限もない新株予約権の無償取得です。

次に，税制適格ストック・オプションは，税務上の要件を満たすことによって，権利行使時には課税されず，売却時に行使価格と売却時の時価の差額について，株式の売却損益（**譲渡所得**）として申告分離課税されるものです。株式の譲渡所得は，売却益が大きく出てしまったとしても，売却益に対して20%（復興特例所得税除く）の源泉分離課税でよいため，税制非適格ストック・オプションによって生じる給与所得よりも税額が少なくなるケースがあります。

有償ストック・オプションは，外部投資家が新株予約権を取得する場合と同じで，新株予約権の対価の支払があるものです。

図表８－69のように，新株予約権の行使価格を100円，行使時の株価を150円，売却時の株価を200円であったとします。また，新株予約権を有償で取得する場合，新株予約権の取得価額を10円とします。

【図表8－69：SO取得時からの株価推移】

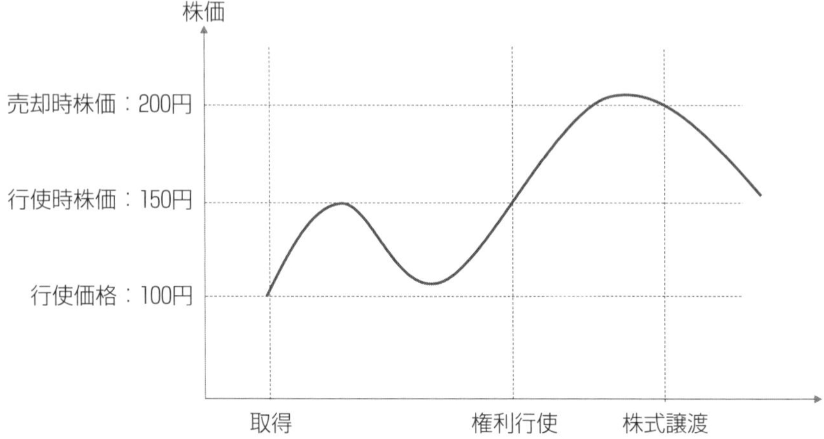

この場合，各タイプにおいて発生する課税所得とその所得区分は，**図表8－70**のようになります。

【図表8－70：新株予約権の発行タイプごとの税務上の取扱い】

タイプ	取得時	権利行使時	株式譲渡時
税制非適格SO	課税なし	課税あり 給与所得：50円	課税あり 譲渡所得：50円
税制適格SO	課税なし	課税なし	課税あり 譲渡所得：100円
有償SO	課税なし	課税なし	課税あり 譲渡所得：90円

なお，それぞれのストック・オプションの特徴などを詳しく説明すると細かくなりすぎるため，本書では説明を省略します。詳しく知りたい方は，姉妹書の『金融マンのためのエクイティ・ファイナンス講座』をご覧ください。

ファイナンスの提案の仕方

How to Propose Financial Services.

第9章

負債での投融資（デット・ファイナンス）

第1部でデット・ファイナンスの基本的な説明をしましたが，ここでは，実践的な提案ができるようになるために，実際にどのように活用されているかについて，事例を入れながら解説していきます。

1．基本形を理解する

デット・ファイナンスは，主に以下の2点をどのように設定していくかによります。

- 債務者の信用力をどのように見るか
- 債権を保全するための担保をどのように設定していくか

もし信用力のみで貸出が行えるのであれば，そもそも担保は必要ありません。手順としては，信用力を判断し，担保の状況を確認していくことになります。

ファイナンスの大前提としては，「貸してはいけない先に，それらしい話をしてはいけない」ということです。挙げればキリがありませんが，いくつか挙げると以下のような場合は，積極的に提案すると，結局は良くない結果になることが多いでしょう。

- 債務者自体に信用力がない
- 経営者が信頼できない
- 反社会的勢力，マネーロンダリングである

融資の検討を行う場合，財務的な話に入る前に最初にしなければならないことは，信用調査です。おかしな先でないということが最低限わかった段階で初めて，財務的な検討に入っていきます。

図表9－1では，担保よりも会社の信用力を先に見ていますが，債務者区分

の観点からいっても，これは当然のことでしょう。

いくら担保があっても，不良債権と認定されてしまう先に対して融資できるかというと，そうではありません。仮に預金担保が100%あったとしても，債務者区分が確実に破綻懸念先になる先に，融資はできないのです。

財務面から，ある程度前に進めてもよいと判断してから，具体的な提案に入っていきます。

【図表９－１：融資判断の手順】

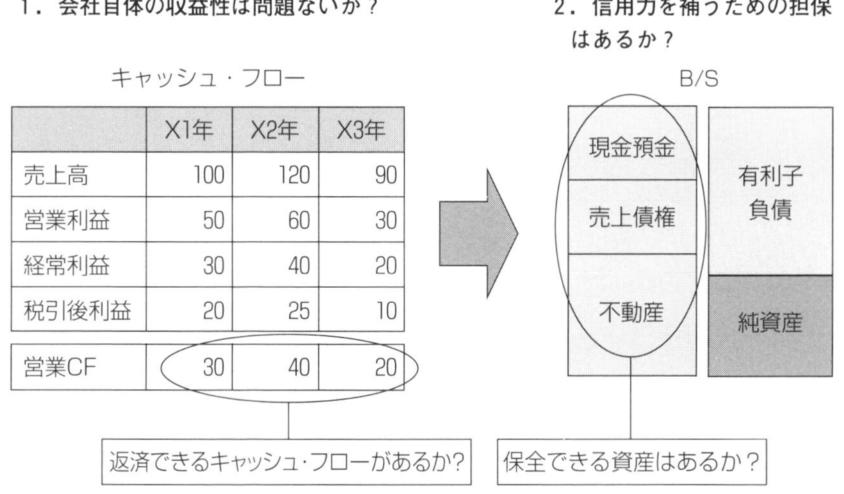

	X1年	X2年	X3年
売上高	100	120	90
営業利益	50	60	30
経常利益	30	40	20
税引後利益	20	25	10
営業CF	30	40	20

2．信用力を重視するか？　担保を重視するか？

借入金や社債といったデット・ファイナンスによって資金を調達する場合，大きく分けると以下の２つの点に注目します。

- 調達先の信用力に依存した資金調達
- 担保価値に依存した資金調達

会社の収益力が優れていて，担保を一切利用せずに資金調達できれば特に問題ないのですが，担保を利用したほうが調達コストを抑えることができるので，使用できる担保をできるだけ洗い出して，整理する必要があります。担保として利用できそうな，預金，不動産，手形，有価証券，売掛金といった資産を精査していきます。

3．調達先の保有資産・資金繰りを分析する

融資にあたっては，借入人に十分なキャッシュ・フローが存在しているか，十分な担保を有しているかという点が重要になってきます。

キャッシュ・フローの見方は，先ほど説明しましたが，会社の決算書からどのような資金繰りになっているかを検討します。

保有資産を分析し，現状の借入条件や売掛債権，不動産などの利用により，より条件の良いファイナンスが提案できる可能性もあります。

また，保有資産・負債に，金利変動リスク，為替変動リスク，株価変動リスクなどの潜在的なリスク要因がないかを検討すれば，会社に対してさまざまな提案を行うことも可能になります。

会社によって状況はさまざまですが，このような観点から会社の置かれている状況を理解し提案していくことが，金融機関には求められています。

【図表9－2：会社のB/Sとファイナンスニーズ】

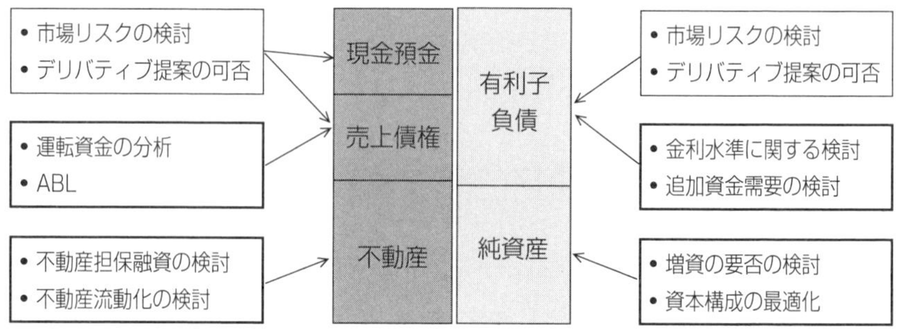

4．他人の信用力を使えるか？（ABL）

借入人には，信用力があったほうが良いことは，言うまでもありません。しかし，ベンチャー企業や中小企業は，担保となる資産を有していないときもあ

り，自力での資金調達が困難な場合があります。

このようなときに，売掛債権を担保にした借入方法を利用することがあり，このような資金調達方法を「アセット・ベースド・レンディング（ABL）」と呼んでいます。

たとえば，先に出てきた目黒セラミックの販売先が東証上場企業だったとします。目黒セラミックの信用力は，中小企業なのであまり高くありません。しかし，販売先の信用力は目黒セラミックよりも高いため，目黒セラミックの信用力に依存せずに，売掛債権を売却することが可能となります。

売掛債権がある一定水準以上存在し，販売先の信用力が自社よりも高い場合には，他人の信用力を担保にして資金調達するほうが，調達コストが安くなる場合もあるので，検討する価値はあります。

5．モノに対してどこまで融資できるか？（ノンリコースローン）

◉― ノンリコースローンとは

金融機関が貸付を行う場合，貸付債権の返済原資は借入人のすべての財産ですが（リコースローン，遡及型融資），貸付債権の引当財産を一定の財産（責任財産）に限定し，借入人の他の事業や財産からの回収を制限または禁止するノンリコースローン（非遡及型融資）と呼ばれる形態があります。ノンリコースローンは，不動産ファイナンス，買収ファイナンス，プロジェクト・ファイナンス等のさまざまな場面において活用されています。

ノンリコースローンは返済原資を限定した融資ですが，最も簡単な方法は，SPC（特別目的会社）に返済原資となる資産を切り出して（別会社を作ってその会社が資産を保有することとし），融資を行う方法です。

不動産のノンリコースローンを例にすると，**図表9－3**のように，不動産物件を取得する際に，実質的な借主（出資者）が物件を取得するためのSPCを設立して，取得代金を出資と金融機関からの融資で調達します。物件取得後は，不動産物件の賃料収入を返済原資にして，金融機関からの借入を返済します。もし，賃料収入等から借入金の返済ができなくなっても，SPCを清算してしまえば，出資者（実質的な借主）は出資額以上の責任を負いません。このように，出資者はSPCで借入することで，責任財産限定融資（ノンリコースローン）を実現しているのです。

【図表９－３：不動産ファイナンスにおけるノンリコースローン】

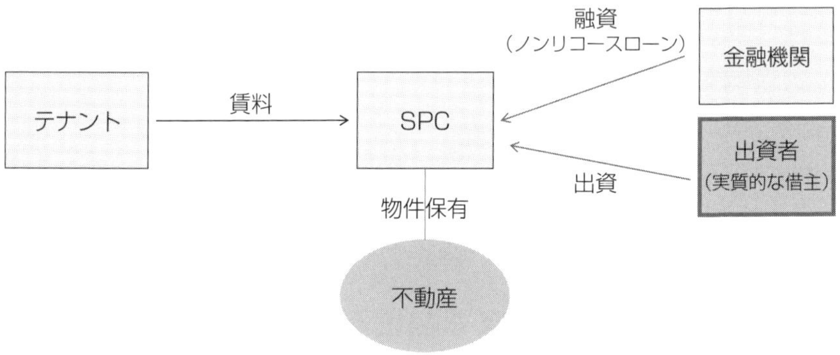

融資
（ノンリコースローン）
金融機関
テナント
賃料
SPC
出資者
（実質的な借主）
出資
物件保有
不動産

◉— コベナンツとは

シンジケートローン（協調融資），ノンリコースローン（非遡及型融資）などの契約においてしばしば「コベナンツ」が設定されます。

コベナンツとは，制約条項のことです。融資を行う際に，銀行等は守ってほしい事項を契約上に入れ込み，借主に遵守することを要求します。たとえば，モニタリングのために，決算書を毎期提出させるような情報開示に関する事項であったり，債務者区分に影響を与えないように，純資産維持・黒字維持のような会計面での財務制限条項（財務コベナンツ）を入れたりします。

シンジケートローン等は譲渡を前提に契約を締結する場合が多く，**銀行取引約定書を締結していない**場合が大半です。このため，コベナンツを設定しておかなければ，銀行取引約定書のような予防的な期限の利益喪失事由が存在しないことになってしまいます。倒産してから回収すると一般更生債権等としてプロラタ・パリパス（同額・同順位）になってしまうので，コベナンツは資金回収漏れを防ぐための，予防的な手段として用いられます。回収不能となりそうな場合は，**他の債権者よりも先に回収**してしまおうというものです。主な財務コベナンツは以下のようなものがあります。

(1) カバレッジ・コベナンツ

■ インタレスト・カバレッジ・レシオ（ICR）

事業利益が金融費用（支払利息など）の何倍であるか測定するものであり，金融費用の支払能力を測るための指標です。

計算式：EBITDA（または，FCF）÷支払利息

■ デット・サービス・カバレッジ・レシオ（DSCR）

元利金返済額（デット・サービス）を賄うだけの，キャッシュ・フローを創出しているかを判断するための指標です。デット・サービスの定義は契約によって異なりますが，主に，支払利息，手数料，約定弁済元本額が含まれます。

計算式：FCF（デット・サービス支払前）÷デット・サービス

■ フィックス・チャージ・カバレッジ・レシオ

デット・サービスだけでなく，設備投資金額（CAPEX）を含めたカバレッジを見るための指標です。

計算式：EBITDA÷（支払利息＋約定弁済元本額＋設備投資）
または（EBITDA－設備投資）÷（支払利息＋約定弁済元本額）

(2) レバレッジ・コベナンツ

■ レバレッジ・レシオ

事業利益に対して，どの程度の借入水準となっているのかを判断するための指標です。

計算式：借入金額÷EBITDA

(3) 資本勘定，黒字維持等

■ 純資産維持（Positive Networth）

純資産額をプラスに維持することを定めたものです。

■ 黒字維持

利益（営業利益，経常利益，当期利益）を黒字に維持することを定めたものです。

(4)　設備投資制限

■ 最大設備投資金額（Maximum CAPEX）

むやみに設備投資を実施するとフリー・キャッシュ・フローに影響するので，これを抑制するために定める指標です。

6．自分だけで対応できるか？（シンジケートローン）

会社が資金調達を行う場合，銀行が単独で融資を行うには規模が大きすぎる場合があります。このような場合，他の金融機関を招聘（しょうへい）して融資を行うケースがあります。このような融資スタイルを「シンジケートローン」といい，「協調融資」ともいわれます。

シンジケートローンの契約は，契約書が譲渡可能となっているので，通常の貸付契約と比較すると，資金化が容易に行うことができるのも特徴です。

一般に「シンジケートローン」とは，複数の金融機関が１つのグループ（「シンジケート団」）となって単一の契約書のもとに借入人に対して行う貸付のことをいいます。

シンジケートローンは，欧米の金融スタイルからきていて，従来の日本の貸付にはない言葉や概念があります。

シンジケートローンの融資スタイルは，他の融資にも取り入れられているので，実務上の対応においては，ある程度の知識が必要となります。

◉— シンジケートローンを利用するメリット

シンジケートローンで融資を行うメリットは，貸付人，借入人それぞれ以下のように整理できます。

■ 貸付人（アレンジャー）のメリット：

- 複数の金融機関と協調融資を行うことができるため，クレジットリスクを分散できる
- 貸付契約が売却を前提にしたものであるため，貸付金の売却が通常の金銭

消費貸借契約と比較すると簡単に行うことができる

- 案件組成手数料を得ることができる

■ 貸付人（参加行）のメリット：

- あらかじめ条件が固まっているので，経済条件が良ければ，参加表明するだけで融資することができる
- 貸付契約が売却を前提にしたものであるため，貸付金の売却が通常の金銭消費貸借契約と比較すると簡単に行うことができる
- 面倒な事務手続や担保管理等をエージェントに任せることができる

■ 借入人のメリット：

- 融資条件をアレンジャーのみと交渉することで，資金調達を行うことができる
- 弁済等もエージェント口座に対して行えばよいため，複数の金融機関に個別対応する必要がない

◉― タームローン方式，リボルビング方式

「タームローン方式」と「リボルビング方式」という区別は，コミットメントライン方式（分割借入を行うタイプ）かどうかとは別の切り口でのシンジケートローンの分け方です。

(1) タームローン方式

「タームローン」とはユーロ市場で用いられていた用語で，「期間貸付」と直訳されている書籍もあります。一般的な貸付だと思って下さい。

ただし，日本の伝統的な貸付契約は「金銭消費貸借契約」という片務形式（貸付人がお金を出すだけ）であるのに対し，タームローンは，「Conditions Precedent（貸出実行の前提条件）」を満たしてはじめて借主は金銭交付を受けることができるという，**双務契約（借入人が約束を守って，はじめて貸付人がお金を出す）**であるという違いがあります。

シンジケートローンでは，債権譲渡等を前提にしていることや，参加金融機関が銀行だけではないことから，統一的に貸付の契約を作成することが必要となりますので，タームローン方式が多く採用されています。

タームローン方式には，コミットメントライン方式で分割実行できるものもありますが，リボルビング方式とは異なり，**弁済された資金については再度借入を行うことはできません。**

⑵ リボルビング方式

「リボルビング」とは「回転」という意味で，**契約期間内に何度でも回転（借入・返済）ができる**という方式の契約形態です。こちらは，コミットメントライン契約が前提となりますが，主に運転資金需要に応えるために，利用されています。通常の貸付における短期運転資金融資が，シンジケートローンにおいては「リボルバー」と呼ばれていると理解しても，それほど間違いではありません。

タームローンは，一定の資金枠を設定したとしても，返済した場合の借入枠は復活しないので，繰り返し借入・返済を行う場合には，契約形態をリボルビング方式にしておく必要があります。

◉— アンダーライト方式，ベストエフォート方式

この違いは，シンジケート団（シンジケートローンに参加する銀行）の組成方式の違いによる分け方です。シンジケート団を組成する方式には大きく以下の２つが存在しています。

「アンダーライト方式」は，マンデート（アレンジャーの指名）取得時点において資金調達額が確定するため，借入人にとっては有用な方法ですが，アレンジャーのリスクは，「ベストエフォート方式」と比べると当然高くなります。

なお，買収ファイナンスや不動産ファイナンスにおいては，株式取得や不動

【図表９－４：アンダーライト方式，ベストエフォート方式】

種　　類	内　　容
アンダーライト方式	一定額のシンジケート団の**組成を確約する**引受方式
ベストエフォート方式	一定額のシンジケート団の**組成を確約しない**引受方式

産取得をする段階で確実なファンディングが必要となるため，「アンダーライト方式」が前提となるケースがほとんどです。特に，TOB（株式公開買付）を実施する場合には，公開買付届出書に買付に要する資金の存在を示す融資証明書が必要となるので，「アンダーライト方式」が前提となります。

◉― アレンジャーとは

アレンジャーとは，借入人との間でマンデート・レター（指名書）を取得し，借入人と参加金融機関との利害調整を行い，シンジケートローンを組成するものをいいます。

アレンジャーは，借入人との間でシンジケートローン組成に関する準委任契約が成立し，参加金融機関の招聘（しょうへい）を行います。

(1) 借入人との関係

借入人との関係においては，以下のような点を考慮して，案件をアレンジしていくことになります。

- タームシートに記載された融資条件案はあくまで大枠を示した骨子にすぎないこと
- ベストエフォート方式の場合，組成額が予定額を下回る可能性があること
- 市場環境によっては組成を中止する可能性があること

(2) 参加金融機関との関係

金融機関は，シンジケートローンの検討を，借入人が作成したインフォメーションメモランダムを基に行っていきますが，アレンジャーは元々，借入人のメインバンクである場合が多く，他の金融機関が有していない情報を有している可能性があります。この場合，アレンジャーが保有している情報を他の金融機関にどこまで開示しても良いかという議論はあります。

◉― エージェントとは

エージェントは，シンジケートローンの参加金融機関と借入人の間に立ち，資金決済・事務連絡・担保管理・契約上定められた業務を行います。

エージェントの種類は，大きく以下の3つに分けられますが，通常はすべてのエージェント業務をアレンジャー1行で実施します。

なお，外資系金融機関や証券会社などの日系銀行以外がアレンジャーとなる場合，融資関連業務のバック・オフィス（事務処理部門）が整備されていないケースがあるため，エージェントを他社に依頼するケースも存在します。

【図表9－5：エージェントの種類と担当業務】

エージェントの種類	担当業務
ファシリティエージェント	資金授受に関する参加金融機関への通知，契約条項に定められた業務を担当
ペイイングエージェント	資金デリバリーを担当
セキュリティエージェント	担保管理を担当

なお，権限が少なければ少ないほどエージェントの責任は軽減されるため，極力判断が伴う事項については，多数貸付人の意思結集に従うことによって，エージェントの責任を限定します。

◉— エージェント口座，シンジケート口座とは

シンジケートローンは，複数の貸付人が貸付を行い，複数の貸付人に対して返済がなされるので，一般に特定の口座を経由して貸付の実行と回収が行われます。

この口座利用の方法として，**図表9－6**の2つが存在します。

この2つの方法は，貸付実行と回収の口座を1つにするということでは共通しています。エージェント口座方式を採用している場合でも，エージェント口

【図表9－6：口座方式】

口座方式	内　容
エージェント口座方式	貸付および返済の口座を**エージェント名義の口座**とする場合
シンジケート口座方式	貸付および返済の口座を**借入人名義の口座**とする方法

座の資金を借入人は利用できないので借入人が利用する資金はエージェント口座からシンジケート口座へ異動させます。

すなわち，上記２つの口座方式の違いは，**貸付人が実行・回収する口座が異なるだけで，借入人はシンジケート口座しか利用しません。**

7．資金を出さずに提案できないか？（コミットメント・ライン）

借入人にとって，今後必要となる資金調達を予約したい場合があります。

このような場合に利用されるのが「コミットメント・ライン契約」です。

借入人が金融機関に対して融資の依頼をすると，金融機関は借入人の信用状態の審査を行い，その審査結果によって融資可能と判断した場合にはじめて資金を調達することが可能となります。もし急な資金需要が発生しても，融資申込から借入まで一定期間必要になるため，資金調達が間に合わないかもしれません。

このようなケースを想定して，金融機関と借入人との間で，あらかじめ一定の枠内でいつでも必要な資金を借り入れることができる契約を締結する場合が存在します。この契約が「コミットメント・ライン契約」です。

すなわち，「コミットメント・ライン契約」とは，貸付人が手数料（コミットメント・フィー）を徴求することで，借入人に一定期間，一定の融資枠を設定し，その範囲内で借入人は借入を行う権利を取得し，貸付人は貸付を行う義務を負担する契約をいいます。

ここで，通常の貸付と異なる点は，

- 貸付人が貸付を行う**義務を負う**
- **貸付を行っていないのに手数料が発生する**

という点です。

貸付人が義務を負うという点に関しては，貸付金の譲渡を行う際に大きな違いが発生します。

たとえば，「債権譲渡」という言葉がありますが，「コミットメント・ライン契約」は「債権譲渡」を行ったとしても，完全に契約は移転しません。なぜなら，「債権譲渡」とは権利（元本・利息を受領する権利）のみを移転する契約であり，義務（貸付に応じなければならない義務）を移転しないためです。

「コミットメント・ライン契約」を完全に譲渡するためには，「地位譲渡」という方式を採りますが，これは，**貸付人の権利（元本・利息を受領する権利）と義務（貸付に応じなければならない義務）を移転**する契約になります。

２点目の貸付前に手数料が発生する点については，たとえば，「60億円のコミットメント・ライン契約（期間：１年）を締結していて，１％の手数料を徴求した場合」，60百万円の手数料が発生します。これは利息制限法の上限金利である15％で計算すると，年平均残高が400百万円（60百万円÷15％）以上なければ利息制限法違反となる可能性があります。

この問題点を明確にするため，「特定融資枠契約に関する法律」によって「コミットメント・ライン契約」が利息制限法の適用除外とされています。

8．審査部がチェックするポイント

ファイナンスを行う際の審査項目は，各金融機関によってさまざまですが，基本的な与信に関する考え方は共通しています。ここでは，デット・ファイナンスにおける与信をどのように検討していくかについて触れていきます。

与信上の審査では，主に以下の２つを徹底的に検証する必要があります。

- 会社のキャッシュ・フローが借入返済に十分な水準であるか
- 担保設定している資産が，会社の信用力を十分担保できるものであるか

目黒セラミックの実績ベースのキャッシュ・フローと有利子負債の返済スケジュールから判断される償還見込年数（**図表９－７**の「要償還債務/営業CF」）は特に問題ない水準でした。

◉― ブレーク・イーブン・ケースの作成

図表９－７，９－８は毎年200百万円の営業CFが発生する前提で作成しています。仮に，目黒セラミックの営業CFが変化した場合は，状況はどのようになるのでしょう。

【図表９－７：目黒セラミックの要償還債務/営業CF倍率】

		X1年	X2年	X3年	X4年	X5年	X6年	X7年	X8年
有利子負債（借入）	A	1,100	1,600	1,400	1,200	1,000	800	700	600
運転資金	B	400	400	400	400	400	400	400	400
要償還債務	C＝A－B	700	1,200	1,000	800	600	400	300	200
営業CF	D	200	200	200	200	200	200	200	200
要償還債務/営業CF	C/D	3.5	6.0	5.0	4.0	3.0	2.0	1.5	1.0
債務者区分（参考）		← 正常先 →							

【図表９－８：現金預金の推移（単位：百万円）】

	X1年	X2年	X3年	X4年	X5年	X6年	X7年	X8年	
期首残高		200	257	189	131	83	45	117	
営業CF		200	200	200	200	200	200	200	X2年度実績
借入返済等		－143	－268	－258	－248	－238	－128	－123	元本＋利息
期末残高	200	257	189	131	83	45	117	194	

図表９－８から目黒セラミックの現金預金残高が最も少なくなるのは，X6年度です。もし目黒セラミックがX6年度に借入をしない場合，営業CFがいくら減少しても大丈夫なのでしょうか？

このような観点から，会社の最低限確保しなければいけない業績ケースを，ブレーク・イーブン・ケースといいます。

試算した結果，営業CFが191百万円まで下落すると，手元資金がゼロになることがわかりました（**図表９－９**）。

毎年の営業CFが予想している数値より4.5%（(200－191)÷200）下落すると，資金ショートします。会社の事業計画における4.5%という数値は，ある意味誤差に近い数値なので，発生する可能性はそれなりに高いといえます。

このケースでは，営業CFに比べて借入金の返済金額が大きいため資金

【図表9－9：ブレーク・イーブン・ケースにおける現金預金の推移(単位：百万円)】

	X1年	X2年	X3年	X4年	X5年	X6年	X7年	X8年
期首残高		200	248	171	104	47	0	63
営業CF		191	191	191	191	191	191	191
借入返済等		－143	－268	－258	－248	－238	－128	－123
期末残高	200	248	171	104	47	0	63	131

【図表9－10：ブレーク・イーブン・ケースにおける目黒セラミックの要償還債務/営業CF倍率】

(単位：百万円)

	X1年	X2年	X3年	X4年	X5年	X6年	X7年	X8年
有利子負債	1,100	1,600	1,400	1,200	1,000	800	700	600
運転資金	400	400	400	400	400	400	400	400
要償還債務	700	1,200	1,000	800	600	400	300	200
営業CF	200	191	191	191	191	191	191	191
要償還債務/営業CF	3.5	6.3	5.2	4.2	3.1	2.1	1.6	1.0

【図表9－11：ブレーク・イーブン・ケースにおける目黒セラミックの要償還債務/営業CF倍率】

(単位：百万円)

	X1年	X2年	X3年	X4年	X5年	X6年	X7年	X8年
有利子負債	1,100	1,600	1,400	1,200	1,077	955	855	755
運転資金	400	400	400	400	400	400	400	400
要償還債務	700	1,200	1,000	800	677	555	455	355
営業CF	200	160	160	160	160	160	160	160
要償還債務/営業CF	3.5	7.5	6.2	5.0	4.2	3.5	2.8	2.2

ショートが発生しやすいようです。

図表9－9では追加借入が不可能という前提をおいて営業CFを試算しましたが，実際にはX6年に追加借入が可能な償還能力を有しているため（**図表**

9 −10)，もう少し営業CFが下がっても資金ショートはしません。

仮に，「**要償還債務/営業CF**」が５倍までは追加調達できるとして試算すると，営業CFは160百万円まで耐えられることがわかりました（**図表９ −11，12**）。

毎年の営業CFが計画よりも20%（(200−160)÷200）下落することがないのであれば，融資が可能といえます。

【図表９ −12：ブレーク・イーブン・ケースにおける現金預金の推移(単位：百万円)】

	X1年	X2年	X3年	X4年	X5年	X6年	X7年	X8年
期首残高		200	217	109	11	0	0	32
営業CF		160	160	160	160	160	160	160
借入返済等		−143	−268	−258	−248	−238	−128	−123
追加借入		0	0	0	77	78	0	0
期末残高	200	217	109	11	0	0	32	69

以上のような観点から，キャッシュ・フローが計画よりもいくら下ぶれしても問題ないか（ブレーク・イーブン・ケース）を把握しておく必要があります。

このようなテスト方法を，ストレス・テストといいます。

担保の場合も同様です，現在の担保評価額は現時点のものでしかありませんので，今後の担保価値の下落リスクをどこまで見込んでいくかという点から判断していく必要があります。

コラム　その商品がなぜ存在するのかを考えてみよう

金融機関が販売・仲介している商品は，上場株式，公社債，投資信託など数多くあります。金融機関が巨額の損失を計上すると，その損失の原因となった商品（取引）が注目されますが，あまり馴染みがない商品だったりします。なぜその商品が存在するのかについて，ここでは考えてみたいと思います。

まず，個人向け商品の説明をしてもしかたないので，ここでは，機関投資家が購入するような投資適格（格付けがBBB以上）の債券等を前提とします。

金融商品を作る時にはさまざまな事情があるのですが，たとえば，経済全体的にカネ余りで融資先がない，貸付債権を売却したいが取引先との関係で売却したのを知られたくない，案件組成に必要な原資産（たとえば貸付債権）が足りない，などです。

イメージをつかむために，まず，下記のような事例を想定します。

〈事例９－１〉

代々木証券の伊藤さんは，機関投資家に対して，優良企業向けの貸付債権を原資産とした投資適格の社債を販売したいと思っています。
系列の銀行から優良企業向けの貸付債権を購入しようとしましたが，「売れる貸付債権がない」と言われてしまいました。
どのように社債を作ればいいのでしょうか？

代々木証券の伊藤さんは，貸付債権が買えないのに，原資産が貸付債権の証券化商品を作ろうとしています。このような場合に利用される方法として，たとえば，クレジット・デフォルト・スワップ（CDS：Credit Default Swap）やトータル・リターン・スワップ（TRS）を組み込む方法があります。

CDSは企業倒産保険や保証契約のようなものです。保証の場合，融資先が倒産するのを回避するため，一定の保険料を払っておいて，企業が倒産した場合には元本全額を保証してもらいます。CDSも基本的に同じで，CDSの買い手は，参照企業に対するプロテクション（元本の保証）をCDSの売り手から購入し，参照企業の信用事由（クレジットイベント）が発生した場合に売り手が買い手に対して契約で定めれられた金額（想定元本）を支払います（**図表９－13**）。この際の信用事由（クレジットイベント）は，主に，破産，債務不履行，条件変更の３つです。

【図表９－13：CDSの契約関係】

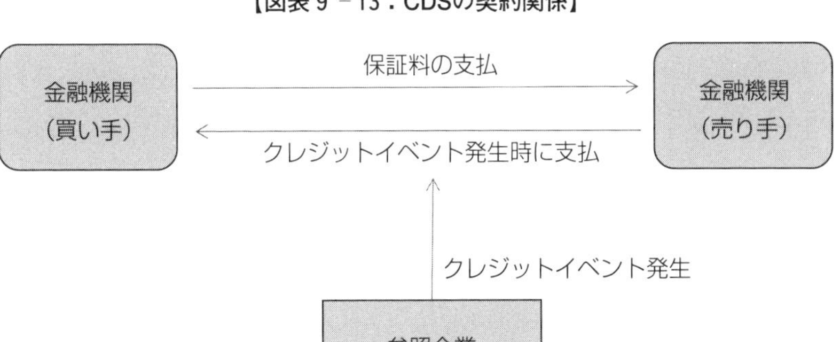

TRSは，原資産のリターンのすべて（トータル・リターン）を一定の金額と交換する取引（スワップ）です。たとえば，**図表９－14**のようにX社とY社がA社の発行する社債（A社債）について，X社がA社債の元利金を受け取る代わりに，Y社が一定の金額（変動金利＋スプレッド）を受け取るような契約です。この場合，A社の倒産リスクはX社が抱えることとなり，Y社はA社債のリスク・リターンをX社に移転します。

【図表９－14：TRSの契約関係】

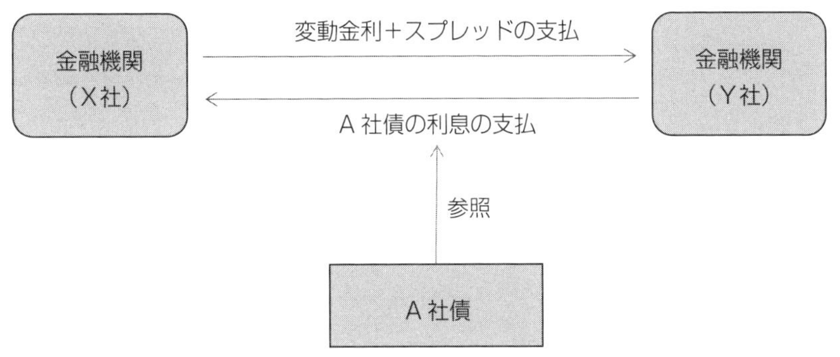

念のために記載すると，一般的な証券化商品は，**図表９－15**のように比較的シンプルなものです。証券化は，「第11章２．返済順位を付けた提案（優先劣後構造）」で説明する優先劣後構造によって，投資する部分を区分けします。

図表９－15では，返済順位が最も高いAAA格から最も低いBB格までの５つの

トランシェ（階層）が分かれています。この際，貸付債権全体が100で，そのうち10が回収不能の場合，最下位のBB格のトランシェは返済されず，AAA～BBB格のトランシェは全額返済されます。

【図表9－15：証券化商品のトランシェ】

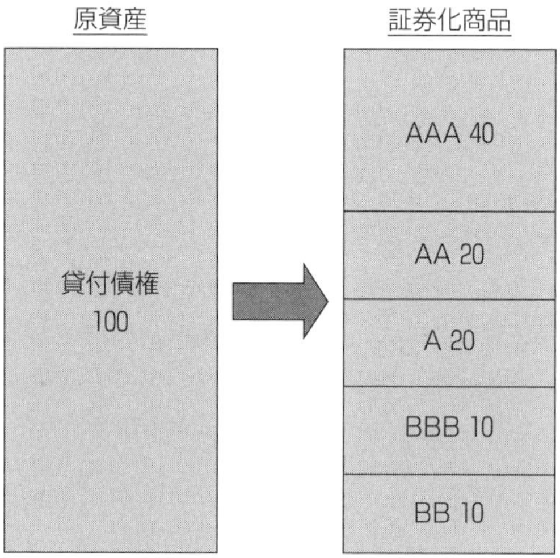

今回のケースは，貸付債権がないため，CDSを証券化の中に組み込む必要があります。具体的には，CDSを組み込んだ証券化商品（CDO：Collateralized Debt Obligation）を組成します。なお，担保とする商品が債券の場合にはCBO（Collateralized Bond Obligation）と呼ばれ，貸出金の場合にはCLO（Collateralized Loan Obligation）と呼ばれますが，CDOは，CBOとCLOを含んだ概念として使用されています。

CDSはカウンターパーティー（取引相手）との間のデリバティブ契約なので，何かの資産を取得したりする訳ではなく，**図表9－16**のようにSPCが調達した資金は国債等の安全資産で運用し，取引の担保としてカウンターパーティーに提供します。CDSの取引は，SPCがプロテクション（保証）の売り手で，カウンターパーティーがプロテクションの買い手です。プロテクションの買い手であるカウンターパーティーが保証料をSPCに支払い，それを原資に投資家への利息支払に充当します。

参照企業が倒産した場合（クレジットイベントの発生時）は，SPCは保有する国債を処分して，カウンターパーティーに支払います。CDSが担保金額以上のプロテクションを契約していれば，クレジットイベントの発生時に全額の支払ができませんが，担保処分で支払可能な契約内容であれば問題になりません。

【図表９－16：CDOによる証券化商品の販売】

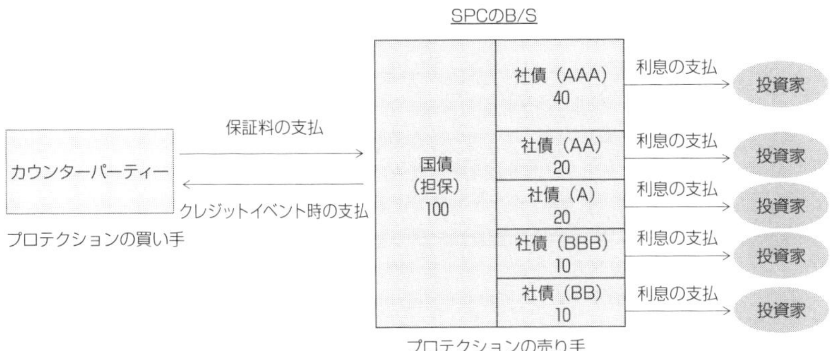

※上記は簡略化して表示したもので，契約関係を正確に表示しているものではありません。

このように，原資産がなくても投資家に販売できる商品を作ることができます。

次に，作った商品が全額販売できない場合はどうすればよいかを考えてみます。

〈事例９－２〉

代々木証券の伊藤さんは，CDOを組成することによって，機関投資家に社債を販売しました。低金利の状況下で相対的に金利の高い債券が人気で，発行した社債のうちAAA格，A格，BBB格は販売できましたが，AA格，BB格の社債が売れ残ってしまいました。どうすれば販売できるでしょうか？

証券化商品は必ずしも格付けが高いほうが売れやすい訳ではなく，同格付けの公社債と比較して利回りの良い社債のほうが人気が高くなります。このCDOの場合，AAA格，A格，BBB格の人気が高かったようなので，残ったAA格，BB格を使って人気の高い格付けの債券を作ります。

図表９－17のように，残ったAA格，BB格の社債をSPCの原資産とするとともに，新たに調達した資金で担保国債を20購入し，カウンターパーティーとの間でCDS契約を締結します。この結果，格付けがAAA，A，BBBの社債を組成するこ

とができました。このような一次証券化の残りを使った証券化を二次証券化といいます。

代々木証券の伊藤さんは，組成した格付けがAAA，A，BBBの社債を投資家に販売することによって，売れ残った社債を処分することができました。

【図表9－17：二次証券化による販売】

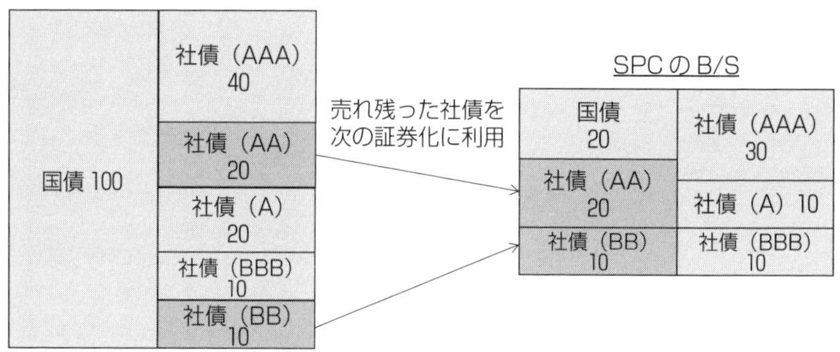

このように，何らかの理由があって金融商品が組成されます。ここで挙げたような金融商品は，それ単体であればそれほどリスクが高いとはいえません。ただし，リスク・リターンをどこに設定するかは調整可能で，たとえば，CDSのプロテクションの金額を増やせば増やすほどハイリスク・ハイリターンの商品が組成できます。

リーマン・ショック後は，米国のドッド・フランク法などが施行されハイリスク商品が減少しましたが，世界的なカネ余りが生じるとリスクの高い商品が登場してくるのです。

第 10 章

資本での投融資（エクイティ・ファイナンス）

第１部では，エクイティ・ファイナンスの基本的な仕組みを説明しました。ここでは，実際にエクイティ・ファイナンスを提案する際に考慮しなければならない事項を中心に，解説していきます。

１．前提事項を理解する

業績も順調な目黒セラミックは，付き合いのある証券会社から，そろそろ上場を検討したほうがいいと言われるようになりました。志村社長は後継者もいないことから，上場を検討しているようです。

志村社長：代々木証券から上場を進められているんだけど，友人の新興上場企業の社長に相談したら，「業種的にそんなに株価も上がらないし，上場しなくてもいいんじゃない？」と言われたんだ。上場したほうがいいのかな？

加藤さん：資金調達を積極的に行いたいのであれば，上場する意味があると思います。M&Aに自社株を利用できたりしますし，メリットはあります。

志村社長：資金調達したいならか……。ちなみに，友人の会社は，M&Aも活用しながら積極的に事業領域を拡大していて，業績が急拡大しているんだけど，株価はむしろ下がってるみたいなんだ。業績が良くなっても株価が下がるって，どういうこと？

加藤さん：考えられるとすると，事業内容が複雑になってしまって，投資判断がしにくくなっているとかですかね？　コングロマリット・ディスカウントとか言われるものです。
志村社長：なるほど。事業領域を広げすぎると，株価は下がるんだ。

エクイティ・ファイナンスは，会社の純資産を対象にしたファイナンスです。発行会社から見た場合，エクイティ・ファイナンスを行うメリットは，主に以下のような点です。

- **返済が不要な資金**を調達できることにより，資金回収に長期間を要する投資（設備投資など）が可能となる
- 純資産を厚くすることにより，**財務健全性を向上**させる
- 純資産が増加したことにより，**追加の負債調達がしやすくなる**

エクイティ・ファイナンスといっても，普通株式の発行以外に資金調達手段は広がっており，さまざまな方法があります。

ただし，「株主資本コスト」の説明の際にも触れましたが，株主はボランティアで出資をしてくれているわけではありませんので，**株主が要求するリターンを確保**していかなければなりません。

会社としては，エクイティ・ファイナンスは返済不要な資金ですので，資金繰りは楽になるのですが，それでは株主は満足しません。デット・ファイナンスを併用して資金調達を行っていくことで，株主が満足できるだけのリターンを確保することが必要なのです。そのような観点から資金調達を考えていかなければなりません。

2．上場株式の性質を理解しておこう

本書では，エクイティ・ファイナンスの対象を特に限定せずに説明をしています。エクイティ・ファイナンスとして株式投資を行う場合，非上場株式，上場株式のどちらに投資するかによって，重要視するポイントが異なります。ここでは，上場株式の特徴について説明を行います。

◉— 資金調達で重要なのは出来高

会社が資金調達を行おうと思った場合，増資に応じる投資家は，売れる株式でないと買おうと思いません。

政策的な理由で保有している投資家（株式持合い）を除けば，増資に応じるとしても，売れる株数しか引き受けないはずです。株主優待目的の個人投資家であれば別ですが，プロの投資家は，売れない株式を保有するという無駄なことはしません。言い換えれば，増資の引受を検討する投資家からすれば，株価がいくらというのは何の検討材料にもならず，いくらで売却できるか？だけが論点になってきます。

同じ１億円を投資するとしても，１日に100万円しか売買されていない銘柄の株式よりも，１日１億円の売買がある株式のほうが，引受に適していることは言うまでもありません。

すなわち，資金調達で必要なのは，株価がいくらかではなく，出来高（売買代金）が絶対的に重要になります。

◉— 流動性を理解する

上場株式の売買において，

- 買えば買うほど株価は高くなる
- 売れば売るほど株価は安くなる

という関係が成立します。

株価が20円の銘柄に投資しているという，単純な例で説明します。

株価が20円といっても，必ず20円で買えるわけでもなければ，必ず20円で売れるわけではありません。

株価は，それぞれ売りと買いの価格と数量が，**図表10－1**のようなイメージで並んでいます。このような情報を，板（ティック）といいます。

図表10－1の①の状態では，ASK（売り気配）が21円で100株，22円で300株入っています。それに対して，BID（買い気配）が20円で200株，19円で300株入っています。

①の状態で，時価が20円だったとしても，売り気配が21円にしかありません

【図表10－1：時価とティック】

① 時価＝売却価格のケース

ASK	株価	BID
300	22	
100	21	
	20	200
	19	300
	18	300
	17	200

② 時価＞売却価格のケース

ASK	株価	BID
300	22	
200	21	
100	20	
	19	100
	18	200
	17	200

（薄い網掛け）時価
（濃い網掛け）売却可能価格

ので，買おうと思っても21円でしか買えません。400株を成行で（価格を指定せずに，「なりゆき」まかせで）買うと，

平均の購入単価＝(21円×100株＋22円×300株)÷400株＝21.75円

です。

たった１円や２円の差と思うかもしれませんが，購入当時の時価20円と比較すると，8.75%（(21.75円－20円)÷20円）も価格が上がります。

逆に時価20円の②のケースで400株売却しようとします。

この場合，

平均売却単価＝(19円×100株＋18円×200株＋17円×100株)÷400株＝18円

です。

この場合も，時価20円と比較すると－10%（(18円－20円)÷20円）も価格が下がります。

このような売り気配と買い気配の差を，BID/ASKスプレッドといい，保有する株数が大きくなればなるほど，自らの売りで価格を下げていくことになります。時価10億円の上場株式を保有していても，売却で株価が10%下がると，１億円売却コストがかかってしまいます。

証券市場を前提にすると，まとまった株数を売却する際にはある程度ディスカウントしないと売却ができません。同じく，まとまった株数を購入する際にはある程度プレミアムを支払わなければ購入ができません。

上場会社の大株主が株式を売却しようとする場合，市場で売却すると大幅に値崩れするので，相対で売却する場合があります。この際には，買い手も売却の際にコストがかかるので，ディスカウントをしなければ買ってくれません。ディスカウントがどれくらい必要になるかというのは，その銘柄の流動性（出来高）に大きく影響を受けます。

上場会社の株式価値は，株価で評価しますが，その価格で処分できるか否かは全く別問題です。融資の際に上場株式を担保とするケースもありますが，いくら上場株式でも，その時の株価で売却できるわけはなく，市場流動性を加味して担保価値を正しく判断していく必要があります。

◉— 少数株主の保護

１株でも保有していればその会社の株主となりますが，上場会社の場合は株式の大半はごく少数の大口投資家が保有していて，その他は大勢の少数株主ということが多くあります。特に，株主優待制度を採用している会社の場合，優待目的で最低限の株数だけを保有する個人株主も多く，少数株主が多くなる傾向にあります。ここで，「少数株主」という言葉が紛らわしいのですが，保有比率の高い数名の株主という意味ではなく，ごく限られた議決権しか保有していない少額投資の株主という意味です。

よほど大きな上場企業でない限り，株式会社の議決権は，上位の大株主が大半を保有しているケースが多く，少数株主の議決権は，会社の株主総会の決議には何の影響も与えません。言い方を換えれば，大株主が会社を支配していて，少数株主には何の影響力もありません。

会社法においては，株主平等原則というものがあります。これは株主は保有する株数に応じて，平等に扱わないといけないというものです。これは，株主総会における議決権や配当の金額など，保有する株数が多ければ多いほど，優遇されるというもので，株主１人１人を平等に扱いましょうという趣旨ではありません。

ただ，会社の運営上，何の影響力もない少数株主とはいっても，その権利自体を保護する必要がありますので，上場会社の場合は，不特定多数の少数株主への配慮が必要になってくるのです。

少数株主への保護という観点において，たとえば，親会社による子会社TOBの際は注意が必要です。上場している子会社の過半数（50%以上）の議決権を保有している親会社が，子会社の非公開化を伴う100%取得を目的としてTOBを実施する場合，株主平等原則からいうと，会社の役員の過半数を決定する権利を親会社が保有していて，会社の意思決定（この場合は，TOBに賛同するかどうか）についても，親会社の意向が強く反映されます。

親会社の意向のみを考慮してTOBをさせてしまうと，影響力のない少数株主の権利が反故にされる可能性があるため，少数株主を保護するために，親会社とは独立した経営陣または第三者で，TOBの是非を判断しようとします。

第三者委員会などが典型例ですが，これは会社とは関係のない第三者が，少数株主の保護を目的に，親会社や子会社とは別に，TOBの是非を判断します。

◉── 規模を拡大しても株式価値は向上しない

会社の株価は，必ずしもその会社の業績のみによって決定する訳でなく，その会社のポテンシャルに対して株価が形成されます。地味に好業績を継続している会社であっても，投資家には見向きもされないことがあります。

同じ業績でも，業種が違うと，違う株価倍率で株価が評価されるため，業種別株価倍率が重要になります。

たとえば，**図表10－2**のように，A社（IT業），B社（不動産業），C社（食品業），D社（製造業）がそれぞれ上場していたとします。その後，A社が他の3社（B社～D社）を子会社化し，親会社であるA社のみが上場を維持しました。単体で上場していた時は，時価総額の合計は600億円だったのにもかかわらず，グループ統合後は500億円に下落しています。

A社はコングロマリット企業（複合企業）として株価が評価されることになりますが，一般的には，コングロマリット企業は，外部から何をやっているのかわからないという印象を持たれ，たとえ業績が良かったとしても，ディスカウントして評価されます。

このようなディスカウントを「コングロマリット・ディスカウント」といい，外部の投資家やアナリストが，A社の事業について判断ができなくなり，保守

【図表10－2：A社のグループ再編と時価総額の変化】

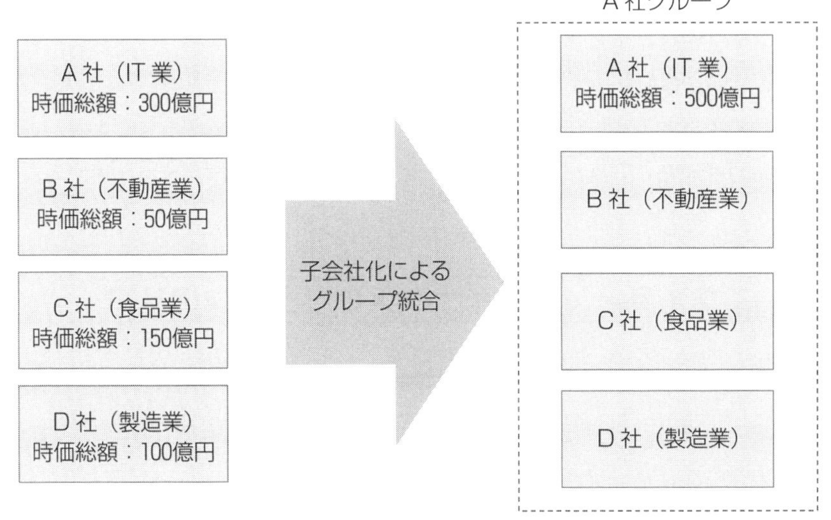

的に評価していく傾向が強くなることから生じます。

企業の業績を拡大するうえではさまざまな事業を行っていく必要がありますが，やみくもに規模を拡大しても株式価値の向上につながるわけではありません。それぞれの業種が株価に与える影響を考慮して，企業グループを形成していく必要があるのです。

3．市場性を重視するか，信用力を重視するか，担保を重視するか？

ファイナンスを行う際には，投資する会社の信用力を判断し，信用力を補完するために担保での保全を最大限図っていくことが重要です。

ただし，エクイティ・ファイナンスは，デット・ファイナンスよりも劣後したファイナンス手法なので，担保による保全は実質的に不可能です。株式投資を行っても，不動産の抵当権を設定することはできませんし（厳密に言えば近い状態にすることは可能です)，担保処分による回収も，債権者に劣後します。

ただし，エクイティ・ファイナンスには，市場での売却可能性があります。

ベンチャー・キャピタルとして，ベンチャー企業に投資している場合，投資先の企業がIPOをすれば自由に株式を売却できます。

ファイナンス手法によって，メリット・デメリットは必ずありますが，市場での売却可能性という点が，エクイティ・ファイナンスのメリットと言えるでしょう。

4．エクイティ・ファイナンスのリターンの特徴

エクイティ・ファイナンスのうち，非上場企業への投資やPE（プライベート・エクイティ）投資を行う場合，投資家にはどうしても気になってしまうJカーブという特有の投資効果があります。

不動産投資を行う場合，賃料収入から発生するインカム・ゲインと物件売却によるキャピタル・ゲインの2種類が発生します。これに対して，PEファンドの場合は，投資している株式の売却によってキャッシュ・フローが発生するため，キャピタル・ゲインしか発生しません。

エクイティ投資を行う場合，通常，投資してからEXITまで数年かかります。PEファンドの一般的な投資期間は5～7年程度といわれていますが，不動産のように毎年の収入がありませんので，投資先売却の成否によって，いくら儲かるかが違ってきます。VCの場合は投資先の大多数が失敗したとしても，運よくグーグルやフェイスブックのような有望なベンチャー企業に投資できればトータルで儲かります。PEファンドの場合，投資先が既にある程度成熟した会社のため，ベンチャー企業ほどの投資利回りは見込めず，VCほど失敗は許されません。

投資回収を行うまでの間は，費用負担が発生し，株式の売却によってそのコストを吸収して最終的にプラスのリターンを確保します。

投資期間における投資価値のイメージを図示したものが**図表10－3**です。投資時点から徐々にマイナスになり，最終的にプラスになって終了するというアルファベットの「J」の字に似た動きを示します。PEファンドの場合，当初5

年間程度は投資先の売却がないためディールコストやリストラコストなどで損益はマイナスになり，その後利回りがプラスになっていくという特徴があります。

【図表10－３：PEファンドの投資利回り】

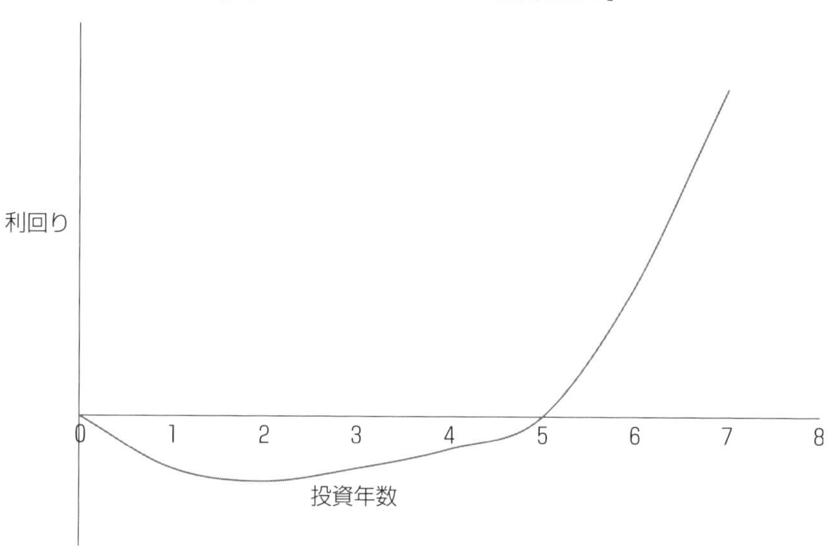

定期的なリターンの発生する不動産ファンドとPEファンドを比較したのが**図表10－４**です。PEのほうが売却可能となるまでの期間が不動産よりも長くなることから投資年数も長くなり，投資期間の当初数年間は利回りがマイナスになるというJカーブが存在しているため，我慢強く投資できる投資家でないと継続保有することができないのかもしれません。

【図表10－４：不動産ファンドとPEファンドの比較】

	不動産ファンド	PEファンド
投資期間	５年	**５～７年**
インカム・ゲイン	有	**無**
キャピタル・ゲイン	有	**有**
利回り水準（年率）	10%前後	10～20%

5．ヴィークルによる違い（会社形態と組合出資）

エクイティ・ファイナンスの際に投資対象となるヴィークルの会計・税務の関係を要約すると**図表10－5**のようになります。

組合型の出資や信託への投資は，基本的には自分で保有しているのと同じよ

【図表10－5：出資形態による会計・税務処理の違い】

形態	根拠法	投資家責任	構成員課税	投資家の会計処理
任意組合	民法	無限	有	〈純額法〉 B/S：持分相当額を出資金として処理 P/L：収益・費用の純額の持分相当額を損益として処理 〈総額法〉 B/S，P/L：持分相当額を同一科目で処理 〈中間法〉 B/S：持分相当額を出資金として処理 P/L：持分相当額を同一科目で処理
有限責任投資事業組合(LPS)	有限責任事業組合法	有限	有	任意組合と同様
投資事業有限責任組合（LLP)	有限責任組合法	無限/有限	有	任意組合と同様
匿名組合（TK)	商法	有限	有	任意組合と同様
信託	信託法	－	有	原則：直接保有として処理 例外：有価証券として処理
特定目的会社(TMK)	資産流動化法	有限	有/無	有価証券として処理
合同会社	会社法	有限	無	有価証券として処理
株式会社	会社法	有限	無	有価証券として処理

うに会計処理と税務処理が行われます。

これに対して，株式会社，合同会社などの会社形態の出資は，法人段階で課税されます。

構成員課税のことを「パススルー」といいますが，これは税金が投資ヴィークル（組合，会社など）の段階でかからずに，投資家の段階でかかってくることをいいます。投資ヴィークルの段階で課税されると，二重課税となるため，投資家としてはパススルーできる投資ヴィークルを好みます。

仮に，投資するヴィークルがパススルーができない場合，実効税率が40%とすると，**図表10－6**のように二重課税されます。

この場合は，

- 投資対象（組合，会社）で課税：40
- 投資家の段階で課税：24

【図表10－6：パススルーできないケース】

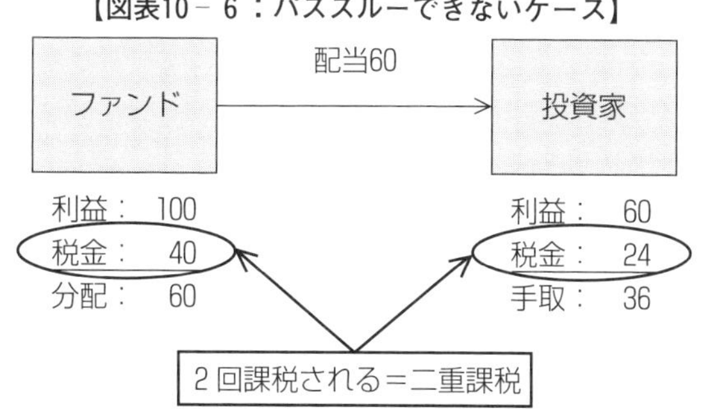

【図表10－7：パススルーできるケース】

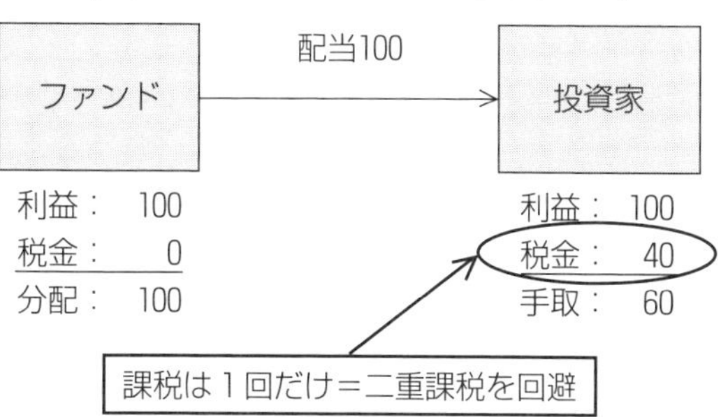

となるので，合計64の課税が発生します。

これに対して，パススルーできるケースは，**図表10－7**のように，投資家の段階で課税されるため，税金は40ですみます。

6．資金調達を予約する（コミットメント・ライン）

新株予約権は，保有者がオプションを行使できるのが通常のタイプですが，中には発行体（会社）からオプションの行使ができるタイプのものが存在します。このような形態で発行される新株予約権は，エクイティ・コミットメント・ラインといわれています。エクイティ・コミットメント・ライン契約は，機動的に増資による資金調達を行いたい会社が，**あらかじめ証券会社等と一定の割引率で株式を引き受ける契約を締結**し，資金が必要な時点で資金調達を行っていくというものです。デット・ファイナンスにもコミットメント・ライン契約がありましたが，エクイティ・ファイナンスにもあります。

通常の新株予約権は，キャピタルゲインを狙った投資リターンを確保するために利用されますが，エクイティ・コミットメント・ラインは，主として企業の資金調達のために利用されます。

この契約は，**新株予約権のように投資家の都合で資金が入ってくるものではなく**，発行会社が資金調達の時期を決定できるため，発行会社に比較的有利な契約形態といえます。

エクイティ・コミットメント・ラインの場合，行使価格を一定にしてしまうと，株価が行使価格を下回った場合，資金調達ができなくなってしまうため，

【図表10－8：通常の新株予約権とエクイティ・コミットメント・ラインの違い】

名　称	行使できる人	行使の目的	株高時の行動
通常の新株予約権	投資家	キャピタル・ゲイン	行使する 売却益を得るため
エクイティ・コミットメント・ライン	発行会社	資金調達	行使する 調達資金が増加するため

一般的には行使価格が株価に応じて変動するMS（ムービング・ストライク）ワラントが発行されます。

MSワラントの行使価格には「株価×90%」のようなディスカウントがありますが，新株発行の場合も株価に対して10%以下のディスカウントが行われるため，MSワラントの条件が特に有利というわけではありません。

7．審査部がチェックするポイント

ファイナンスを行う際の審査項目は，各金融機関によってさまざまですが，基本的な考え方は共通していると思います。ここでは，エクイティ・ファイナンスをどのように検討していくかについて触れていきます。

非上場会社に対するエクイティ・ファイナンスでは，主に以下の2つを検証する必要があります。

- 会社に投資することによっていくらのリターンが発生するか
- 事業計画は，どれぐらいの確率で達成できて，いつ回収できるのか

ここではマンション建設・販売を行う溜池建設を例にして検討します。

溜池建設は，建設費20億円をかけてマンションを建設し，2年後に販売単価20百万円のマンションを150部屋販売する計画です（**図表10－9**）。建設費20億円に関しては，**図表10－10**のように，シニア10億円，メザニン5億円，エクイティ（自己投資）5億円で資金調達を予定しています。

仮に，溜池建設の計画通りに，2年後にすべてのマンションが完売したとすると，**図表10－11**のように，エクイティのリターンは52.6%となります。

ただし，必ずしも計画通りすべてのマンションが売却できるわけではなく，時期も必ず2年後になるわけではありません。

【図表10－9：販売計画】

販売単価	20百万円
販売戸数	150部屋
建設期間	2年

【図表10－10：資金調達の内訳】

資金調達先	利率・支払割合	返済順位	金　額
虎ノ門銀行	年率３％	1	10億円
港キャピタル	シニア返済後残額の40％	2	５億円
溜池建設	メザニン返済後残額の金額	3	５億円

【図表10－11：計画通りに建設・販売できたケースのエクイティ・リターン】

（単位：百万円）

年　数	0	1	2	
収入			3,000	①＝20百万円×150部屋
支払利息			60	②＝10億円×３％×２年
元本返済額			1,000	③
シニア分配後残高			1,940	④＝①－②－③
メザニン分配額			776	⑤＝④×40％
メザニン分配後残高			1,164	⑥＝④－⑤

投資額			500	⑦
利回り（IRR）			52.6％	$(⑥/⑦)^{0.5}-1$

【図表10－12：計画通りに建設・販売できなかったケースのエクイティ・リターン】

（単位：百万円）

年　数	0	1	2	3	
収入			1,500	1,125	①
支払利息			60	0	②
元本返済額			1,000	0	③
シニア分配後残高			440	1,125	④＝①－②－③
メザニン分配額			176	450	⑤＝④×40％
メザニン分配後残高			264	675	⑥＝④－⑤

CF	－500	0	264	675

利回り（IRR）	26.3％

仮に，2年目にすべてのマンションが売却できず，完成したマンションのうち，2年後に20百万円で75室を売却し，3年後に15百万円で75室売却した場合は，**図表10－12**のようになります。

この場合は，エクイティの投資利回りが26.3%に下がり，市場環境の変化によってエクイティ・リターンが大きく変動します。

このように，資金回収の時期や，金額の変化をよく分析し，今後の価値の下落リスクをどこまで見込んでいくかという点から，判断をしていく必要があります。

コラム　新株予約権による資金調達

投資家に新株予約権を発行して資金調達する方法は，上場会社にとって最も簡単な資金調達方法の1つです。普通株式の公募増資を行う場合は，手続が面倒なのに加えて，公募増資の金額が調達希望額に達するかどうかもわかりません。

投資家（たとえば，証券会社）に第三者割当増資で発行する場合も，有価証券届出書を発行する2週間前までに提出しなければなりませんが，その2週間の間に株価が変動します。時価よりも低い価格で発行される場合は，他の投資家に空売りされます。また，2週間経過して株式が投資家の手元に届いたとしても，即座にすべての株式を売却することはできないため，価格が下落するリスクにさらされ続けます。

企業の業績が劇的に改善することが見えている場合は別ですが，長期間の株価変動リスクをとって株式を引き受けようと思う投資家は少ないので，株式発行増資は敬遠されます。

投資家からすれば，常に価格変動リスクを抱える株式を保有するよりも，ポジションを抱えない新株予約権のほうが投資しやすいのは言うまでもありません。

新株予約権はすでに説明しましたが，行使価格で株式を取得することができるオプション取引です。株価が100円，行使価格を固定（たとえば100円）の新株予約権を発行した場合，株価が100円（行使価格）を超えないと予約権の行使が行われません。株価が下がり続ければ，発行してから一度も株価が100円を超えないかもしれません。

新株予約権を発行する上場企業は資金調達したいので，新株予約権を行使してもらいたいのに，株価が下がると資金調達できません。

【図表10－13：新株予約権の発行体と投資家のニーズ】

当事者	ニーズ
発行体（会社）	資金調達したいので，新株予約権を行使されないと困る
投資家	株価変動リスクを抱えたくない（新株予約権であればOK）

このような発行体と投資家のニーズ（**図表10－13**）をマッチさせるのがMSワラントです。

MSワラントは行使価格修正条項型（Moving Strike）の新株予約権で，常に行使価格を株価の90%などの条件に設定し，株価が変動しても投資家に一定の利益が発生するように調整します。

さて，このMSワラントですが，発行体と投資家の株価に対する考え方が逆方向です。具体的には，**図表10－14**のように，発行体は株価を下げたくないのに対して，投資家は株価が下がってほしいと思っています。

【図表10－14：発行体と投資家の株価に対する考え方】

当事者	考え方
発行体（会社）	既存株主に損させたくないため，株価は下げたくない
投資家	株価が下がったほうが儲かるため，下がってほしい

発行体のほうは説明するまでもないため，投資家のほうを説明します。

ここでは，MSワラントの発行時の株価が120円で，行使価格が株価×90%とします。投資家は**図表10－15**のように，先に空売り（信用売り：他人の株式を借りてきて売ること）をして株価を80円まで下げていきます。平均100円で株式を売却（空売り）し，行使価格72円（株価80円×90%）で新株を取得して信用売りの現渡し（空売りの返済に充当）すれば，28円（38.9%＝28円÷72円）儲かります。株価が変化しなければ12円（11.1%＝12円÷108円）しか儲からないのに，空売りして株価を下げれば利益が増えました。

このように，投資家からすれば株価が下がったほうが（空売りして株価を下げた方が）儲かるのです。

【図表10－15：MSワラントから発生する投資家の利益】

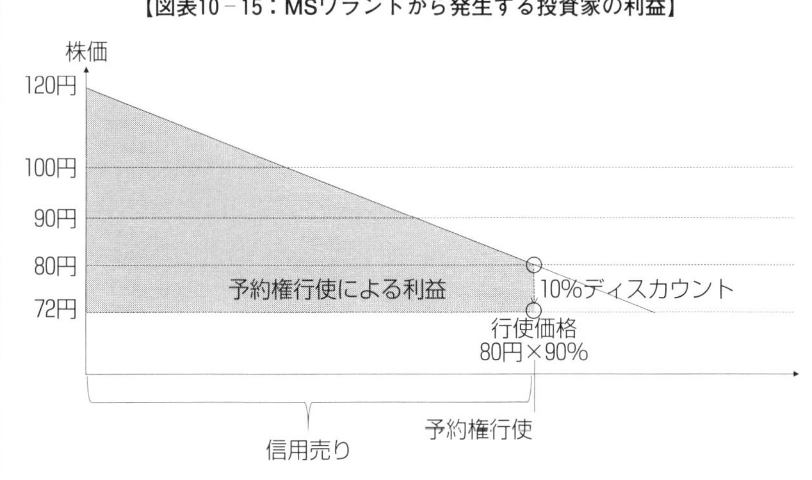

図表10－15のような取引は，既存株主に配慮して普通は行われませんが，投資家がその気になれば，できなくはありません。

新株予約権による資金調達は，上場企業にとって重要な資金調達方法ですが，利害を調整する必要があるのです。

第11章

応用型のファイナンス

近年は，ファイナンス手法が多様化しており，デット・ファイナンスやエクイティ・ファイナンスに単純に分類しにくいファイナンス手法が増えています。ここでは，そのような応用型のファイナンス手法について，説明していきます。

1．調達方法（資本構造）の最適化を考える

加藤さんは，目黒セラミックの志村社長から「買収したい会社がある」とのことで呼ばれました。

志村社長：同業の中野工業から事業承継の一環で，売却の意向があると相談があったんだ。細かい点は今後交渉するとして，価格については概ね合意できたと思う。
中野工業は特に目新しい技術を有しているわけじゃないけど，業績が安定していて，毎年安定的なキャッシュ・フローを生み出している。
加藤さんにいろいろ聞いているうちに今回の買収でLBOを利用できないかと思って来てもらったんだ。

加藤さん：買収金額はどれくらいですか？

志村社長：株式の売却価格は10億円だけど，借入金の10億円もリファイナンスが必要と言われてる。中野工業は5億円の現預金を保有しているから，ネットデットは5億円，EVは15億円ということになるね。
年間のEBITDAは3億円だから，EVは5倍だね。

加藤さん：15億円が実質的な買収金額ですね。それで，借入はいくら必要ですか？

志村社長：借入金＋株式として，うちが５億円を出すから，15億円を融資して欲しい。そのうち５億円は中野工業にある現預金から返済するからブリッジになると思う。10億円だと，EBITDAの3.3倍だから，５年間の弁済でお願いしたいと思っている。

加藤さん：悪くないですね。すぐに行内で検討します！

少しわかりにくいかもしれないので，念のために，この案件のスキームを説明します。まず，株式譲渡代金10億円，既存借入のリファイナンス資金10億円の合計20億円について，買収専用の会社（SPC）を設立して，虎ノ門銀行からの融資15億円，目黒セラミックからの出資５億円で資金調達します。

SPCは調達した資金で，株主から中野工業株式100％を10億円で取得します（**図表11－１**）。

【図表11－１：資金調達と株式譲渡】

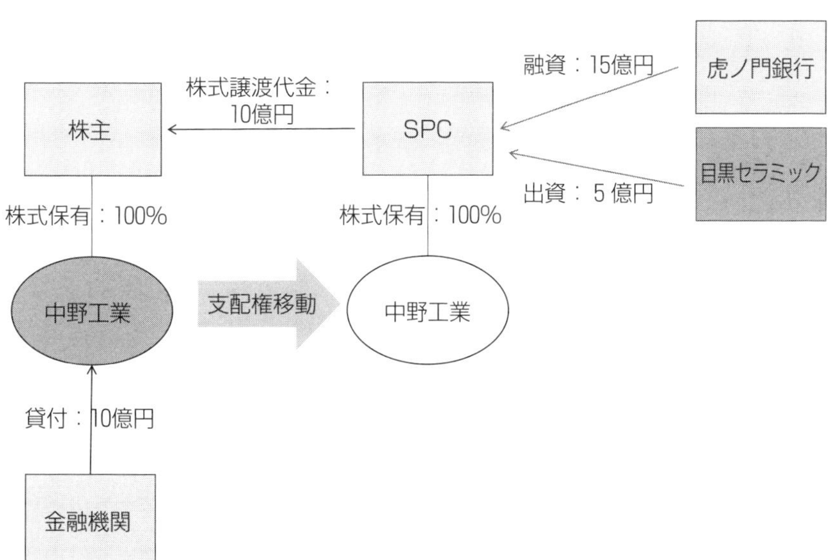

株式売買によって，中野工業はSPCの100％子会社になりました。その後，SPCは中野工業に既存借入金10億円の返済資金を貸付します。この際の親子会社間の貸付を，一般的に「インターカンパニー・ローン」といいます。中野工業はSPCからの借入金10億円で，既存借入金の返済を行います（**図表11－2**）。

【図表11－2：インターカンパニー・ローンとリファイナンス】

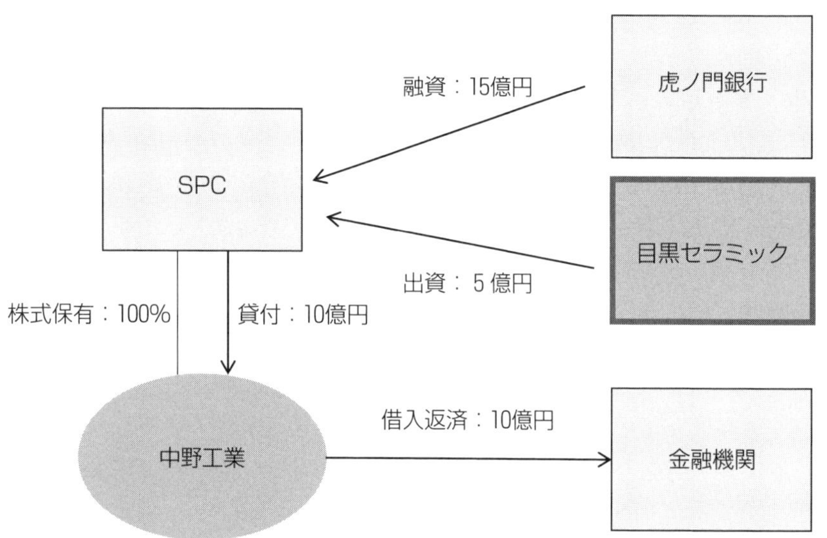

リファイナンス後は，中野工業の手許預金５億円からSPCへの借入を返済し，SPCは返済代金５億円を虎ノ門銀行からの借入返済に充当します（**図表11－3**）。虎ノ門銀行の融資額は15億円ですが，このうち５億円はすぐに返済される「つなぎ融資（ブリッジ・ローン）」なので，虎ノ門銀行の実質的な与信額は10億円です。

【図表11－3：ブリッジ・ローンの返済】

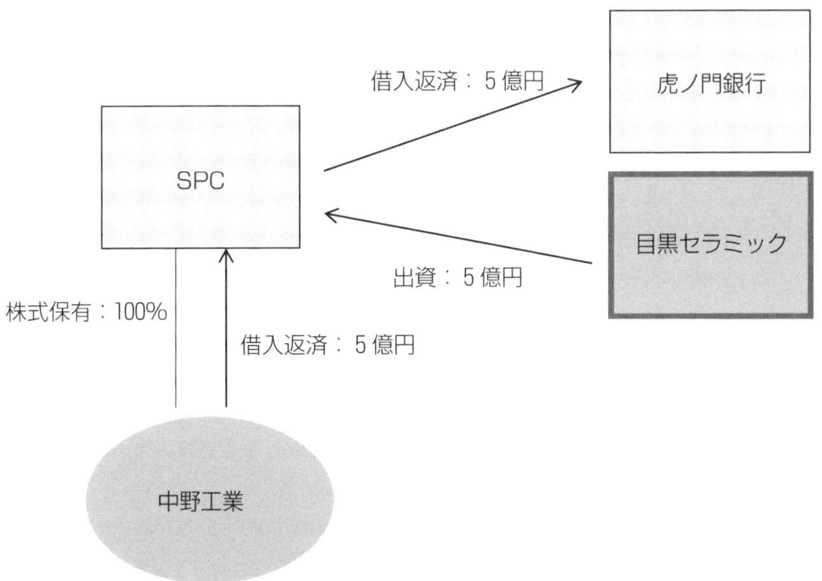

上記が会話文の一連のスキームです。LBOの場合，その後，SPCと対象会社（本件では中野工業）が合併しますが，これも資本構造を変えるファイナンス手法です。なお，LBOのスキームについては「第11章５．M&Aにおける資金調達」で解説します。

会社の資本構造は，株主と債権者の割合をどのように設定していくかが課題となります。

株主と債権者の割合を調整して，会社として最適な資本構造を作っていくために，エクイティ・ファイナンスとデット・ファイナンスをどのような割合で行っていくかを考えていかなければなりません。

たとえば，自己資本の割合に関しては，債権者と株主の間では，以下のような利害の不一致が存在しています。

- 負債調達を行うために，自己資本比率を上げなければならない
- 株価を向上させるためには，自己資本比率を下げなければならない

資金効率，投資期間，格付けへの影響，株価への影響を総合的に勘案して，最適な資本構造を考えていかなければなりませんが，いくつかのファイナンス手法では，負債と純資産の調整を行うようなタイプがあります。

まず，負債から純資産に振り替える方法としては，**図表11－4**に例示した新株予約権付社債とDES（デット・エクイティ・スワップ）があります。

新株予約権付社債は，発行時には社債（負債）ですが，新株予約権を行使することにより純資産に振り替わります。

また，DESは，金融機関からの貸付金を優先株式などに振り替えることにより，負債を純資産に振り替えるものです。従来は，主に金融支援として行われていましたが，資本構造を調整するために利用されるケースもあります。

【図表11－4：負債から純資産に振り替えるファイナンス】

企業のB/S

現金預金	有利子負債
売上債権	
不動産	純資産

投資家

◆新株予約権付社債（旧転換社債）
◆DES（Debt Equity Swap）

新株予約権付社債（旧転換社債）は新株予約権が付与された社債で，社債を株式に転換することが可能です。
DESは，借入金を株式に転換することが可能となる契約で，主に金融機関による財務改善支援のために実施されています。
これらは，一度は有利子負債（B/Sの右上）で調達するものの，最終的には，純資産（B/Sの右下）に振替が行われるタイプのものです。

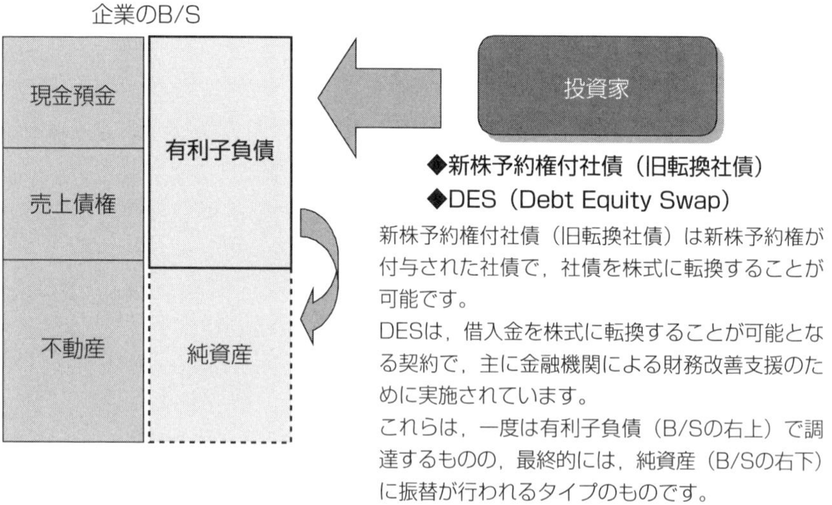

純資産から負債に振り替えるファイナンスとしては，**図表11－5**に例示したリキャップがあります。リキャップは，負債で資金調達（レバレッジ）を行い，調達した資金を利用して自社株買いなどを行うことによって，自己資本比率を下げる手法です。

負債と純資産の振替手法をいくつか例示しましたが，他にも，負債を資本性のある負債（たとえば，劣後債務）に振り替えるDDS（Debt Debt Swap）と言われる方法もあり，これも資本構造を調整するためのファイナンス手法と言えます。

【図表11－5：純資産から負債に振り替えるファイナンス】

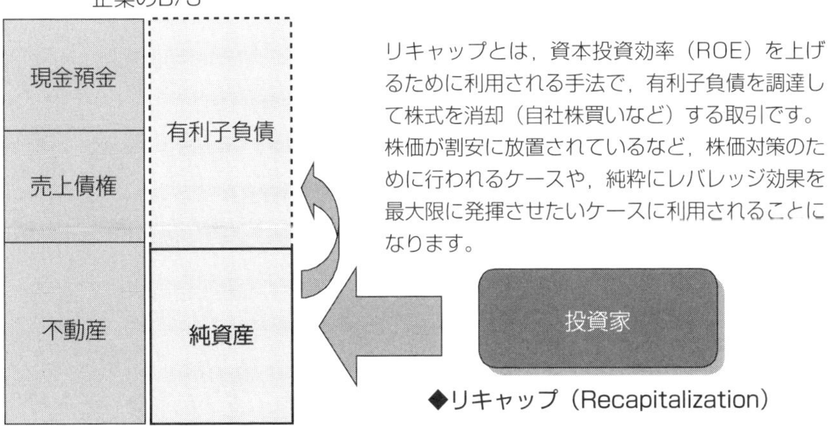

2．返済順位を付けた提案（優先劣後構造）

資金調達を行う場合，**図表11－6**のような優先劣後構造を設ける場合があります。

これは，資金調達先によってリスク・リターンの選好が異なるため，それぞれの資金調達先に応じたファイナンスを行う必要があるためです。

ここで，優先劣後構造を設けることを，トランチング（Tranching）といい，各部分をトランシェ（Tranche）といいます。

【図表11－6：優先劣後構造】

資金調達額の内訳　トランシェの呼び方　会計上の区分　リスク・リターンの構造

調達金額
シニアローン
劣後ローン
劣後債
優先株式
普通株式
シニア
メザニン
エクイティ
負債
純資産
ローリスク・ローリターン
ハイリスク・ハイリターン

ちなみに，不動産ファイナスにおける優先劣後構造は，**図表11－7**のようになります。不動産案件の場合は，エクイティ投資家は普通株式などを売却してEXIT（出口）するのではなく，SPC（特別目的会社）が不動産物件を売却し，投資家等にパススルー（構成員課税）して金銭を分配するという方法を採用します。このため，メザニンとして優先株式を利用するようなスキームは採用せ

【図表11－7：不動産ファンドの資金調達方法によるリスク・リターンの関係】

資金調達の内訳　トランシェの呼び方　会計上の区分　リスク・リターン

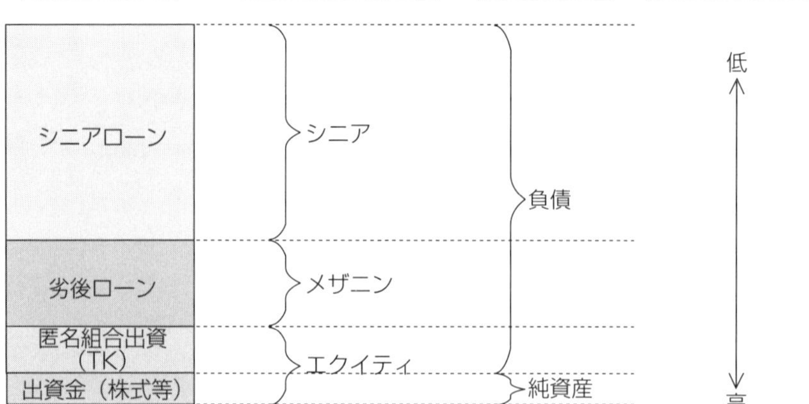

ず，匿名組合（TK）出資を利用してSPCに発生した損益をエクイティ投資家に直接分配するという方法をとります。

優先劣後構造において，最も返済順位が高いのが「シニア」で，最も低いのが「エクイティ」です。ここでは，各トランシェの内容について，簡単に解説します。

◉— シニアとは

「シニア（Senior）」とは，通常の貸付です。金銭消費貸借契約に従って，「いつ・いくら支払う」というものが契約上定められていて，その契約上の取決めを破ると，債務不履行（デフォルト）になります。

◉— メザニンとは

「メザニン（Mezzanine）」は「中二階」という意味ですが，これは「シニア」と「エクイティ」の間にあることからきています。

このうち，「劣後ローン・劣後債」は調達先から見ればシニアと同じ“負債”ですが，通常はシニアの返済が問題ない水準でなければ，劣後ローン等を返済できないような契約になっています。

「優先株式」は調達先から見れば普通株式（エクイティ）と同じ“純資産”ですが，償還を前提とした設計になっている点が普通株式と異なります。優先株式の場合は，法的な債務ではないため，シニア（負債）に劣後します。

メザニンをシニアよりも劣後させるために，以下のような条項が契約に定められます。

- シニアとメザニンにおける関係者間合意書（Inter Creditor Agreement）が締結され，契約によって劣後の扱いを受けることを合意させる
- 償還期限がシニアよりも長く設定されている（期間劣後）
- 残余財産分配権に関する劣後条項（返済に関する劣後）
- 一定の財務比率をクリアしなければ，強制的に弁済が繰り延べられる条項
- 一定水準以上の現預金が存在する場合の，シニアの強制期限前弁済条項

◉―　エクイティとは

「エクイティ（Equity）」とは，企業の場合は普通株式，不動産ファイナンスの場合はTK出資です。普通株式は法的な債務ではなく，シニアに劣後します。「メザニン」として優先株式で調達する場合は，“株主間契約”によって，優先株式を償還するまでは普通株式の配当を行わないなどの取決めを設けます。

3．負債＋資本の提案（ハイブリッド・ファイナンス：新株予約権付社債と優先株式）

ハイブリッド型のファイナンスとしては，新株予約権付社債や優先株式が代表的です。

ハイブリッド型は，**株式（エクイティ）と債務（デット）の側面を兼ね備えたファイナンス手法**です。

◉―　新株予約権付社債と優先株式

新株予約権付社債は，新株予約権がセットになった社債で，権利行使をして普通株式に転換するタイプ（旧転換社債型：CB型）と独立して新株予約権を行使できるタイプがあります。通常は，CB型です。

優先株式は，種類株式の節で説明しましたが，配当や残余財産の分配が普通株式よりも優先する株式です。ベンチャー・キャピタルが引き受ける優先株式には，議決権が付与されている場合がありますが，通常は，議決権が付きません。特に，銀行の場合は，５％ルール（議決権の５％を超えて株式を保有することを制限する規制）があるため，議決権が付与されていると困るのです。

発行時のハイブリッド証券は，シニア，メザニン，エクイティの区分でいえば，シニア～メザニンに相当し，エクイティに振り替わる性質を有しています。

この点を図示したのが，**図表11－8**です。

新株予約権付社債は，シニアで発行される場合も，メザニンで発行される場合もあります。新株予約権が行使されると，エクイティに振り替わるため，シニア・メザニンからエクイティに振り替わるファイナンスです。

優先株式は，発行時はメザニンで，新株予約権または普通株式転換条項が付与されていれば，エクイティに振り替わるファイナンスです。

【図表11－8：ハイブリッド型ファイナンスの投資対象】

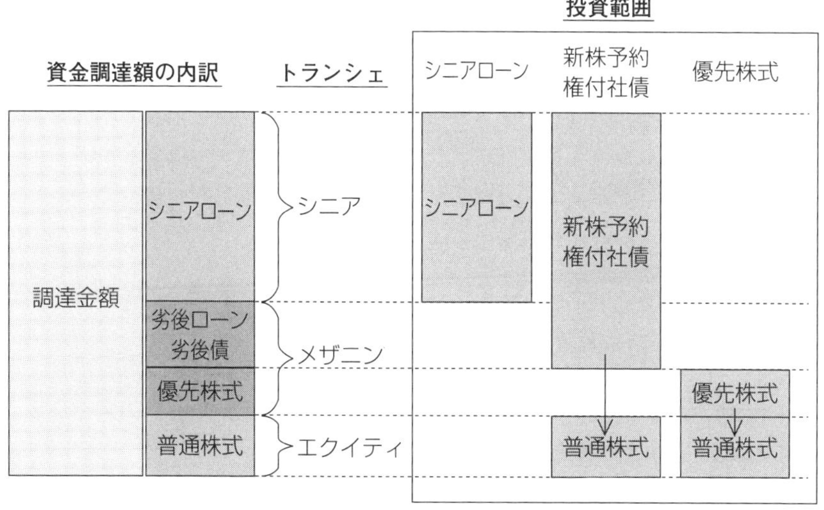

◉— ハイブリッド証券の資本性

ハイブリッド証券のうち一定の条件を満たすものは格付機関による格付けなどで，資本性を有していると判断されます。

格付けは社債等の負債に関する順位付けなので，資本性が認められれば普通社債等（シニア）の格付けにはプラスにはたらきます。資本性の基準は格付機関によって異なりますが，一般的に，**一般的な社債や貸付よりも劣後する証券（より普通株式に近い）のほうが資本性は高く**なります。

新株予約権付社債も優先株式も，発行当初は普通株式ではないものの，普通株式に転換することができたり，社債や貸付よりも劣後することによって，ハイブリッド証券としての性格を有しているといえます。

ハイブリッド証券の調達サイドのメリットとしては，

- 資本性があると判断されるとシニアの格付けに有利にはたらく
- 優先劣後構造を作ることによってシニアの調達金額を増加させることがで

きること
- 普通株式に転換できるオプションを付与することによって，調達コストを抑えることができる
- 普通株式を発行するわけではないため，直ちに会社の支配権に影響を与えるわけではない

ということが挙げられます。

ハイブリッド証券の投資家サイドのメリットとしては，
- シニアよりも劣後するために，リターンが高い投資が可能となる
- 投資対象の事業が，当初の事業計画よりも順調に推移した場合，キャピタル・ゲインを得ることができる

ということが挙げられます。

◉— 利息・配当の支払条件

ハイブリッド証券は，シニアの利息支払がストップした場合，ハイブリッド証券の利息・配当支払もストップする場合があります。

利息・配当支払が停止されるハイブリッド型のファイナンスでは，**図表11－9**のようなリターンをトータルで判断して投資を行うことになります。

特に，劣後ローンや優先株式に設定されるPIKは，少し特殊ですので説明します。

たとえば，投資家が10%のリターンを要求していても，会社には毎年10%を支払う安定したキャッシュ・フローはなく，プロジェクトが成功した時に，一

【図表11－9：ハイブリッド・ファイナンスのリターンの内訳】

分　類	内　容
現金支払額	金銭消費貸借契約書や発行要項に定められた現金支払額
累積額（PIK）	Payment in Kind（直訳すれば，あるとき払い）で，現金支払が行われず利息・配当相当額が累積していき，最終回の元本返済と合わせて利息・配当相当額が支払われる後払いタイプの支払
新株予約権（エクイティ・キッカー）	新株予約権を付与することによって，事業が順調に推移した時に得られるリターン

括して支払おうと思っています。このような場合，会社はまとまったキャッシュ・フローが発生するまでの期間は，利息・配当の支払を繰り延べてほしいと思うはずです。

会社と投資家のニーズを満たすには，契約上であらかじめ利息を繰り延べられるようにしておき，元本回収のタイミングと同時にまとめて支払を行えるような金銭消費貸借契約または発行要項で資金調達します。

なお，PIKはあらかじめ契約上設定されている利息の繰延べなので延滞ではありません。ただし，利息を繰り延べると，投資家の会計上・税務上は，キャッシュが入ってこないにもかかわらず，未収利息として収益認識しなければなりません。

図表11－10は現金支払，PIK，エクイティ・キッカーによるリターンの例示です。リターンの合計はすべて10%ですが，会社の状況に合わせて，内訳を調整することができます。

【図表11－10：ファイナンス案のサンプル】

ケース	A	B	C
現金支払	10%	5％	2％
PIK	0％	3％	5％
エクイティ・キッカー	0％	2％	3％
合計	10%	10%	10%

4．オフバランス取引の提案（証券化・流動化，リース）

オフバランス取引とは，会社のB/S（バランスシート）から消える（オフ）取引，または，会社のB/S（バランスシート）に登場しない（オフ）取引です。会社のB/Sに計上される取引は，オンバランス取引といいます。

オフバランス取引には，流動化・証券化，保証，リースなどさまざまな種類がありますが，まずは流動化・証券化取引から見てみましょう。

◉── 流動化・証券化取引

⑴ 流動化はどのような理由で行われるか

図表11－11は，渋谷不動産の部門ごとの保有資産および損益を示していますが，不動産賃貸部門のプラスを他の部門のマイナスが相殺しています。

このような場合，仮に不動産賃貸部門だけで会社が存在していたとすると，渋谷不動産よりも低い金利で資金調達ができているはずです。

渋谷不動産のように，不動産賃貸部門のみを独立させて資金調達したほうが良い場合には，保有資産を流動化し，資金調達をすることになります。

流動化が行われる理由は，さまざまですが，一般的には，以下のような理由が考えられます。

■ リスクヘッジの手段

投資対象の価値が下落するリスクや，プロジェクトが失敗するリスクなど，さまざまなリスクを抱えることになりますが，流動化した場合には，これらのリスクを他社に移転させることが可能となります。

【図表11－11：渋谷不動産の部門ごと損益】

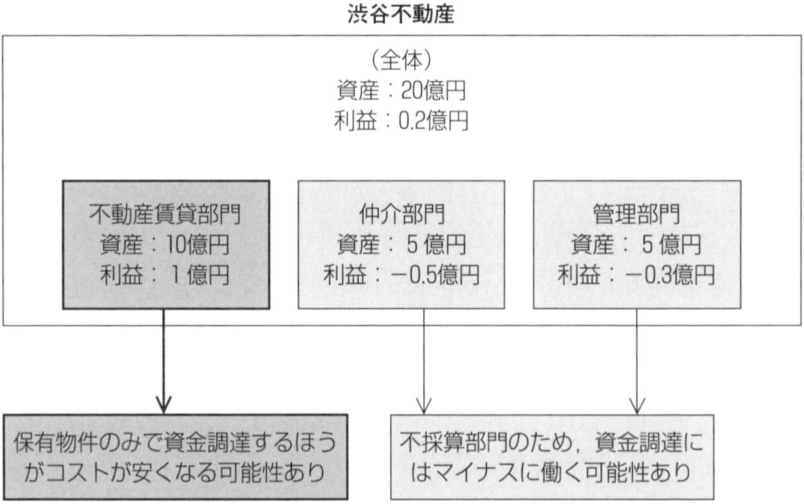

渋谷不動産

（全体）
資産：20億円
利益：0.2億円

不動産賃貸部門	仲介部門	管理部門
資産：10億円	資産：５億円	資産：５億円
利益：１億円	利益：－0.5億円	利益：－0.3億円

↓ 不動産賃貸部門：保有物件のみで資金調達するほうがコストが安くなる可能性あり

↓ 仲介部門・管理部門：不採算部門のため，資金調達にはマイナスに働く可能性あり

■ 低コストでの資金調達

証券化・流動化は**対象資産の信用力を用いた資金調達手法**となるため，対象資産の所有者の信用力よりも対象資産の信用力のほうが高い場合（前述の渋谷不動産のようなケース）は，自ら資金調達をするよりも，低コストでの資金調達が可能です。

■ オフバランス効果

流動化・証券化が売却処理と認められる場合，対象資産をB/Sから控除することができます。これによりROAやROE等の財務指標の改善が期待できます。

ただし，原所有者が出資する場合やリースバックする場合などは売却とはみなされないため，オフバランスが認められるケースは限定的です。

(2) 流動化と証券化の違い

流動化も証券化も，対象となる資産の収益力を裏付けとする資金調達手法であることは同じですので，あまり意味の違いを認識せずに用語が用いられているケースも多く見受けられます。

証券化は**図表11－12**のように，流動化の一形態ではありますが，厳密に用語を使い分ける場合，資産流動化法上の特定社債等の有価証券を発行して，対象資産からのキャッシュ・フローを享受できる権利をより売買しやすい形にした手法と言えます。

【図表11－12：流動化と証券化】

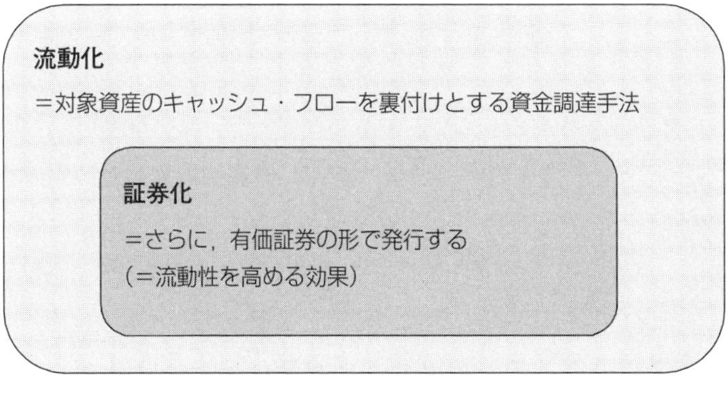

流動化
＝対象資産のキャッシュ・フローを裏付けとする資金調達手法

証券化
＝さらに，有価証券の形で発行する
（＝流動性を高める効果）

(3) 流動化しやすい資産，流動化しにくい資産

流動化がしやすい資産とは，**キャッシュ・フローが読みやすい資産**です。

たとえば，会社に対する貸付金が約弁通りに返済されている場合，キャッシュ・フローが安定した貸付金は流動化しやすい資産です。逆に，弁済が不定期な不良債権の場合は，キャッシュ・フローが安定しないため流動化しにくい資産といえます。

流動化しやすい資産としにくい資産を例示したのが**図表11－13**です。いつキャッシュ・フローが発生するかわからない更地よりも，すでにキャッシュ・フローを生んでいる賃貸ビルのほうが流動化しやすい資産です。

期限前返済が入りやすい住宅ローンよりも，定期的に入ってくるリース料のほうがキャッシュ・フローを読みやすい資産といえます。すなわち，流動化においては，キャッシュ・フローの発生が予定よりも早くても遅くてもいけないのです。

【図表11－13：流動化しやすい資産，しにくい資産】

流動化しやすい資産	⇔	流動化しにくい資産
賃貸ビル		更地
リース債権		住宅ローン
貸付金		不良債権

(4) 流動化の手順

不動産の流動化は，**図表11－14**のように保有物件を売却して，資金を調達します。

流動化には，いくつかのポイントがあり，図表11－14に記載した「倒産隔離」は重要な概念です。「倒産隔離」とは，物件の売買が成立したにもかかわらず，原所有者の倒産リスクを受けてしまうことを回避することです。

たとえば，渋谷不動産が保有している賃貸ビルをSPCに対して譲渡したとします。倒産隔離ができていない場合は，渋谷不動産が倒産してしまうと，不動産売買が否認されて賃貸ビルは債権者への返済に充当されてしまいます。このようなことがあっては，証券化のスキームが破綻してしまいます。

【図表11－14：不動産流動化のイメージ】

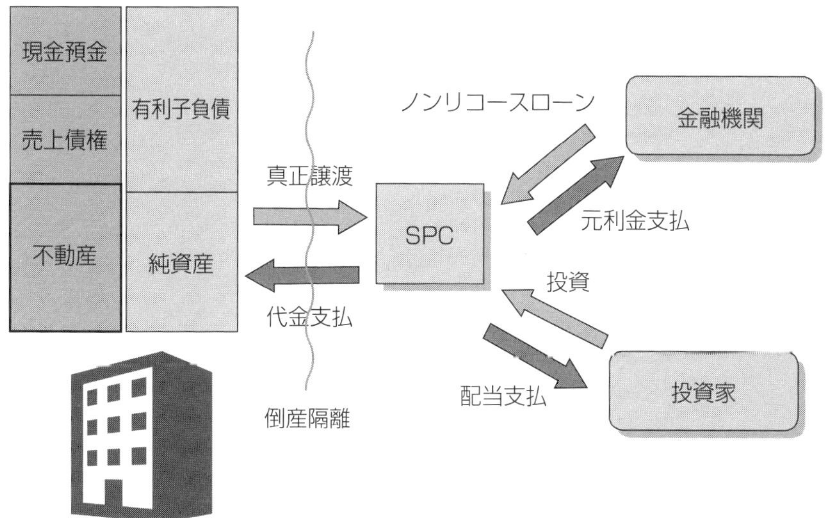

※SPC（Special Purpose Company）とは，特別目的会社のことで，この場合は，**不動産の保有だけを目的**とした会社を指します。

流動化スキームを安定させるために，**原所有者（資産の譲渡人）の倒産リスクから切り離す（隔離する）こと**が重要です。

なお，倒産隔離ができるような要件を満たす売買を，「真正譲渡」といいます。

〈**事例**〉

渋谷不動産は，保有賃貸物件を流動化し，有利子負債の圧縮を計画しています。
不動産売却流動化前の渋谷不動産のB/S，P/Lは，**図表11－15**の通りで，営業利益が50百万円，支払利息が30百万円であり，有利子負債の支払金利の負担がかさんでいます。
このため，賃貸物件を15億円で流動化し，売却資金で有利子負債の圧縮を行います（**図表11－16**）。

この結果，流動化後の渋谷不動産のB/Sは，**図表11－17**のようになりました。

【図表11－15：流動化前の渋谷不動産】

渋谷不動産（売却前）

資産	負債・純資産
現金預金 2億円	有利子負債 15億円
自社物件 5億円	
賃貸物件 15億円	純資産 7億円

	金額（百万円）
売上（賃料）	100
売上（管理報酬）	100
販管費	150
営業利益	50
支払利息	30
税引前利益	20
法人税等（50%）	10
税引後利益	10

【図表11－16：不動産の流動化】

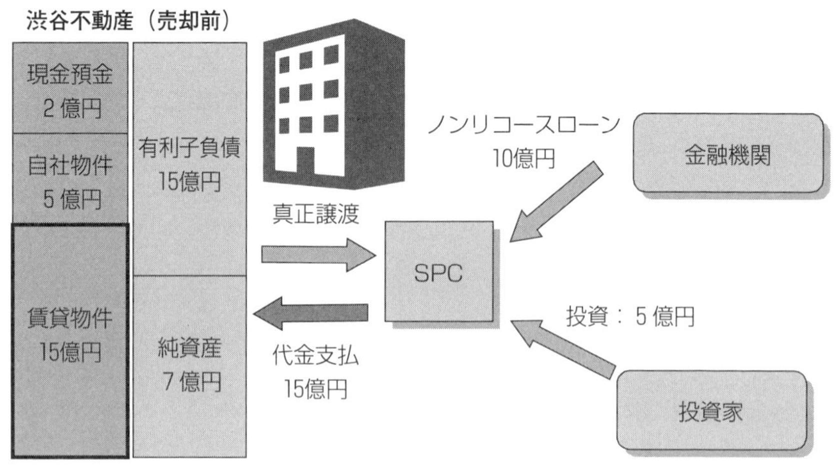

渋谷不動産は，賃料収入は減少しましたが，管理報酬の追加により賃料以外の売上高が増加し，販管費の圧縮により利益水準を極端に下げずに，大幅な有利子負債の圧縮が可能となりました。

【図表11－17：流動化後の渋谷不動産】

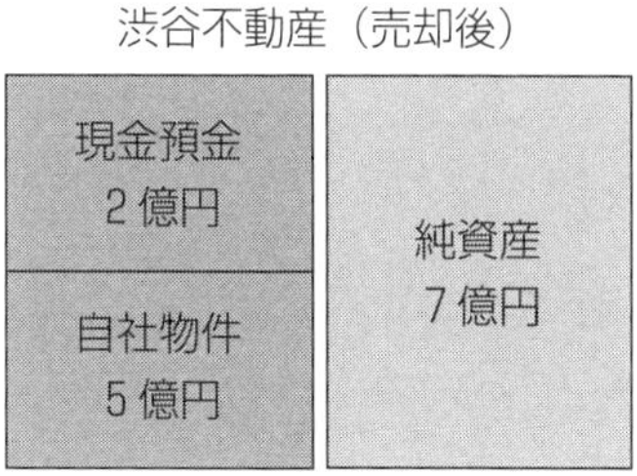

渋谷不動産（売却後）

資産	負債・純資産
現金預金 2億円	純資産 7億円
自社物件 5億円	

	金額（百万円）
売上（賃料）	0
売上（管理報酬）	130
販管費	120
営業利益	10
支払利息	0
税引前利益	10
法人税等（50%）	5
税引後利益	5

◉― リース取引

(1) リース会計基準

リース取引は典型的なオフバランス取引です。ただし，リース会計基準に従った会計処理では**ファイナンス・リースに該当すると原則オンバランス処理（売買としてB/Sに計上する処理）**が必要です。

リース契約は，賃貸借契約です。賃貸借契約なので，リース契約で必要な期間，利用料（リース料）を支払って借りておいて，利用しなくなったら解約します。ただし，金額が大きい資産や特殊な資産の場合，リース会社もリース資産の投資回収の途中で解約されると，次の借り手が見つからなかったら投資回収ができません。このため，解約が事実上できないようなリース契約（ファイナンス・リース）を締結することを希望するはずです。

リース契約には，いったん契約すると基本的にキャンセルできないものがあり，経済実態としては資産を割賦（分割）購入しているのと同じです（毎月リース料という名目で割賦代金を支払う資産購入）。

割賦契約で購入した場合は，B/S計上されるのに，リース契約は賃貸借契約だからB/S計上されないとなっては，経済実態を正しく会計処理できているとはいえません。

このような事情から，リース会計基準においては，一定の条件（ノンキャンセラブル，フルペイアウト（ほぼ解約不能，ほぼ全額支払））を満たすリース契約をファイナンス・リースとしてB/Sに計上することが必要となります。

リース会計基準は，リース取引の経済実態を「賃貸借取引」と「売買取引」のどちらに該当するかを判断し，それぞれに従った会計処理方法を規定しています。リース会計基準におけるリース契約の種類，想定する取引実態，会計処理方法を区分すると**図表11－18**のようになります。

【図表11－18：リース会計基準におけるリースの区分】

リースの種類	取引実態	会計処理（B/S計上）
ファイナンス・リース	売買取引，金融取引	計上する
オペレーティング・リース	賃貸借取引	計上しない

ファイナンス・リースとは，**購入したのとほぼ同じリース取引**です。「リースの価格」と「解約できるか？」という点から以下のように判断します。

- 現在価値基準：現金購入価格の90%を超える
- 経済的耐用年数基準：耐用年数の75%を経過するまでキャンセルできない

ファイナンス・リースは，分割払いで資産を購入するのと同じ取引なので，金融取引として，借入によって資産購入した場合と類似の会計処理（売買処理）が行われます。

(2)　B/S計上による影響

リース会計基準によってファイナンス・リースに該当する場合，リース契約が売買取引とみなされて，B/S計上されます。具体的には，資産として「リース資産」を計上し，負債として「リース債務」を計上する両建て処理（総額処理）によって，B/S計上します。

図表11－19は，リース契約（リース料総額20）が賃貸借取引とみなされるケース（オペレーティング・リース）と売買取引とみなされるケース（ファイナンス・リース）のB/Sを比較したものです。

売買取引に該当する場合，リース資産・債務がそれぞれ20増えており，総資産が100から120（＋20%）に増加しています。総資産が20%増加したことによってROA（総資産利益率）は16.7%（１÷1.2－１）減少し，資産効率が悪

【図表11－19：賃貸借取引と売買取引のB/Sの比較】

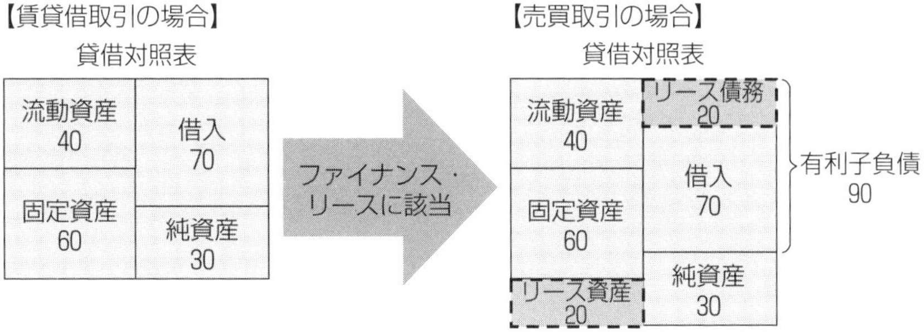

【賃貸借取引の場合】
貸借対照表

流動資産 40	借入 70
固定資産 60	純資産 30

ファイナンス・リースに該当 →

【売買取引の場合】
貸借対照表

流動資産 40	リース債務 20
固定資産 60	借入 70
リース資産 20	純資産 30

（リース債務＋借入）有利子負債 90

化します。

また，リース債務は有利子負債に該当することから，有利子負債残高が70から90に増加し，財務内容が悪化したとみなされる可能性があります。

このように，リース取引をB/S計上することによって，経済実態は変わらなくても，財務数値が変化することにより，財務内容が悪化したとみなされる可能性があるのです。

(3)　リース取引の実務での利用

リース会計基準の適用により，ファイナンス・リースに該当するリース取引は資産効率が落ちるため，オフバランス取引にしたい会社はオペレーティング・リースを契約しようとします。オペレーティング・リースを契約する会社は，前述のB/S計上を避けるというメリットを享受するために契約します。

一方，投資家サイドでもオペレーティング・リースに投資するニーズが存在します。具体的には，節税目的で投資家に販売されるレバレッジド・リースなどです。ここでは代表的なJOLとJOLCOについて説明します。

JOLは，日本型オペレーティング・リース（Japanese Operating Lease）と呼ばれる，航空機，船舶，コンテナなどのリースです。そのうち，借り手（レッシー）に対して，物件買取オプションを付与したものをJOLCO（Japanese Operating Lease with Call Option）と呼びます。

オペレーティング・リースは，ファイナンス・リース（実質的に物件取得と同じリース取引）でないため，貸し手（レッサー）が会計上・税務上資産計上します。

この節税スキームは，リース料を定額で受け取り，保有する資産を定率法で減価償却することによって，リース契約開始後数年間に大きく損失計上（たとえば，出資額の50～60%）します（**図表11－20**）。

リース期間の後半になると，利益が大きく計上されるのですが，取引開始時における課税所得を繰延べしたいという節税目的の投資家のニーズに合致し，取引が頻繁に行われるオペレーティング・リース取引となっています。

【図表11－20：オペレーティング・リースの損益のイメージ】

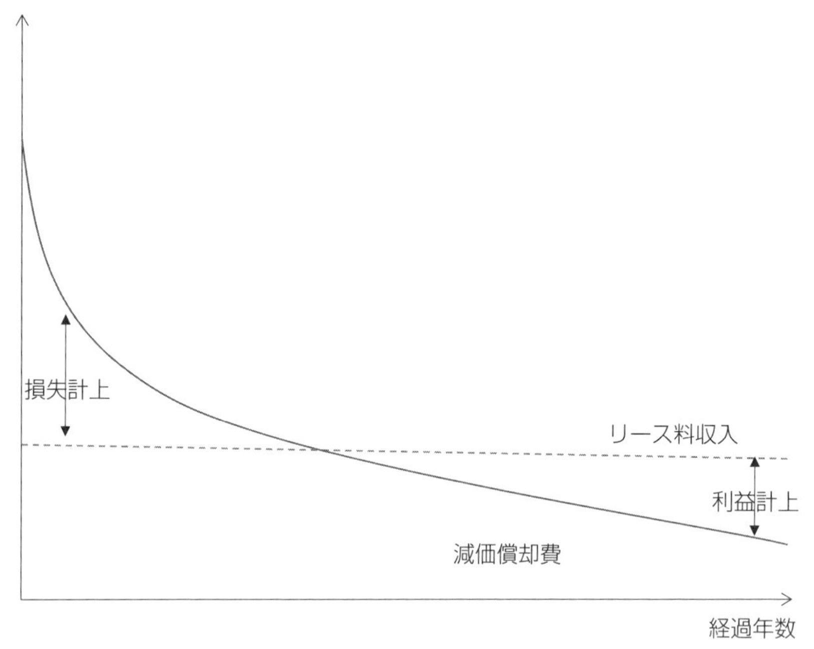

5．M&Aにおける資金調達（MBO/LBO）

MBO/LBOは，自社の資産を担保にして資金調達を行うのではなく，他社を担保に資金調達する方法です。

不動産の流動化は，不動産物件の信用力を利用しているファイナンスと言えますが（**図表11－21**），MBO/LBOは，**他社を担保にして借入金を代わりに返済してもらうことを前提**とするため（全資産担保），100％他社の信用力のみで資金調達します。

MBO/LBOは，自分で資産を保有していなくても，買収ターゲットの保有資産を勝手に担保にしてしまうという，かなり強引なファイナンスです（**図表11－22**）。

【図表11－21：不動産流動化の担保】

【図表11－22：MBO/LBOの担保】

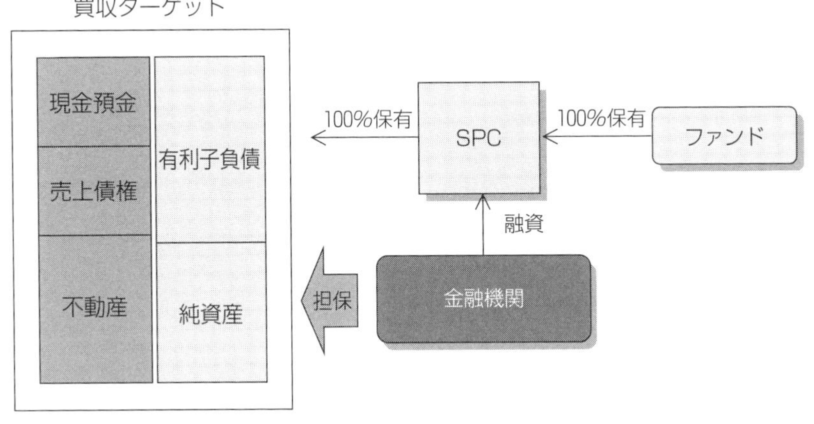

【図表11－23：M&Aと買収ファイナンス】

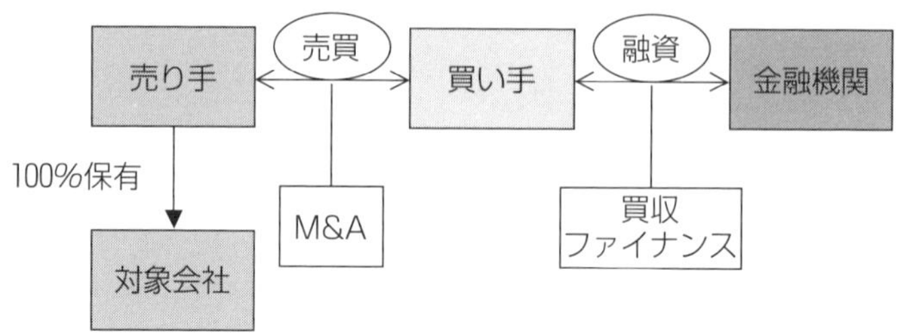

M&Aのための資金調達を広く,「買収ファイナンス（**図表11－23**）」といいますが，なぜ会社を買収する際に，資金調達を行うのでしょうか？

理由は大きく2つあります。

- 買収資金が不足しているから
- 資金調達を行ったほうが，利回りがよいから

前者について話をしても仕方ありませんので，後者について説明します。

PEファンドが，投資価値100の会社を買収し，5年後に投資価値が200になったとします。

買収金額の全額を自己資金で賄った場合，投資価値と株式価値は**図表11－24**のようになります。PEファンドの投資利回りは，以下の計算から100%です。

投資利回り＝回収額÷投資額－1＝200÷100－1＝100%

一方，借入によって投資額の70%を賄った場合，投資価値，負債価値，株式価値は**図表11－25**のようになります。

投資終了時まで借入は投資開始時の借入額以上に増えないため，投資価値の増加はすべて株式の増加につながります。

この場合は，

投資利回り＝回収額÷投資額－1＝130÷30－1＝333%

となり，すべてを自己資金で投資しなかった場合と比べると，3倍以上の利回りになっていることがわかります。これは第7章で説明した「レバレッジ効果」

【図表11－24：レバレッジがないケース】　【図表11－25：レバレッジがあるケース】

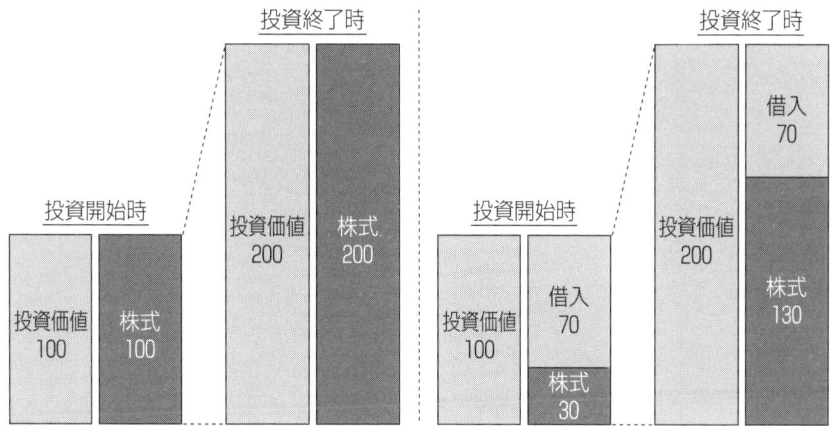

です。

この点から，「なぜ買収ファイナンスが必要か？」という問いに対する答えは，「投資利回りを上げるため」，ということになります。

◉── LBOとは

LBO（Leveraged Buy-Out）とは，企業買収手段の１つで，買収対象企業の資産および将来キャッシュ・フローを担保にして買収資金を調達し，買収を行うものです。

「買収ファンド（バイアウト・ファンド）」と呼ばれるPEファンドは，基本的にはLBOを利用するため，企業買収においては，一般的なファイナンス手法です。

具体的なスキームを以降で解説します。

［SPCの設立・買収］

① Ａ社を買収しようとする投資家が，買収用会社（SPC）を設立します。

② 株式買取に不足する資金を金融機関から調達します。

③ Ａ社の既存株主から，株式を100％買い取ります。

④ 概ね100％購入後，SPCとＡ社を合併させます。

【図表11－26：LBOのスキーム（合併前）】

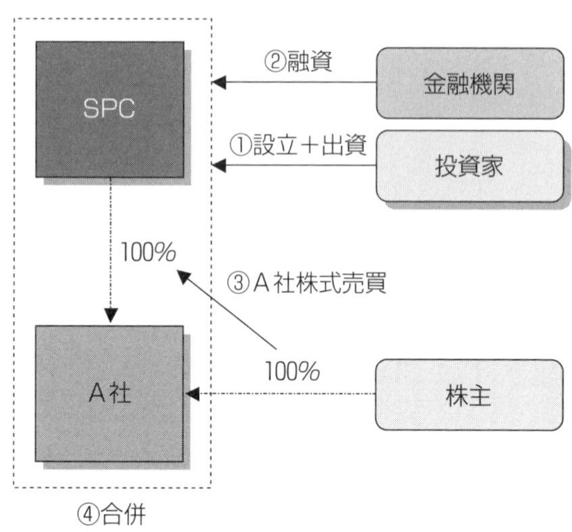

［合併後］

⑤　合併後Ａ社の資産・収益等から金融機関からの融資を返済します。

【図表11－27：LBOのスキーム（合併後）】

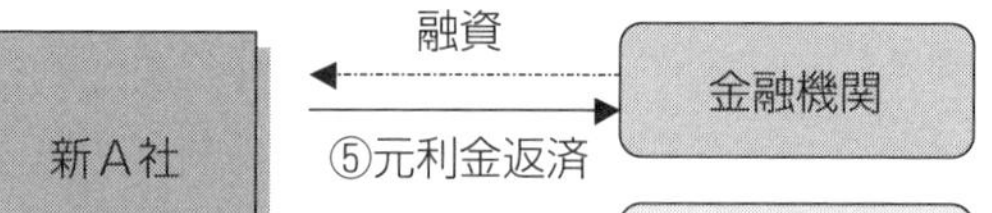

このような手法を利用する理由としては，以下のようなものが考えられます。

- 買収資金を買収対象企業の信用リスクで調達することが可能
- 仮にＡ社が倒産した場合にも，株式価値がゼロになるだけで，融資の返済を遡及されることがない（ノンリコースローン）
- 買収対象会社が直接借入を行ってSPCに資金を融通すると，資本充実という商法・会社法の大原則に反する
- SPCと買収対象会社が合併しないと，直接的な返済原資が配当のみとなり，調達したLBOローンの返済原資が確保しにくい（債務超過となる）

買収手法としてLBOを利用することが適している企業は，余剰資産が潤沢にある企業やキャッシュ・フローが安定的に出る企業です。なお，MBO（Management Buy-Out）は，LBOの一種で，買収する投資家に経営陣（Management）が含まれるLBOです。

MBOにおける経営陣の出資は一部（数パーセント程度）なので，実質的にはPEファンドが出資するLBOと違いはありません。

◉— レバレッジとキャピタル・ゲイン

先ほど，買収ファイナンスにおけるレバレッジは，事業価値を向上させてエクイティ利回りを向上させるための手段と説明しました。これは，MBO/LBOの投資家にベースにある考え方とは少し異なります。ここでは，MBO/LBOにおいて利用するレバレッジをどのようにキャピタル・ゲインに結び付けるかという観点から解説します。

図表11－28のように，対象会社の株式100を取得する際に，借入金50，エクイティ（株式）50で投資したとします（LTV50%）。

対象会社の事業価値（EV）が保有期間において変化せず，対象会社から発生したキャッシュ・フローで借入金を返済すると，事業価値（EV）＝株式価値（LTV０%）となります。保有期間においてエクイティの価値は２倍（キャピタル・ゲインは100%）に増加していますが，会社の事業価値が増加した訳ではなく，ただ単に借入金を返済しただけです。

【図表11－28：レバレッジの返済によるエクイティ価値の変化】

PEファンドの投資家には一般的な考え方ですが，レバレッジ（借入）を返済した分だけエクイティ価値が向上するため，キャピタル・ゲインという観点

からもレバレッジを利用する価値はあるのです。

AM（ファンド運営会社）は，買収した会社の価値（事業価値）を向上させることを目的として行動しますが，エクイティ投資家（PEファンドの投資家）は，保有期間のレバレッジ返済によるエクイティ価値向上によるキャピタル・ゲインの確保をメインに考えています。要は，借入返済によるキャピタル・ゲインが確保できれば良いため，対象会社の事業価値の上昇をあまり期待している訳ではありません。

◉── ファシリティ

LBOでは，会社とSPCの合併を前提とする特殊性から，調達するシニアローンが数種類に分かれる場合があり，それぞれをファシリティ（Facility）とよびます。

主なファシリティは，第９章のシンジケートローンで説明した，タームローンとリボルバー（リボルビング・クレジット）があり，場合によってはブリッジローンを組み合わせる場合があります。

■ タームローン（Term Loan）

特に買収ファイナンスの場合は，借入人は初回の１回のみ，全額を決まった借入日に実行することになりますが，株式を数回に分けて取得をする場合には，一定金額を上限として貸出実行期間を定めて，数回に分けて貸出を実行する「コミットメント型タームローン」を利用します。

■ リボルバー（Revolver）

買収ファイナンスでは，原則として買収完了後の追加借入を禁止するケースが多く，営業活動に必要となる運転資金が不足するケースが想定されます。この点を回避するために，リボルバー（運転資金枠）を設定します。

■ ブリッジローン

「ブリッジローン」は，つなぎ融資です。

株式の価格は，事業価値（EV）に余剰資産を加算するため（詳細は，『株式価値の算定』の箇所をご覧下さい），手許現預金が厚い会社を買収する場合には，事業価値以外に多額の資金が必要になる場合があります。

このような場合に，一時的に「ブリッジ・ローン」で買収資金を賄い，買収完了後（SPCと買収対象会社の合併後）に対象会社の手許現預金から返済します。

◉─ 返済方法の特徴

LBOでは，通常の「約定返済」以外に，「期限前返済」について契約上定めるケースがあります。少し特殊なので，ここで解説します。

■ 任意期限前返済

買収ファイナンスは，一般的な借入と比べると金利が高いため，借手にはリファイナンス（借換）のインセンティブがはたらきます。

ただし，貸手サイドも融資を行うためにファンディング（資金調達）を行っているため，約定スケジュールによらない返済が行われてしまうと，ファンディング・ロス（調達時の金利ロス）が発生してしまいます。ファンディング・ロスを避けるため任意期限前返済が可能な時期を契約で定めます。

■ 強制期限前返済

貸手サイドは，ローンの返済に充当されるべき資金が設備投資などに使われてしまうと，返済に悪影響を及ぼすと考えます。このような観点から設けられているのが，「強制期限前返済」です。

具体的には，必要現預金額を設定し，その金額を超える現預金（余剰資金）を借主が有している場合は，返済に充当させることを契約で定めます。これを，「キャッシュ・スイープ（余剰資金強制弁済条項）」といいます。

コラム　SPACとLBO

2020年に入ってからSPAC（特別買収目的会社：Special Purpose Acquisition Company，スパック）と言われる，米国株式市場でみられる「空箱上場会社」が注目されてきました。SPACは特に新しいしくみではなく，以前から存在していましたが，著名投資家が利用するようになったことで世間から認知されるようになりました。

SPACのスキームは，日本では「裏口上場」と言われており，すでに上場している事業実態のない会社（空箱上場会社）が事業を行っている非上場会社を合併することで，上場審査等の時間を省略して，上場する方法です。

会社が上場するには，上場準備を行って証券取引所（金融商品取引所）の上場審査をクリアする必要があります。上場までの期間は市場によって異なります。一方，SPACスキームのような裏口上場を利用すると，上場審査を受ける必要がないため，上場までの期間が省略できます。正攻法での上場と裏口上場の比較をした**図表11－29**のように，正攻法で上場する場合は6年必要なのに対して，裏口上場の場合は3年間で上場できます。会社の株主にとっては，投下資金の回収の観点から，早く上場してくれたほうが喜ばれます。

【図表11－29：正攻法での上場と裏口上場の比較】

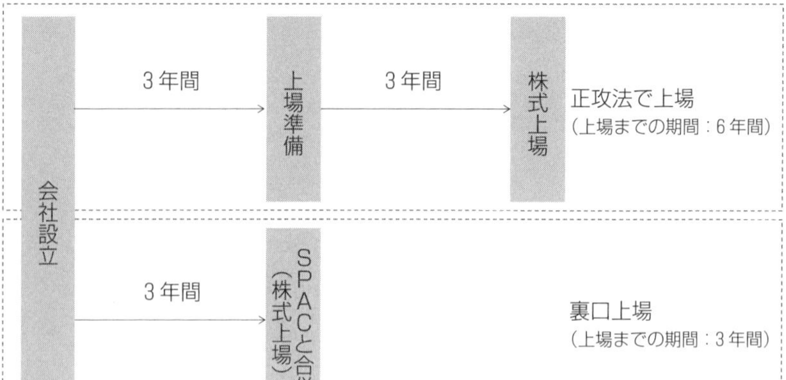

SPACのような裏口上場スキームは，日本でも似たようなことは可能ですが，完全に同じことができません。日本では事業実態のない会社の上場申請ができな

いためです。

日本で似たような裏口上場を行うとすると，どのような方法を用いるかを説明します。

〈前提事項〉

B社は非上場会社ですが，時価総額は100億円と評価されています。正攻法で上場すると時間がかかり，IPOポップ（株価が急騰すること）によるキャピタル・ロスを投資家が嫌がっており，手ごろな上場会社A社を買収して裏口上場しようとしています。

まず，前提として，上場企業A社の時価総額は10億円で，株主1が40%，株主2が60%を保有しており，非上場企業B社の時価総額は100億円とします（**図表11－30**の当初の箇所）。B社は時価総額が大きいものの上場していないため，手ごろな上場企業A社を買収して上場しようとします。B社はA社株主2（A社株式の60%を保有）とA社株式の売買（TOBによる買付）を行い，A社株式の60%を取得します（図表11－30の株式売買（TOB）の箇所）。

【図表11－30：SPACを利用しない裏口上場スキーム】

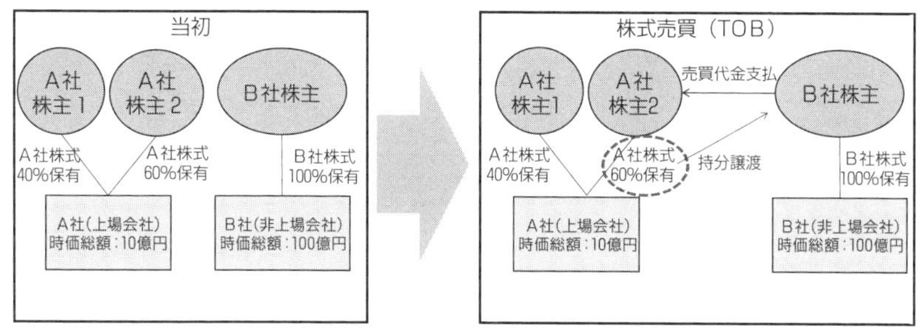

A社買収後は，A社株主1が40%を保有しているだけで，その他はB社株主が保有しています（**図表11－31**のA社買収後の箇所）。その後，A社を存続会社とB社を消滅会社として合併します。その際，消滅するB社株主に対して，A社株式を割り当てることになりますが，時価総額がA社：B社＝1：10なので，B社株主に割り当てる株数は，A社の発行済株式の10倍（1000%）です（図表11－31の合併の箇所）。

【図表11－31：SPACを利用しない裏口上場スキーム】

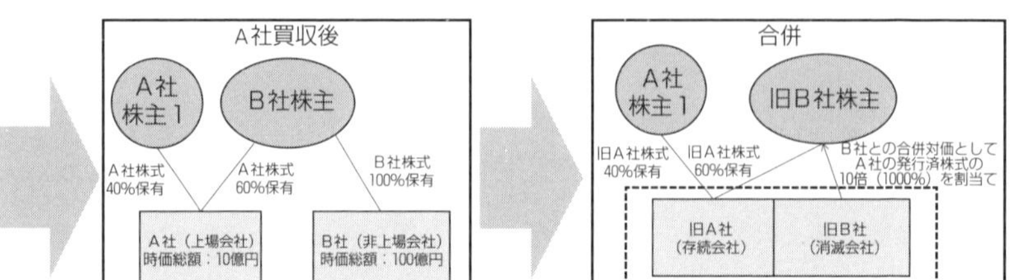

合併後は，旧Ｂ社株主の保有割合が96.4%（(旧Ａ社時価＋旧Ｂ社時価）÷新Ａ社時価＝（10億円×60%＋100億円×100%）÷110億円）と大幅に増加しました（**図表11－32**）。一連の取引（Ａ社の買収～合併）は，Ｂ社は形式的に吸収合併されたものの，Ｂ社の時価総額はＡ社の10倍なので，Ｂ社がＡ社を飲み込んだ合併といえます。すなわち，実質的にＢ社が上場企業Ａ社を支配することになることから，経済実態としてはＢ社が上場企業になったといえます。

【図表11－32：SPACを利用しない裏口上場スキーム】

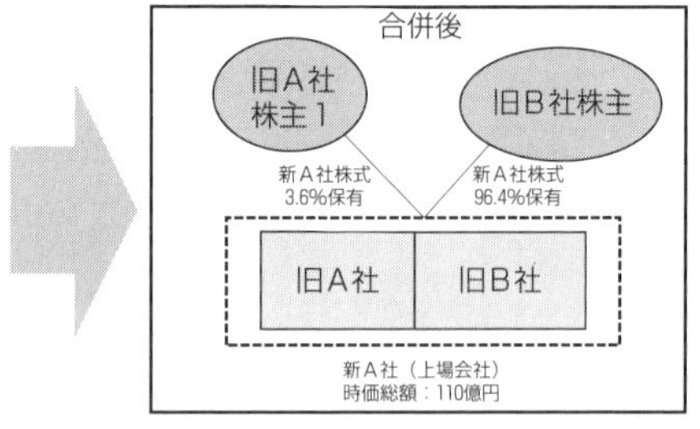

日本では不適当合併等（上場会社が実質的存続性を喪失する合併等）に該当して，上場廃止になる可能性が高いため，ここまで極端なものは行われません。ただし，日本以外では問題ない国（証券市場）もあります。

日本では，投資家保護の観点から上場審査を回避するような取引を認めない傾向があり，諸外国と比較しても上場基準が厳しいのです。対応が適切かどうかはともかく，このような慣習（規制）も，グローバル企業が日本のマーケットを避ける原因の１つです。

次に，ベンチャー企業について，創業期，成長期，安定期という成長過程に分けて，時価総額と企業のキャッシュ・フローを例示したものが**図表11－33**です。創業期はエンジェル投資家などがエクイティ出資者となり事業を行い，成長期に入ってVCなどの投資資金を確保して，IPOします。IPO後は，事業を黒字化してキャッシュ・フローを安定化させて安定期に入ってきます。設立当初からIPOを思考しているベンチャー企業は，赤字（キャッシュ・フローがマイナス）を継続しながら，黒字転換が予測できる段階でIPOを行います。

ベンチャー企業にとって，成長期が最も事業が拡大するかもしれないという期待感から時価総額が大きくなる傾向があり，業績が安定するに従って成長が見込めなくなり時価総額が減少していきます。必ずこのような経過をたどる訳ではありませんが，事業の安定性と時価総額はトレードオフの関係にあります。

【図表11－33：ベンチャー企業の時価総額とキャッシュ・フロー】

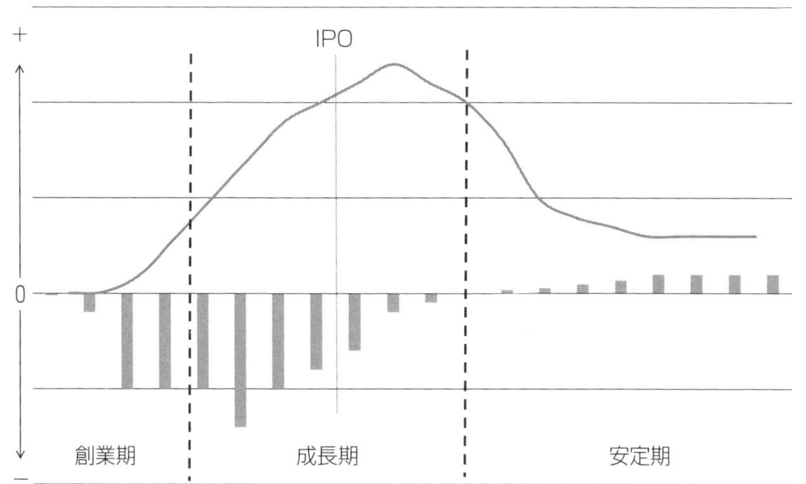

話を移すと，LBOはSPCと対象会社を合併させる買収スキームで，SPACと類似のスキームといえます。LBOは，エクイティ投資家の利回りを上げるために借入（レバレッジ）を利用するスキームです。SPACは，合併前の資金不足を補うために借入を利用する場合もありますが，基本的には対象会社との合併による株価上昇（キャピタル・ゲイン）をエクイティ投資家が期待して投資を行います。

SPACはIPOの上場準備期間による機会損失（株価が最も高くなる時にIPOでき

ない）を避けるために利用されるため，対象となる時期は対象会社がIPOを想定する成長期です。

LBOはSPACと類似の企業買収スキームですが，LBOは安定的なレバレッジ（借入）の返済を行う必要があるため，キャッシュ・フローが安定する安定期に行われます。LBOは，毎期安定的にキャッシュ・フローが発生していれば，収益性が向上する必要もなければ，事業価値（EV）が増加する必要もありません。LBOの場合の株式価値は，エクイティ価値＝事業価値（EV）＋非事業性資産－借入金なので，借入金の残高さえ減らしてくれれば，エクイティ投資家は何の不満もないのです。

【図表11－34：SPACとLBOの投資対象時期】

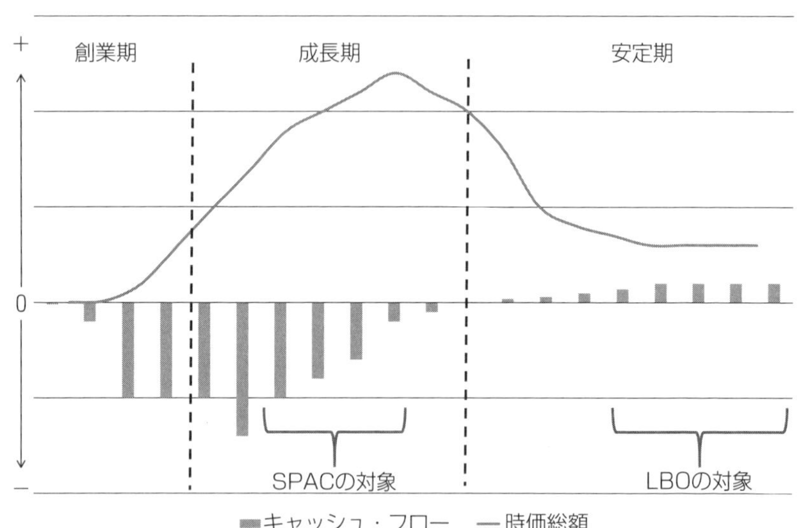

以上から，SPACとLBOは似たようなスキームですが，以下のような違いがあります。

【図表11－35：SPACとLBOの違い】

	SPACスキーム	LBO
投資時期	成長期	安定期
エクイティ投資家のリターン	対象会社との合併によるキャピタル・ゲイン	レバレッジ返済によるエクイティ価値の上昇
エクイティ投資家の投資判断基準	SPACが良い合併相手企業を発掘できるか	安定的な借入返済能力
ターゲット企業	成長が見込まれるベンチャー企業	キャッシュ・フローが安定した成熟企業
レバレッジ	合併前に使用する場合もある	使用する
事業価値（EV）の期待	上昇を期待する	期待していない

第 12 章

投資・融資の提案モデルをつくる

これまで，さまざまなファイナンス手法について触れてきました。これらを使って，具体的にどのような提案ができるのかを見ていきましょう。

1．フローチャートから作る資金調達モデル

ファイナンスの方法は１つではありません。第９章から第11章において，さまざまなファイナンス手法について触れてきましたが，資金調達ニーズがないところでも，いろいろな提案ができます。

たとえば，自己資本利率が高すぎて株式利回りが低い会社に対しては，融資と自社株買いを利用してリキャップ（第11章参照）をすることができます。金利・為替リスクがある会社に対してヘッジ手段を提案することもできます。

前章までに出てきたファイナンス手法を使った提案方法として，**図表12－1**にサンプルを掲示します。図表12－１は一例ですが，提案する会社に応じて，状況をよく理解し，最も適切な提案を行えるようにならなければなりません。

ある程度YES・NOで判断できるようなフローチャートを作成しておくことも，ファイナンスを提案するうえでは有効です。

【図表12－1：ファイナンス提案のフローチャート】

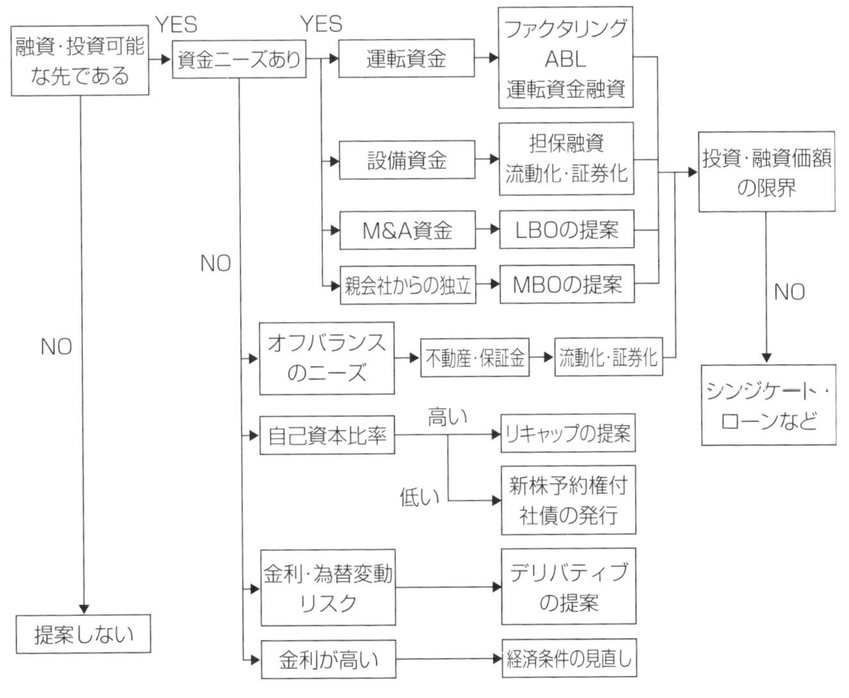

2．調達金額の確定

どのような提案ができるかに関しては必要となる金額によって状況が異なります。

たとえば，1,000万円の借入やファクタリングはできたとしても，1,000万円の流動化はできません。流動化にはコストがかかるので，1,000万円の調達では経済的に合わないからです。

プロジェクトの進捗に不確定要素があり，必要な資金調達の額が確定しない場合があります。このような場合は，必要となる上限金額でコミットメント・ライン契約を締結しておき，資金が必要になる度に，追加実行していくような提案もできます。

3．関係当事者の整理

ファイナンスにおいては，関係当事者も重要な判断基準です。シンジケート・ローンであれば，複数の金融機関のニーズを聞きながらファイナンスを組成していく必要があります。MBOを行うのであれば，実行する経営者がどのような人物かを検討しなければなりません。

不動産を流動化する際には，AM（アセット・マネジメント）やPM（プロパティ・マネジメント）が重要になります。複数トランシェが存在する場合は，それぞれの利害調整を行っていかなければなりません。

関係当事者の調査や調整は，デット・ファイナンスでもエクイティ・ファイナンスでも関係なく発生し，ファイナンスを安全に実行するためには必要なことです。

このような観点から，資金調達する会社だけでなく，関係当事者の属性や信用力を検討し，案件をクローズさせなければなりません。

ファイナンスの後に対応すること

Step to Take with after Investment and Lending.

第13章

リスクの種類

金融機関には，融資や出資を行った後もいろいろと対応しなければならないことがあります。ここでは，金融機関が管理しなければならないリスクを整理します。

投資や融資を行う際には，さまざまなリスクが存在しています。投資先が倒産するリスクもありますし，事務ミスで損失を被るリスクもあります。

金融機関は，ある程度リスクを取らなければ商売にならないため，リスク＝悪とは考えません。ただし，「過度なリスクを取っていないか？」，「危険な場合にすぐにわかるか？」といったことが重要です。

たとえば，BIS規制によるリスク分類は，**図表13－1**のように「市場リスク」，「信用リスク」，「オペレーショナルリスク」の3種類です。

「市場リスク」は保有している資産が株価や金利といった市場要因によって価格が変化するリスク，「信用リスク」は投資先や融資先が倒産するリスク，「オペレーショナルリスク」は，事務処理のミスによる損失，法令・規制違反，システムなどに関するリスクです。

【図表13－1：BISにおけるリスクの種類】

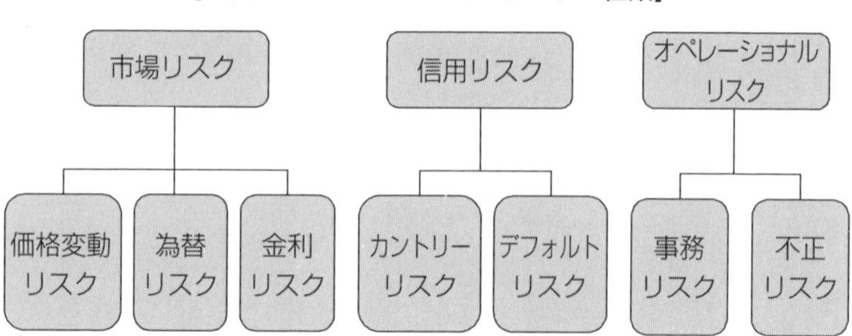

これを会社の貸借対照表から見たリスクとして考えると，**図表13－2**になります。保有している資産・負債に応じて，発生するリスクは異なりますが，資産を保有しているということは，何らかのリスクが発生しています。

【図表13－2：企業B/Sにおけるリスクの分類】

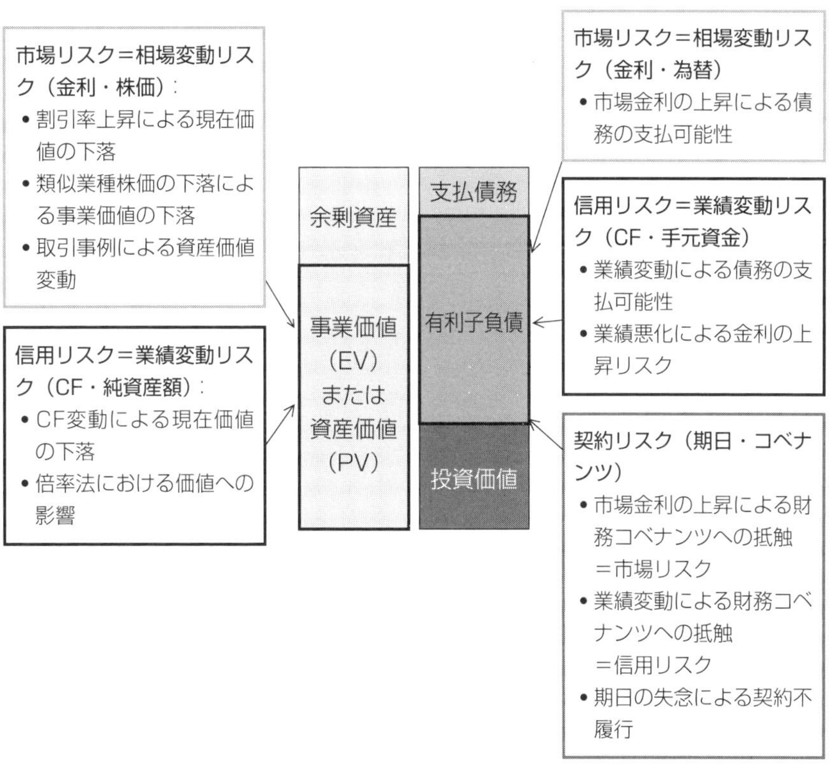

上記のリスクは，金融機関として商売をしている限り，必ず発生するものです。これらのリスクをゼロにするのではなく，過度なリスクを取らずに，どのようにリスク管理を行っていくかという点が，金融機関としては重要です。

リスク量の測定方法や判断基準は，金融機関の種類によって異なりますが，代表的なものは**図表13－3**です。

銀行業は，過度なリスク資産の積上げにより自己資本が毀損するリスクがないかを判断し，証券業の場合は，短期資金決済が可能な流動性を確保できてい

【図表13－３：金融機関のリスク判定基準】

業種	基準	内容
銀行業	自己資本比率規制（BIS規制）	リスク資産に対する自己資本の比率を８％（国内専業銀行は４％）以上とする
証券業	自己資本規制比率	固定化されていない自己資本をリスク相当額の120％以上に維持する

るかという観点からリスク判断します。

以下では，銀行業のリスク測定方法をもとに解説を行います。

１．相場が動くとどれだけ損する？（市場リスク）

市場リスクとは，金利や株価といった市場の変化によって，保有している資産や負債の価格が変動するリスクをいいます。

すでに廃止された金融検査マニュアルでは，市場リスクを以下のように分類していました。

【図表13－４　市場リスクの分類】

市場リスク	内　容	対象資産・負債
金利リスク	金利が変動することによって，資産・負債の現在価値に影響を与えるリスク	•預金 •貸出金，債券 •金融派生商品
為替リスク	為替レートが変動することによって，資産・負債の現在価値に影響を与えるリスク	•外貨建資産・負債 •外国為替取引 •為替デリバティブ
株式リスク	株価，株式指数等が変動することによって，資産・負債の現在価値に影響を与えるリスク	•株式 •新株予約権付社債 •株式デリバティブ
コモディティリスク	商品価格，商品指数等が変動することによって，資産・負債の現在価値に影響を与えるリスク	•商品デリバティブ

金利リスクについては，金利が変動することによって，資産・負債の価格が変動するリスクで，第７章「価格評価」の箇所（118頁）に記載した割引率の変動による債権価格の変動などです。為替リスク，株価リスク，コモディティリスクについては，為替レートや株価の変動によって資産・負債の価格が変動するリスクです。

なお，市場リスクを計測する方法は，金融機関に委ねられていますが，計測手法には以下のようなものがあります。

- ポジション残高，評価損益，実現損益
- 金利更改ラダーや資金満期ラダー等に基づいた，ギャップ分析や静態的シミュレーション分析及び動態的シミュレーション分析
- 感応度分析（デュレーション，BPV（ベーシス・ポイント・バリュー），GPS（グリッド・ポイント・センシティビティ）等）
- 静態的シミュレーション及び動態的シミュレーションを用いたシナリオ分析
- VaR（バリュー・アット・リスク）
- EaR（アーニング・アット・リスク）

この際に，プライシング・モデル，リスク計測・分析手法（または計測モデル），前提条件等について，金融界で一般に受け入れられている概念やリスク計測技術を活用しているかについて，検討しなければなりません。

2．この会社大丈夫？（信用リスク）

信用リスクは自己査定による継続的なモニタリングと，リスク量の算定によって管理が行われます。自己査定については後ほど触れますので，ここでは信用リスクの算定方法について記載します。

BIS規制に従った信用リスクの算定方法は，大きく２つ存在します。

- 標準的手法
- 内部格付手法（基礎的手法・先進的手法）

BIS規制は二度改定されており，現在はバーゼルⅢと呼ばれています。当初（バーゼルⅠ）は標準的手法のみが規定されていましたが，バーゼルⅡから内部格付手法が追加されました。

◉── 標準的手法

標準的手法は，保有している資産の残高に対して，**図表13－5**のリスク・ウェイトを乗じてリスク・アセットの金額を算定するものです。

【図表13－5：標準的手法によるリスク・ウェイト（一部抜粋）】

与信先区分	リスク・ウェイト
国・地方公共団体	0％
銀行	20～150% （外部格付け，自己資本比率を参照）
事業法人	外部格付けに応じ：20～150% 無格付けの場合：中堅企業（※）85%，それ以外100%
株式	250% （投機的な非上場株式：400%）
劣後債	150%
リテール （中小企業，個人）	75%
不動産担保 （住宅ローン等）	通常の債権：LTVに応じ20～70% 返済資金が不動産の賃貸収入に依存：LTVに応じ30～105%
不動産担保 （商業不動産）	債務者のリスク・ウェイト （LTV60%以下の場合は60%が上限）

※　売上高5,000万ユーロ以下の企業。

国債，地方債など，比較的リスクが低いと考えられる発行体向けの債権は，リスク・ウェイトが0％となっています。

事業法人のリスク・ウェイトとしては，外部格付けによって判断しますが，リスク・ウェイトが最大150%なので，外部格付けがない事業法人や中小企業のほうが，信用リスクの計算上は有利になる場合もあります。

なお，今後もリスク・ウェイトが変更される可能性があるため，計算する際には，その時点の数値を確認下さい。

◉— 内部格付手法

内部格付手法には，基礎的手法と先進的手法の２種類が存在しています。

両者の共通点は，銀行が有する行内格付けを利用して，借り手のリスクを反映するということで，大まかな違いは**図表13－６**のように示すことができます。

【図表13－６：内部格付手法の違い】

	デフォルト率	デフォルト時損失率
標準的手法	一定	一定
基礎的内部格付手法	独自に算定	一定
先進的内部格付手法	独自に算定	独自に算定

３．事務処理ができるか？（オペレーショナルリスク）

オペレーショナルリスクは，バーゼルⅡから計算が求められるようになり，バーゼルⅢで計算方法が変更されました。具体的には，事務事故，システム障害，不正行為等で損失が生じるリスクをいいます。

算定方法は，ビジネス規模と損失実績から計算する標準的手法のみです。

オペレーショナルリスクについては，本書と関連性が薄いため，これ以上の説明は省略します。

第14章

投資後の対応

金融機関は，投資後に対応しなければならないことがいくつかあります。決算期ごとに必要となる自己査定と監査法人対応や，数年に一度到来する金融庁検査です。

1．金融庁対応

銀行や証券会社の監督官庁は，金融庁です。金融庁は，銀行が過度な融資や不正を行わないように，さまざまな規制を作り，銀行に対してモニタリングを行っています。

金融庁の役割は「金融機関の監督」ですが，その対応にはさまざまなものがあります。金融庁対応が最も大変な金融機関は，間違いなく銀行であり，銀行に対する規制としては，**図表14－1**のようなものがあります。

銀行業務は，単純な収益を獲得するという企業活動を行うだけでなく，決済を円滑に行い国民からの預金の保護するという，社会的インフラとしての機能を有しています。

このような理由から，銀行の業務範囲は制限され，子会社として保有することができる業種も限られます。

【図表14－1：銀行に対する規制】

金融庁

- BIS規制
- 株式保有制限
- 他業禁止
- 独占禁止法の５％ルール
- 銀行子会社の業務範囲規制
- マネーロンダリング規制

など

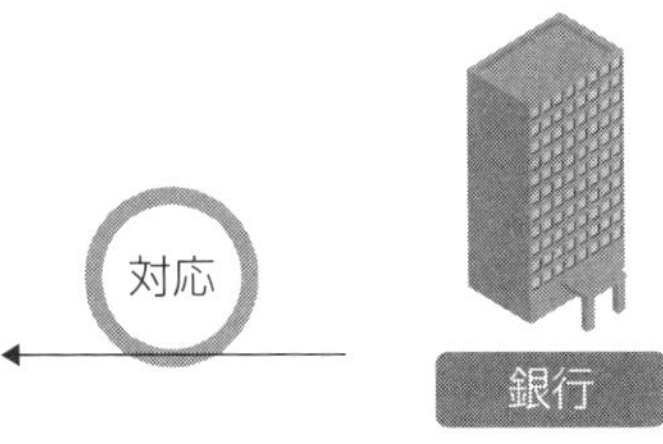

2．自己査定対応（内部監査）

銀行以外の自己査定はそれほど手間がかかりませんので，ここでは，銀行の自己査定について貸出金を対象に説明していきます。

◉― 貸出金の自己査定

貸出金の自己査定といいましたが，正確には与信関連資産です。割引手形，未収利息，仮払金なども与信になるので，自己査定の対象になります。

与信関連資産の自己査定は，債務者区分（債務者のランク付け）を行い，貸出金等の期末評価を行います。貸出金の期末評価とは，具体的には償却・引当ですが，債務者区分に応じて，貸倒見積高を算定し，予想される貸倒金額を貸倒引当金などで処理することです。ここでは債務者区分について記載します（貸倒引当金の算定については第７章参照）。

(1)　債務者区分とは

債務者区分は，**図表14－２**のように，大きく６段階に分かれます。

新聞等で「不良債権」という表現がよく出てきますが，不良債権に分類される会社は，債務者区分が③要管理先～⑥破綻先に該当する会社です。

【図表14－2：債務者区分とその内容】

債務者区分	内　容
①正常先	業況が良好であり，かつ，財務内容にも特段の問題がないと認められる債務者。
②要注意先	元本返済もしくは利息支払が事実上延滞しているなど履行状況に問題がある債務者のほか，業況が低調ないしは不安定な債務者または財務内容に問題がある債務者など今後の管理に注意を要する債務者。
③要管理先	要注意先のうち，金利減免・棚上げを行っているなど貸出条件に問題のある債務者。
④破綻懸念先	現状，経営破綻の状況にはないが，経営難の状態にあり，経営改善計画等の進捗状況が芳しくなく，今後，経営破綻に陥る可能性が大きいと認められる債務者（金融機関等の支援継続中の債務者を含む）。
⑤実質破綻先	法的・形式的な経営破綻の事実は発生していないものの，深刻な経営難の状態にあり，再建の見通しがない状況にあると認められるなど実質的に経営破綻に陥っている債務者。
⑥破綻先	法的・形式的な経営破綻の事実が発生している債務者をいい，たとえば，破産，清算，会社整理，会社更生，民事再生，手形交換所の取引停止処分等の事由により経営破綻に陥っている債務者。

(2)　債務者区分の分類

債務者区分を分類する際に，実質破綻先と破綻先はほぼ議論の余地がないので，あまり気にする必要はありません。債務者区分を判定するのは，実質的には正常先～破綻懸念先のどれに該当するのか分類する作業になります。大まかにいうと，主に以下の3点をチェックします。

①　収益の状況

②　自己資本の状況

③　償還能力

①　収益の状況

これは，会社の収益性に関する判断ポイントですが，損益計算書の利益項目が赤字かどうかで判断します。

ここで，利益は，数年間（過去３期程度）の営業利益・経常利益・当期利益という各利益で判断することになるので，各利益項目で１つでも赤字になっていれば，債務者区分が要注意になる可能性があります。

最終的には他の項目との総合判断とはなりますが，「債務者区分が正常先か？　要注意先か？」の判断を行います。

【図表14－３：収益状況の検討】

	X1年	X2年	X3年
売　上　高	100	120	70
営 業 利 益	50	60	10
経 常 利 益	30	40	−10
税引後利益	20	25	−10

赤字→「要注意先」かどうかを検討！

ただし，たまたま１期だけ赤字のケースもありますので，「赤字になっているから要注意！」というのではやり過ぎです。

仮に赤字になっている場合でも，**図表14－４**のようなケースは正常先になる可能性があります。

【図表14－４：収益状況に応じて考慮すべき内容】

	内　容
イ	創業赤字であり，計画との乖離が大きくない場合
ロ	赤字は一過性のものであり，短期に解消すると見込まれる場合
ハ	経営者の資産等を考慮すると債権の回収可能性について問題がないと認められる場合
ニ	自己資本，余剰資金が十分であり，債務の返済能力に問題がない場合

②　自己資本の状況

具体的には，債務超過になっていないかを調査します。

債務超過とは，会社の純資産の部（＝資産－負債）がマイナスになっている状態のことですが，債務超過の場合は，資産（≒返済原資）よりも負債（≒返済額）のほうが大きいので，債務（負債）の返済ができない危険な状態といえます。

さらに，債務超過かどうかの判断は，保有資産等を時価評価して判断するので，決算書上の純資産がプラスであっても，債務超過ではないとは限りません。

最終的には他の項目との総合判断となりますが，「債務者区分が破綻懸念先か？」を判断します。

【図表14－５：自己資本に関する検討】

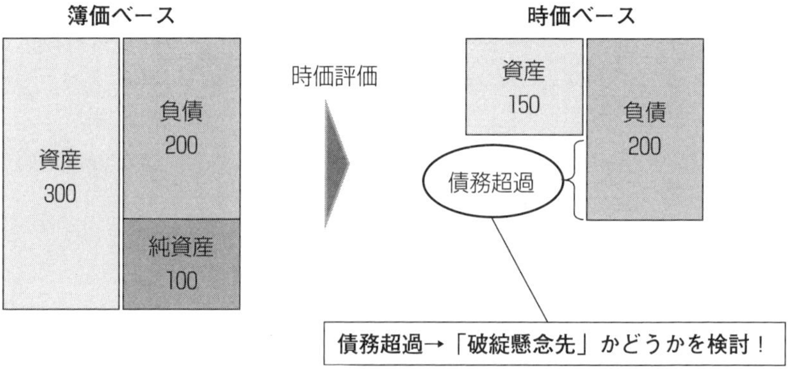

仮に債務超過であったとしても，短期で債務超過を解消できる場合には，返済に懸念がないかもしれません。

銀行によって基準が異なりますが，たとえば，債務超過の解消期間によって，以下のような債務者区分になります。

【図表14－６：債務超過解消期間に応じた債務者区分】

債務超過解消に必要な年数	債務者区分
１年以内	要注意先（正常先）
２～５年	要注意先
５年超	破綻懸念先

③　償還能力について

償還能力は，債務者区分を行ううえで最も重要なものです。銀行からすると，収益の見た目が多少悪くても，貸したお金（貸出金）が返ってくれば最終的には問題ありません。逆に言うと，銀行から見ると，お金が返ってこない先はいくら黒字でも自己資本がプラスでも問題のある先です。

なお，償還が必要な貸出金には運転資金融資を含める必要はないため，銀行が返してもらう必要がある資金を，本節では「要償還債務（有利子負債－運転資金－余剰資産）」と定義します。

償還能力に関する判断は，会社の借入が返済できる水準にあるか否かという点を検討して行います。償還能力に関する判定式は，銀行によって異なりますが，たとえば，以下のような算定式で計算します。

債務償還年限（年）
＝要償還債務÷営業キャッシュ・フロー
＝(有利子負債－運転資金－余剰資産)÷(経常利益＋償却費－税金)

債務償還年限が大きければ，債務を返済するだけのキャッシュ・フローがなく，借入の返済が困難であると判断します。

銀行によって判断基準は違いますが，一般的な業種に利用されている債務償還年限は，**図表14－７**のようになっています。

ホテル業や不動産賃貸業などは，借入期間が長期なので，一般的な債務償還年限とは別に基準を定めているケースがあります。

最終的には他の項目との総合判断とはなりますが，「債務者区分が正常先か？　要注意先か？　破綻懸念先か？」を判断します。

【図表14－７：債務償還年限と債務者区分】

債務償還年限	債務者区分
10年未満	正常先
10年以上，20年以下	要注意先
20年以上	破綻懸念先以下

第 15 章

ファイナンス手法に応じたモニタリング

これまでさまざまなファイナンス手法について記載してきましたが，実行後のモニタリングについて，いくつか考え方を紹介します。

1．不動産担保ローン，不動産ノンリコース・ローン

不動産担保ローンや不動産ノンリコース・ローンは，債権の保全額について，不動産価値に依存する部分が大きいため，定期的に担保不動産の評価を行わなければなりません。不動産評価に関しては，ある程度評価方法を理解しておいたほうがよいため，ここで説明します。

まず，不動産価格の評価手法は，①原価法，②取引事例比較法，③収益還元

【図表15－1：不動産の価格を求める基本的な手法】

評価法	内　容
原価法	価格時点（不動産の価格の判定の基準日）における対象不動産の再調達原価を求め，これについて減価修正を行って対象不動産の試算価格を求める方法です。
取引事例比較法	まず多数の取引事例を収集し，これらに係る取引価格に必要に応じて事情補正および時点修正を行い，地域要因の比較および個別的要因の比較を行って求められた価格を比較考量して，対象不動産の試算価格を求める方法です。
収益還元法	直接還元法とDCF法があります。直接還元法は一期間の純収益を還元利回りで還元する方法です。DCF法は連続する複数の期間に発生する純収益および復帰価格を，その発生時期に応じて現在価値に割り引き，それぞれを合計する方法です。

法の３種類です。それぞれの内容は，**図表15－１**のとおりです。

不動産評価方法は，３種類ありますが，評価する不動産の種類に応じて，評価方法を選択するためすべて利用するわけではありません。

たとえば，収益物件は物件純収益が価格を構成するため，主に③収益還元法（直接還元法，DCF法）を採用して価格を求めます。

以下で，それぞれの評価方法の概要を説明します。不動産評価について詳しく知りたい人は姉妹書の『金融マンのための不動産ファイナンス講座』をごらんください。

◉―― 原価法とは

原価法は，価格時点における対象不動産の再調達原価を求め，この再調達原価について減価修正を行って対象不動産の試算価格を求める手法です。原価法で算定される価格を「積算価格」といいます。

マンションを例にすると土地と建物はそれぞれ，以下のような方法で算定します。

ここで，再調達原価とは，対象不動産を価格時点において再調達することを想定した場合において必要とされる，適正な原価の総額をいいます。

【図表15－２：原価法における評価方法】

種　別	評価方法
土地	土地建物一体の土地部分については一般的に取引事例比較法により求めます。 周辺の取引事例に時点修正，事情補正，地域的要因の比較および個別的要因の比較を行い，対象不動産の土地価格を求めます。 この手法は鑑定士等の主観的要素も多く含まれるため，規範性が高いとはいえません。不動産取引業者等のヒアリングを行う等により，補完することが必要です。
建物	建物はまず対象不動産の再調達原価を求め，その価格に減価修正を行って求めます。 減価修正は耐用年数に基づく方法と観察減価法がありますが，耐用年数に基づく方法を使用することが多いようです。 場合によっては観察減価法を併用する鑑定事務所もあります。

なお，減価修正の目的は，減価の要因に基づき発生した減価額を対象不動産の再調達原価から控除して価格時点における対象不動産の適正な積算価格を求めることです。減価の要因には物理的要因，経済的要因，機能的要因があります。また，減価修正の方法は耐用年数を求める方法，観察減価法があります。

◉— 収益還元法とは

収益還元法は，不動産の収益性に着目して，不動産の価格を求める手法です。収益還元法には，直接還元法とDCF法があります。なお，収益還元法で算定した試算価格を「収益価格」といいます。

【図表15－3：収益還元法における評価方法】

評価方法	内　容
直接還元法	直接還元法は一期間の純収益を還元利回りで還元して価格を求める手法です。 一期間とは，一般的に1年を単位とします。 純収益とは総収益から総費用を控除して求めます。総収益は賃料収入，駐車場収入，その他の収入（看板収入，自動販売機収入，地代収入，水光熱費収入等）等の項目があります。総費用には維持管理費（BM費），プロパティマネージメント費，水光熱費，損害保険料，公租公課，その他費用，保証金運用益，大規模修繕費等があります。
DCF法	DCF法は連続する複数の期間に発生する純収益および復帰価格をその発生時期に応じて現在価値に割り引き，それぞれを合計する方法です。

◉— 取引事例比較法とは

取引事例比較法は，まず多数の取引事例を収集して適切な事例の選択を行い，これらの取引事例に必要に応じて事情補正および時点修正を行って求められた価格を，地域要因や個別的要因を比較考量して不動産の価格を算定する方法をいいます。

取引事例比較法で算定された試算価格を「比準価格」といいます。

◉── 不動産のリスクとは

不動産評価に影響を与える市場要因としては，物件のキャップ・レート（還元利回り）や賃料の変化などがあげられます。

不動産の個別的な要因としては，物件の収益性（賃料，空室率など）の変化によっても，不動産価値は影響を受けます。REITと現物不動産のリスクを比較すると**図表15－4**のようになります。

【図表15－4：不動産に存在するリスク】

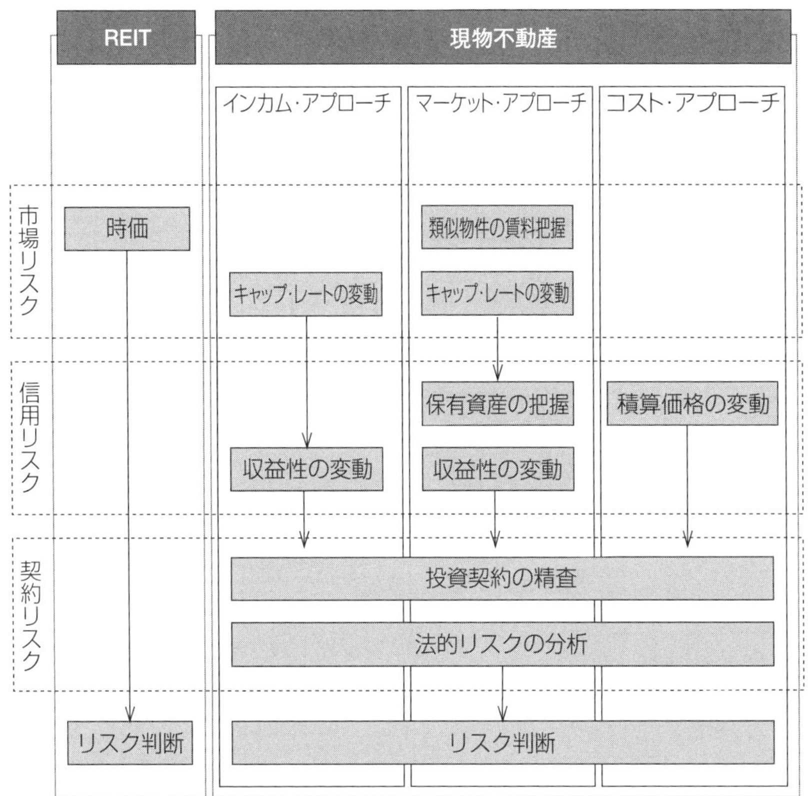

2．株　式

一口に株式といっても普通株式，種類株式などさまざまな種類が存在しています。ここでは，上場株式と非上場株式について，そのリスク要因について記載します。

◉― 上場株式のモニタリング

上場株式や上場株式が原資産となった新株予約権であれば，市場で売却可能なので，基本的には信用リスクをモニタリングする必要はありません。

上場株式等の場合，市場リスクの一般的な管理手法でリスク管理を行えば問題ありません。市場リスクの一般的な管理手法は，VaR（バリュー・アット・リスク）などですが，以下のような3種類の方法でリスク管理を行います。

- デルタ法（分散共分散法）
- ヒストリカル・シミュレーション
- モンテカルロ・シミュレーション

◉― 非上場株式のモニタリング

非上場株式の場合は，株式を上場企業のようにいつでも処分できないため，市場リスクや対象企業の信用リスクにも大きく影響を受けます。

非上場株式の評価方法については，かなりの紙面をとって説明しましたが，割引率の構成要素であるリスクフリーレートの変動，類似上場企業の株価水準の変化，対象企業自体の収益性によって，保有する非上場株式の価値は常に変動します。

【図表15－5：普通株式のモニタリング】

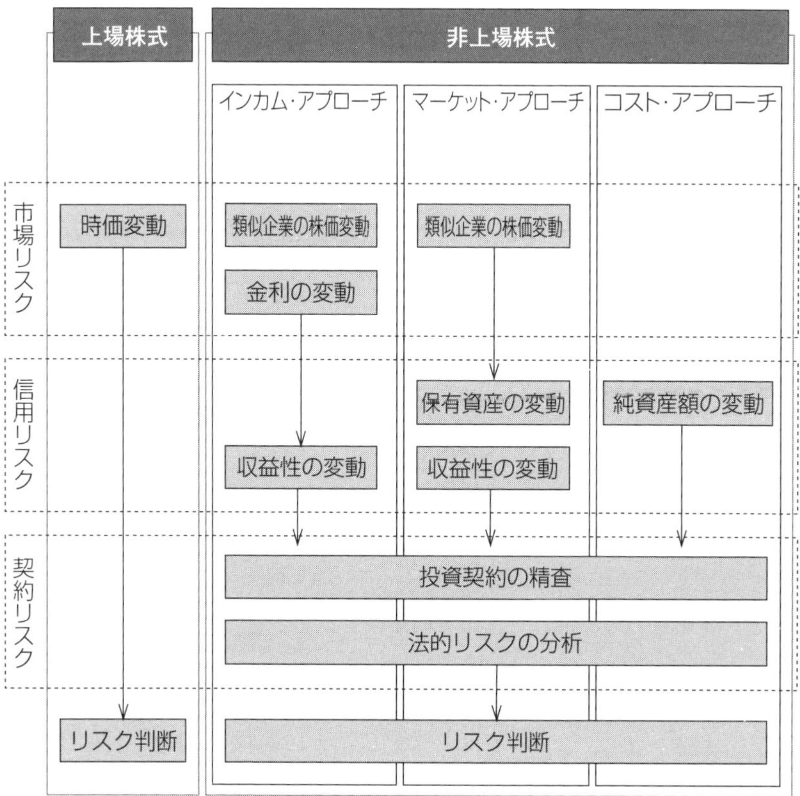

おわりに

本書では，業種業態による違いやプレーヤーによるファイナンス方法の違いなど，さまざまな分野について記載してきました。中には，細かい実務上の論点も出てきましたが，実務を行っていくなかで，「お客さんから言われて，よくわからなかった言葉」や「上司がお客さんと話をしているときに聞いた言葉」などいろいろとわからないことが出てくると思います。

金融業は，製造業と違って，モノを販売しませんので，お客さんにカネとノウハウを提供して仕事をしています。景気の波によって，カネは，たくさんある時とない時がありますが，ノウハウは景気に左右されない絶対的なものです。本書では，読者の理解を図るために，可能な限り具体例を掲載して解説していますので，本書がファイナンスに関するノウハウを身に付けるための一助となれば幸いです。

なお，本書において，意見に係る記述は著者の私見であることを申し添えます。

最後に，本書の出版にあたって，筆者の趣旨を理解し，企画・編集でご協力頂きました株式会社中央経済社の阪井あゆみ氏と浜田匡氏に，心よりお礼申し上げます。

2021年10月

山下　章太

索　引

欧　文

あ　行

か　行

さ　行

た　行

な　行

【著者略歴】

山下　章太（やました　しょうた）

公認会計士，税理士

神戸大学工学部卒業後，監査法人トーマツ（現有限責任監査法人トーマツ），みずほ証券，東京スター銀行を経て独立。
独立後は，評価会社，税理士法人，監査法人を設立し代表者に就任。その他，投資ファンド，証券会社，信託会社，学校法人などの役員を歴任し，現在に至る。
著書に『金融マンのための実践デリバティブ講座』『金融マンのための不動産ファイナンス講座』『金融マンのための再生ファイナンス講座』『金融マンのためのエクイティ・ファイナンス講座』『図解　為替デリバティブのしくみ』『図解　不動産ファイナンスのしくみ』（いずれも中央経済社）などがある。

金融マンのための

実践ファイナンス講座〈第3版〉

2009年8月20日　第1版第1刷発行
2013年12月20日　第1版第9刷発行
2015年6月1日　第2版第1刷発行
2021年5月30日　第2版第7刷発行
2021年12月20日　第3版第1刷発行

著　者　山　下　章　太
発行者　山　本　継
発行所　㈱中央経済社
発売元　㈱中央経済グループパブリッシング

〒101-0051　東京都千代田区神田神保町1-31-2
電　話　03（3293）3371（編集代表）
03（3293）3381（営業代表）
https://www.chuokeizai.co.jp
製版／三英グラフィック・アーツ㈱
印刷／三　英　印　刷　㈱
製本／誠　製　本　㈱

ISBN978-4-502-40221-0 C3034